本书受中共云南省委党校、云南行政学院重点学科专项经费资助

少数民族乡村政治体系的变迁与发展

——以云南沧源佤族乡村为例

王丽华 著

人民出版社

目　　录

序

周　平

　　中国有自己的国家形态演进历史。对于这个历史进程来说，秦所建立的中央集权制国家体系产生着极其深远的影响。这样的影响，不仅在秦以来中国两千多年的国家发展中不断地体现出来，而且还会持续地进行下去。从民族这种稳定人类群体的角度来观察国家，也可以看到这种影响的存在。

　　秦统一六国并建立中央集权制的国家后，不同的人类群体（即族群）都被纳入到统一的国家政治共同体当中。汉朝取代秦王朝后，汉族作为一个独立的族体单位得到了肯定。而与此同时，汉族以外的民族群体的区分也受到了重视并不断强调。因此，学者们得以从民族构成的角度界定国家形态，并把当时的国家共同体称之为"多民族国家"。

　　这样的多民族国家，实质上是以汉族为主体的中原王朝政治体系，是王朝国家。然而，该政治体系总是能够创造辉煌，并在漫长的历史发展中大放异彩。王朝国家的君主又多有开疆拓土、扬威德于天下的雄心，并常常对王朝国家周边的其他民族建立的政治体系诉诸武力。同时，王朝国家强大的国力和辉煌的文明也对周边的其他民族产生了政治上的吸引力，军事上的威慑力，经济上的影响力和文化上的感召力。于是,周边的其他民族纷纷内附、归附、臣服、降服于中原王朝。这些民族愿意与华夏民族共同构建统一的政治共同体,这些民族的政权主动向中原王朝输诚纳贡,直接并入王朝国家或成为王朝国家的藩属。于是,多民族国家在范围不断扩大的同时,国家的民族构成也日趋复杂,多民族国家的特点得到进一步强化。

统一的国家政治共同体中的各个民族群体,也在统一的政治框架中展开了激烈的互动。其中,既有交流、交往、合作,也有竞争、矛盾和冲突。不过,正如费孝通先生指出的那样:"它的主流是由许许多多分散孤立存在的民族单位,经过接触、混杂、联结和融合,同时也有分裂和消亡,形成一个你来我去,我来你去,我中有你,你中有我,而又各具个性的多元统一体"[1],形成为一个统一的族体单位——中华民族。

统一的多民族国家是由各个民族群体共同建立的,中华民族是"多元一体"的。国家和中华民族的"多元一体"的特点,自然也会体现于各个民族群体自身的政治体系以及这种政治体系的多样性上。事实上,自中国形成统一多民族国家以来,国内各个民族群体有自己独特的政治体系,只不过这样的民族政治体系是非国家形态的,是一种国家以下的次级政治体系。而这样的民族政治体系不仅具有突出的多样性、复杂性,而且对整个国家政治体系产生了深刻的影响。

然而,这样的民族政治体系也不是一成不变的,其变化的突出表现便是,民族政治体系的独立性在逐渐衰退。随着各个民族越来越融合为一个整体,以及中央王朝对地方控制的加强,民族政治体系的独立便逐渐减弱乃至消失。不过,这样的变化的最为突出表现,发生于中国构建民族国家的过程中。

民族国家首先出现于西欧,是取代王朝国家的新型国家政治共同体,是欧洲国家形态演变的产物。但是,民族国家出现以后,就以其巨大的制度优势而产生了深远的影响并形成某种示范效应,不仅引得欧洲国家普遍采取了民族国家形态,而且使民族国家迅速向全世界扩张,进而形成了民族国家的世界体系。鸦片战争以后,西方那些率先建立民族国家的列强用大炮轰开中国王朝国家的大门后,古老的中国便面临着艰难的抉择:要么保持原有的国家形态而被排除于民族国家的世界体系之外,要么采取民族国家的形态而融入世界。中国选择了后者,并在20世纪初开始了民族国家的构建进程。中国构建民族国家的进程持续了半个世纪。到20世纪中叶,中国基本完成了民族国家的构建。中华人民共和国的成立,标志着中国民族国家构建的基本完成。中华人民共和国,就是中华民族的民族国家[2]。

采取民族国家的形态以后,中国必须按照民族国家的制度框架调整国内的各种政治关系和社会关系。其中,最根本的便是按照民族国家的制度体系和政治权力运行统一性的要求,调整国内的族际政治关系。这是民族国家构建和民族国家建设的根本要求和历史任务。而在由各种社会改造和文化改造相伴随的对地方性的次级政治体系的调整和改造中,各种民族的、地方性的政治体系的独立性和特殊逐渐削弱,有的甚至消失殆尽。

在民族国家建设不断推进的过程中,随着国家的政治统一性不断增强和深化,少数民族的政治体系被渐次压缩,最终被压缩到乡村一级。历史发展到今天,只有在政治体系的基层尤其是村社一级,才能看到少数民族政治体系的较为完整形态。不过,此类政治体系却是我国多民族国家特性的具体表现,也是少数民族群体特性的具体表现,并对少数民族自身、少数民族地区,以及地方治理乃至整个国家的治理,都发挥着深刻的影响。国家的治理、区域的治理、少数民族基层社会的治理,以及族际关系和族际政治互动的构建等,都必须给予其高度的重视。

对于这样一种从遥远的过去起来并因而积淀了丰富的历史内涵,又在现实的政治生活中发挥着重要影响的政治体系及相关的政治类型,相关的学科尤其是民族政治学,必须给予高度的重视,并进行持续的研究。通过具体、全面的研究,揭示民族政治体系发展及融入国家政治体系的规律,对少数民族的村社政治体系的形态、结构、特点、运行及其与国家政权的关系等进行全面的理论说明和理论解释,是历史向民族政治学提出的课题,也是民族政治学必须肩负起的历史责任。

我指导的博士研究生王丽华,就是主动肩负起这种历史使命的学者之一。她在民族政治与公共行政专业攻读法学博士学位的过程中,带着上述问题,选择了沧源佤族乡村政治体系进行研究,力图通过一个典型个案的研究来回答上述问题。显然,这个基于学术使命感而选择的课题具有相当难度。为了完成研究,她花了大量的时间到沧源佤族聚居区进行深入的田野工作,多次深入到偏远的阿佤山区,跋山涉水、进村入户,不仅对沧源佤族的乡村政治体系进行直接观察、体验,而且在沧源佤族聚居区进行了大量的访谈,到各个角落查找资料,在克服了重重困难之后终于完成了此项研究,并撰写了博士论文《沧源佤族乡村政治体系的变迁与发展》。

论文的专业性、前沿性和现实性都很突出,是该领域研究中一个很有价值的探索;在现实与历史的结合中,对一个具体的少数民族政治体系既进行客观的描述,也进行深入的分析,进而进行理论的概括和说明,是一个很有价值的研究成果。对于全面把握少数民族政治体系的性质、结构、特点、功能,以及与国家政权的关系等,都是很有意义的。该论文得到了论文评阅专家、博士论文答辩专家的肯定,她也因此而获得了法学博士学位。

今天,她将博士论文整理为目前的著作出版,既为了让自己辛勤工作的结果有助于人们对少数民族政治体系的认识和了解,为相关的研究提供支持,也为了就教于方家,从而使自己的研究朝着更加深入和全面的方向发展。

目前这部著作,标志着少数民族政治体系研究有了一个良好的开端。但是,少数民族政治体系本身不仅各类繁多,而且涉及面极广,许多重要的问题都尚未得到有效的说明和合理的解释,也就是说,少数民族政治体系的研究显得任重道远。因此,希望王丽华博士对这一问题再作进一步的研究,也希望有更多的学人从这个角度进行研究,并产生出更有价值的成果。

2012 年春

注　释

1　费孝通:《中华民族的多元一体格局》,见费孝通主编:《中华民族多元一体格局》,中央民族学院出版社 1989 年版,第 1 页。

2　肯定中国的民族国家构建,并不否定中国也是一个多民族国家的事实。民族国家与多民族国家并非对立的国家类型。民族国家通过一系列的制度构建而实现和保证民族认同于国家,具体表现为一套完整的制度架构;多民族国家是同时生活着多个作为历史文化共同体的民族的国家。民族国家与多民族国家是按照不同的标准而划分出来的国家类型或国家形态。因此,既有民族国家形态的多民族国家,也存在非民族国家形态的多民族国家。建立民族国家以前,中国是非民族国家形态的多民族国家——王朝国家形态的多民族国家;建立民族国家后,中国则是民族国家形态的多民族国家。

导　论

一、研究的目的与意义

(一)研究的目的

在实际运作中,政治往往以某种政治体系的方式存在。所谓政治体系是一定的政治角色围绕一定的政治权力在实际政治生活中形成的政治关系结构,是与环境相互作用的政治单元。[1] 少数民族政治体系是一种以少数民族社会为基础存在、确定或划分出来的政治体系。它是少数民族政治的存在形式,是少数民族政治生活的基本结构。它集中体现了少数民族政治生活的特点和面貌,制约着少数民族政治的运作和发展,也深刻影响和制约着整个国家的政治发展水平。

我国是一个多民族国家。在历史上,各少数民族在其形成、发展过程中,逐渐形成了民族社会,有了自己的公共生活,形成了各具特色的少数民族政治体系。其中,除了为数很少的民族逐渐建立起了国家形态的政治体系外,大多数少数民族建立了以村社为依托,复杂多样、各具特色的非国家形态的乡村政治体系。这些形态各异的少数民族政治体系在逐渐融入统一的国家政治体系的过程中,自身也在不断地发展变化。近代以来,各少数民族政治体系逐渐被纳入到民族国家建构与建设的历史进程中。伴随这一过程,各少数民族乡村政治体系逐渐纳入到国家政权体系,实现了与国家政权的一体化。但由于受历史进程、民族文化、民族经济和民族社会的复杂性和特殊性的影响,各少数民族乡村政治体系仍然表现出多姿多彩的独特性,成为中国乡村政治和整个国家政治体系架构中独具特色和不可或缺的重要组成部分,不仅深刻影响、制约着少数民族乡村政治和社会的发展,而且深刻影响着中国乡村政治和民族国家的建构与建设。

尤其是进入现代化全面转型的改革开放新时期后,民主政治建设成为民族国家建设的核心目标和主要任务,少数民族乡村基层民主政治建设自然成为其中重要的有机组成部分。然而,由于受到历史变迁的曲折性、传统文化的多样性、经济社会发展的滞后性以及所处的自然生态环境、社会生态环境的殊异性等因素的影响,少数民族乡村民主政治建设进程不仅呈现诸多的特殊性,而且显现出普遍的滞后性。这种状况不仅深刻影响和严重制约着少数民族乡村民主政治和经济社会的发展,而且也深刻影响和严重制约着国家民主政治建设。为此,一个有效的应对之举就是对少数民族乡村政治体系的变迁与发展进行深入的理性思考和理论研究。通过触摸其特有的脉搏,感受其特有的律动,发现问题症结,把握发展脉络,探寻规律特点,预见未来走向,从而自觉、有效地推动少数民族乡村民主政治建设的发展和民族国家建设。

本项研究以云南省沧源佤族自治县的佤族乡村为研究对象,[2]试图通过对处于近代以来民族国家建构与建设进程中的佤族乡村政治权力、政治角色、政治关系和政治文化的变迁与发展的描述分析,探析佤族乡村政治体系从传统向现代转型的客观进程、动力机制、制约因素、模式转换和规律特点,深刻把握佤族乡村政治发展的脉络与进路,并在此基础上深化对少数民族乡村政治现代化发展主题的理性把握,增强推动少数民族乡村政治现代化发展的理性自觉。

之所以选取沧源县佤族乡村为研究对象,首先是因为:选择佤族作为研究对象,具有一定的典型意义。与我国大多数少数民族一样,佤族在历史上没有建立过国家形态的政权体系,而是建立了一些在农村公社基础上产生、发展的分散的乡村政治体系。新中国成立后,佤族社会跳跃式地跨越了几个社会形态,经历了从传统向现代的变迁过程。在此过程中,佤族的传统村社政治体系发生了根本的变化。但与此同时,一些历史遗痕对现实的乡村政治体系仍产生着一定的影响。这一历程既体现了佤族乡村自身政治发展的特殊性,又体现了少数民族乡村政治变迁、发展的普遍性。因而,本书选择了佤族作为研究对象。

其次,沧源佤族乡村政治体系的演变体现了从传统向现代转型的特征。沧源境内曾经产生过三种类型的佤族传统村社政治体系,即班洪部落王制、岩帅头人制和勐角董土司制下的佤族头人制。这些类型在转型期都以不同的形态经历了逐渐纳入到民族国家建构和建设的历程,折射出少数民族乡村政治体系转型的历程特征。这正好切合本项研究主题的需要,为研究提供了可资利用的历史依据。

再次,沧源佤族乡村政治体系的变迁、发展是我国边疆民族地区乡村政治发展的缩影。我国是多民族国家,大多数少数民族居住在边疆。边疆地区既是广大的乡村区域,也是少数民族聚居的区域。这里的乡村政治变迁和发展不仅具有一定的特殊性,而且在整个民族国家建构和建设中具有特殊的地位和影响。因此,研究少数民族乡村政治问题不能忽视这一特殊的区域。沧源佤族自治县地处我国西南边陲,共有 6 个乡镇 22 个行政村与缅甸佤邦山水相连,国境线长达 147.083 公里。[3] 这一特殊的区位为本书研究边疆民族地区乡村政治的变迁、发展提供了一个微观样本。

(二)研究的意义

1. 现实意义

本项研究将有助于推进少数民族乡村基层民主政治建设。目前,中国正处于社会转型的新时期,实现政治民主化是一项重大而深远的任务。作为一个发展中的农业大国,这一项任务能否完成,不仅取决于国家政权的高层谋划与建构,更取决于广大农村基层民主制度的设计与实施。中共十七大明确提出,必须将发展基层民主作为发展社会主义民主政治的基础性工程重点推进,并首次将基层群众自治制度提到了社会主义基本政治制度的高度。作为一个多民族国家,我国大多数少数民族都以乡村为依托。因此,推进少数民族地区乡村基层民主的发展,不仅是少数民族地区民主政治发展的迫切要求,而且对我国基层民主政治建设全局具有重大而深远的意义。

然而,推进少数民族地区乡村基层民主的发展是一项高度自觉的理性行为,必须建立在对少数民族地区乡村政治发展的经验总结和理性思考之上。因而,相应的研究成果无疑将起到积极的借鉴和推动作用。尽管本项研究属于个案分析,并不能全面概括中国少数民族乡村政治发展的全貌,但是仍然能够折射出某些类型学意义上的共性问题。因此,本项研究不仅对佤族乡村基层民主政治的发展,而且对其他少数民族乡村基层民主政治的发展都具有重要的现实意义。它将为各级党委政府在做出决策时提供历史的、现实的和理论的依据和参考，从而有助于少数民族乡村基层民主政治建设。

2. 理论意义

我国各民族乡村政治的变迁与发展不仅是一个普遍存在的现象，而且是一幅多姿多彩的画卷。然而，在我国乡村政治研究的热闹场景中，这一普遍存在的现象并没有受到学界的广泛关注；这一幅多姿多彩的画卷也没有在研究领域得到充分的展示。因此，本项研究有助于丰富和拓展乡村政治的研究内容和领域，为其增添一笔浓重的民族色彩；同时，也为促进政治学学科发展尽绵薄之力。

作为一门新兴的交叉学科，民族政治学研究的对象是民族政治生活和各种民族政治现象。它是一门实践性很强的学科，强调通过观察、调查等经验手段获取第一手资料，从经验的调查材料中归纳和提炼理论，并在实践中检验理论性。[4]但是，由于是一门新兴的学科，民族政治学在其理论体系和基本分析框架构建起来以后，要应用于广泛、深入的实证研究还有一个不断探索的过程。因此，目前民族政治学的实证研究成果相对来说比较欠缺。本书正是针对这一研究现状，选取实证研究的路径对少数民族乡村政治体系的变迁与发展进行个案研究，试图通过这一研究在实证研究方面进行一些探索，为进一步完善民族政治学的研究路径、研究领域做一些力所能及的有益尝试。

二、研究现状

（一）关于村民自治的研究

村民自治作为中国特色的乡村基层民主政治形式，自 1990 年代以来逐渐成为学界关注的热点，有关研究成为当代中国乡村政治研究中成果最丰厚的一部分。概括起来，主要体现在以下三个方面。

一是关于村民自治的价值评价。大多数学者持肯定的观点，形成诸如"突破口"说、"社会基础"说、"示范效应"说、"形式训练"说和"中国特色民主"说等诸种观点。这些观点高度评价了村民自治对中国政治体制改革自下而上的路径效应；对中国民主政治建设的基础作用；对人民代表大会制度建设和党内民主建设的启发效应；对民主政治文化培训的重要意义。[5] 但也有少数学者认为村民自治是一种"理论上的怪胎"，而且必将导致"新形势下的绅治"，与政治民主化、行政专业化的世界潮流背道而驰。[6] 不过，随着对村民自治研究的不断深化，学者们对村民自治的价值判断更趋客观。有研究者认为，村民自治的成果固然值得肯定，但现状与理想之间仍存在较大差距；[7] 村民自治的成长不是一种简单的逻辑推理，其发展还有赖于理性社会的建构、自组织的发育以及农村公民社会发育等基础的构建，这将是一个漫长的过程。[8]

二是关于村民自治研究视角的拓展。随着对村民自治的深入研究，作为村民自治研究主力的华中地区学者首先认识到，村民自治作为一种外生性制度与中国乡土社会存在着隔膜，农村研究者们对农村知识也有所欠缺。于是开始改变研究视域，试图从对村民自治的民主化想象中进入到对乡村社会本身的理解之中。为此,他们对将村民自治简称的"村治"赋予"乡村治理"的新意。试图通过阅读和理解转型期乡村社会的治理变化及特质,研究自上而下的政策、法律和制度在农村实施的过程、机制和结果来理解中国农村,由此为中国农村及中国整体的现代化提出理论说明和实践方案。[9]这一视角使村民自治研究进入到一个更为宽广的乡村政治社会的研究领域,从而产生了张厚安、徐勇、项继权等的《中国农村村级治理》(华中师范大学出版社2000年版)、吴毅的《村治变迁中的权威与秩序——20世纪川东双村的表达》(北京:中国社会科学出版社2002年版)、吴毅、吴淼的《村民自治在乡土社会的遭遇——以白村为个案》(华中师范大学出版社2003年版)、贺雪峰的《乡村治理的社会基础》(中国社会科学出版社2003年版)、仝志辉的《选举事件与村庄政治》(中国社会科学出版社,2004年版)、项继权的《集体经济背景下的乡村治理》(武汉:华中师范大学出版社2002年版)等成果。

三是村民自治研究路径的分野。随着三农问题的日益尖锐和村民自治的强力推行,学界对村民自治研究的路径出现了宏观研究与个案分析的分野。在宏观研究方面,主要涉及村民自治地位、作用、法律制度和发展导向等问题。主要成果有:《中国农村村民委员会换届选举制度》(中国基层政权建设研究会中国农村村民自治制度研究课题组,中国社会出版社1994年版),徐勇的《中国农村村民自治》(华中师范大学出版社1997年版)、张明亮主编的《村民自治论丛》(中国社会出版社2001年版)、何泽中著《当代中国村民自治》(湖南大学出版社2002年版)等。

村民自治的个案分析往往深入调查一县、一乡或一村的具体政策和实践,采用社会学、人类学的田野调查技术进行研究。在深入描述的基础上,揭示村民自治中蕴含的复杂因果关系和互动关系,提出学理性结论或政策建议。其中,有研究乡村治理问题的,如《乡村政治——中国村民自治的调查与思考》(王仲田、詹成付主编,江西人民出版社 1999 年版)、《集体经济背景下的乡村治理——南街、向高和方家泉村村治实证研究》(项继权著,华中师范大学 2002 年版)、《中国农村村级治理——22 个村庄的调查和比较》(徐勇,华中师范大学出版社,2000 年版。)、《村民自治在乡土社会的遭遇——以白村为个案》(吴毅、吴淼著,华中师范大学出版社 2003 年版)、《乡村治理的社会基础》(贺雪峰著,中国社会科学出版社 2003 年版)、《村庄治理与权力结构》(金太军著,广东人民出版社,2008 年版);有研究村庄选举问题的:《利益与体制:民主选举背后的变数分析——以湖北省月村治:民主选举规则在村落场域的演绎》(徐勇著,《华中师范大学学报》,1998 年第 3 期)、《制度引入与精英主导:民主选举规则在村落场域的演绎》(吴毅著,《华中师范大学学报》,1998 年第 3 期。)、《"海选"是如何诞生的》(景跃进著,《开放时代》,1999 年第 2 期)、《理性选择与制度实施——中国农村村民委员会选举的个案研究》(胡荣著,上海远东出版社 2001 年版)、《选举事件与村庄政治》(仝志辉著,中国社会科学出版社 2004 年版)等。

(二)关于乡村关系的研究

按照村民自治的制度设计,乡镇政权与村民委员会之间在法律上不再是行政上的上下级和直接的"领导与被领导"关系,而是"指导、协助"的关系。然而,现实却与制度文本大相径庭。为此,一些研究者围绕乡村关系进行了研究。

关于乡村关系的类型,许多学者提出了不同的观点。张厚安、谭同学在《村民自治背景下的乡村关系》中认为,乡政府在乡村社会中仍然起着主控性的作用。[10]吴森通过个案分析,发现了"选择性控制类型",即乡村关系一方面表现为政府对村干部的"紧约束",另一方面政府却为村庄留下大量的经济利益和自由空间,是一种有选择的控制。[11]程同顺则把乡村关系归纳为三类:第一类是指村委会在村级事务中保持较高的自主性,同时又能协助乡镇完成国家任务;第二种类型是行政化的乡村关系,乡镇政府对村委会以"命令"代替"指导",村委会在村级事务中缺乏自主性;第三类是放任型的乡村关系。村委会保持过高自治性,乡镇政府指导不到位。[12]黄辉祥和徐勇认为,除了这三类外,还有一种"复合型"关系,即一方面在有些事务上,乡对村以"命令"代替"指导",在另外一些方面又遵循制度安排,给予村一定的自主权和自治权。[13]郭正林则提出"三重关系论",即乡镇党委与村党支部之间存在着领导与被领导关系;乡镇政府与村委会在村民自治事务范围内存在着指导与被指导关系;乡镇政府与村级组织在行政事务管理上存在着依法管理与接受管理的关系。[14]尽管研究者们对乡村关系类型有诸种划分,但大多数人都认为乡村关系行政化是一个较为普遍的现象。[15]究其原因,研究者们大多认为是多重因素影响的结果,而其中压力型体制、财税体制、法律制度等因素则是主要原因。压力型体制是荣敬本对现行县乡自上而下集权体制的一种概括。这一体制导致乡村关系的行政化倾向。[16]徐勇和黄辉祥通过对压力型体制下的目标责任制的运作、实际绩效和若干缺陷的实证研究,进一步论证了这一观点。[17]此外,研究者们认为,行政化倾向还与县乡财税体制和财政压力有着密切的关系。有的学者从分税制、"压力型体制"与"乡政村治"的内在关联中剖析了财政压力下的乡村关系,认为,分税制带来的征税收入不足和压力型体制导致的财政支出加大使得乡镇财政面临巨大压力,为此,乡镇政府强化了对村庄的控制。[18]有研究者认为,乡镇政府和村委会组织普遍的债务危机和乡镇一级吃财政饭的人过多,不合理的开支过大造成的财政压力,使乡镇政府竭力维持和加强对乡村社会的控制,从而强化了对村的行政控制。[19]金太军认为现有成文法律制度对乡村关系的规定非常粗略和原则化,缺乏规范化的制度供给,为乡镇政府的行政干预留下了制度空隙。[20]

(三)关于乡镇体制改革研究

随着我国政治体制改革的不断深入,农村基层政权建设的不断加强以及"农不养政"时代的到来,乡镇体制改革成为众多学者思考的问题。不同学术背景的专家学者对此提出了迥异的政策主张和治理路径。

第一种观点主张对现有乡镇体制进行改革完善。李昌平认为,乡镇政府改革势在必行,提出了明确新的职能,建立提供高效服务的体制,改善乡镇党委领导的乡镇改革方向和目前农村改革的几个着力点。[21]朱新峰则提出乡镇综合配套改革的思路:要因地制宜确定改革方向,对改革方案进行可行性评估;要从严治官;要转变乡镇职能;健全农村社会保障制度;健全完善公检法的配套改革;健全完善基层组织。[22]

第二种观点主张实行乡派。其代表人物有徐勇、贺雪峰、董磊明等。他们主张从体制上改乡级基层政权为县级政府的派出机构,在乡一级设立办事处,作为县以下的行政组织。实行党政合一的领导方式,由乡党委书记兼任乡办事处主任,另设一名副书记专事党务。乡级派出机构的主要职责是接受县政府委派的政务类任务;指导村民委员会的工作。乡级财政支出由县政府编制预算,由县财政开支。[23]

第三种观点主张"乡派、镇政"。徐增阳、黄辉祥提出乡镇机构设置的三原则:因事设职原则、农民的供养能力和规模经济问题。据此提出,在农业性的地区实行乡派,设立乡公所;以二、三产业为主的建制镇可以建立镇政;以农业为主的建制镇,则恢复到乡的设置,建立乡公所。[24]

第四种观点主张实行乡镇自治。于建嵘认为乡镇自治是一种社区自治,它是以现行的村民自治体制为基础的,但并不是村民自治的简单延伸。为此,应该撤消乡镇政府,建立自治组织;健全和强化县级政府职能部门如公安、工商、税收、计生、教育的派出机构;充实和加强村级自治组织;大力发展农村经济中介组织;开放农会等农民利益代表组织。[25]

第五种观点主张实行有限的"乡政自治"。吴理财认为,乡政由于处在上接国家、下联农民的关键性位置,及其在国家与乡村社会之间的居间性,因而,在一定程度上起着平抑国家力量和乡村民间力量的重要作用。因此,乡政的未来改革不在于取消、虚化或实化乡政,而在于顺应现代治理的要求进行民主转型,即在县乡政权之间进行制度化分权改革,进一步增强乡政的相对自主性或独立性,实行有限的"乡政自治"。[26]

(四)关于乡村政治变迁的研究

这方面的研究相对较为薄弱。就目前所见到的研究成果来看,主要分为两类:一类是从宏观角度进行分析和论述,另一类则是从微观角度进行实证研究。前一类研究成果相对较多。其中美国学者杜赞奇所著《文化、权力与国家——1900—1942年的华北农村》(江苏人民出版社,1994年版),用社会学、政治学和文化学的方法探讨20世纪前半期中国华北农村状况,尤其探讨国家政权的扩张对华北农村社会权力结构的影响,注重对乡村社会与国家、宗族与乡村结构、乡政权结构及其领袖等关系的探讨。刘娅则以"国家与社会关系"的分析框架,对现代化进程中的国家与乡村社会关系的变迁、发展与重构进行了梳理和分析。[27]还有一些研究者发表文章讨论现代化进程中的乡村政治的变迁与发展。全志辉对处于20世纪向超大规模现代社会转型期的中国基层治理问题进行了分析,并对当前农村基层民主如何适应超大规模现代社会转型对基层治理的要求提出了对策思路。[28]纪程运用"国家政权建设"理论框架分别对处于传统时期、晚清民国时期、人民公社时期和乡政村治时期四个阶段的中国乡村社会进行分析,透视不同历史时期中国乡村政治的特点和发展轨迹。[29]叶麒麟则从现代国家建构的角度对近代以来中国乡村治理的变迁进行了梳理。[30]

微观角度的实证分析成果较少,比较有代表性的有于建嵘的《岳村政治:转型期中国乡村政治结构的变迁》(商务印书馆2001年版)和吴毅的《村治变迁中的权威与秩序——20世纪川东双村的表达》(中国社会科学出版社2002年版)。前者采取了一种由国家到乡村社会自外向内的研究进路,对20世纪岳村的政治关系、权力体系、政治控制、政治参与和政治文化的变迁过程进行了客观的描述和分析,从而考察中国政治是怎样一步步将一个小村庄结构化于国家政治体系之内的,并分析其结构化过程中村庄自身的反应,从而把握村庄与国家的互动关系。后者同样以20世纪的百年变迁为历史背景,对一个村庄的政治社会的变迁进行了详尽的考察和分析。但不同的是,该书的研究进路则是由内向外,即由乡土社会到国家,由此考察村庄自身的政治原生形态,并分析当国家政治介入村庄后权威与秩序的更迭,国家对村庄政治的改造和重新塑造。

(五)关于少数民族乡村政治的研究

少数民族乡村政治研究在整个乡村政治研究中属于薄弱环节。在既有成果中,较为突出的是民族政治学创建者周平运用民族政治学理论对少数民族乡村政治的宏观研究。其一,提出了民族村社政治属于民族的非国家政治体系的观点和理论。民族村社政治体系是一种存在于民族的基层社会中的政治体系,是民族传统政治体系的延续。它与民族的国家政治体系之间是一种整体与部分、上级与下级的关系。作为民族的次级政治体系,它必须服从于国家政治体系。在此基础上,他对民族村社政治体系的权力结构、体系功能及其与国家政治体系的互动关系进行了深入地分析研究。[31]其二,通过对大量历史文献的考证和对少数民族地区的深入调查研究,从宏观的角度对少数民族村社政治体系变迁与发展的历程、规律特点进行了描述、分析和概括。[32]

一些研究者运用政治学或民族政治学的理论对少数民族乡村政治进行了普遍意义上的研究。如马啸原主编的《边疆少数民族地区政治发展与政治稳定》(云南大学出版社 2000 年版),对边疆少数民族地区的基层政治体系的历史、现状及其建设也作了一定的分析;匡自明所著《中国少数民族地区农村基层政权建设研究》(云南大学出版社 2002 年版),对少数民族地区农村基层政权的现状、所处的环境、权力配置、乡村关系及其发展进行了分析和研究。

还有一些研究者通过实证的路径探讨了少数民族乡村的权力结构、民族精英、政治文化、政治参与、习惯法和宗族势力等方面的问题,如孙秋云所著《社区历史与乡政村治》(民族出版社 2001版)、马宗保、金英华的《乡村回族社区的权力结构及其功能——

以宁夏南部的单家集村为例》(《西北民族研究》,2005 年第 4
期)、孙秋云、钟年的《村民自治与乡村社会的基层权力结构——
以湖北西南部少数民族地区农村为例》(《云南社会科学》2003 年
第 1 期)、孙秋云的《村民自治制度下少数民族乡村精英的心态与
行为分析——以湖北西部土家族地区农村为例》(《中南民族大学
学报》(人文社会科学版)第 3 期)、官波的《少数民族习惯法与少
数民族地区的乡村政治》(《思想战线》2005 年第 4 期)、朱炳祥、
蔡磊的《宗族在村治中的地位——周城白族村的田野观察》(《中
南民族大学学报》(人文社会科学版)2005 年 5 期)、王丽华的《论
社会主义新农村建设中的少数民族政治社会化问题》(《云南民族
大学学报》2006 年第 6 期)和《少数民族乡村传统社会资本及其对
基层政治参与的影响》(《思想战线》2010 年第 6 期)等。

　　此外,一些研究民族史、民族学的研究成果中也涉及到少数民
族乡村政治的内容。这类研究只是把少数民族乡村政治作为研究
少数民族经济社会历史或现实发展状况中的一部分内容加以关
注。如高发元主编的《云南民族村寨调查》系列丛书(云南大学出
版社 2001 年版),对云南省境内 5000 人以上的 25 个少数民族农
村社区进行了包括民族生态、民族人口、民族经济、民族社会、民族
政治、民族习惯法、民族教育、民族科技、民族宗教、遗传信息等方
面的田野调查和描述解释。其中,25 个少数民族村社政治都有所
反映。再如张晓琼的《变迁与发展——云南布朗族社会研究》(民
族出版社 2005 年版),选择云南西双版纳勐海布朗山布朗族作为
研究对象,对布朗山布朗族社会政治、生计方式、观念文化、村社经
济、扶贫开发等方面的变迁和发展进行了全方位的考察,其中,涉
及到了布朗山布朗族传统政治制度的变迁和当代村社政治结构方
面的描述和分析。

(六)关于佤族政治的研究

相对我国一些少数民族研究的热闹场景,佤族研究显得较为沉寂。从现有的研究成果看,主要包括佤族社会历史发展、文学艺术、语言文字、宗教信仰、社会习俗、经济社会发展、教育、医药、政治、法律等方面的研究,其中,从民族史、民族学、文化学和社会学等角度对佤族社会历史发展、传统文化、社会习俗、宗教信仰等的研究占了较大比重,有关佤族政治的研究成果则非常少。[33]

现有的关于佤族政治的研究成果主要体现在三个方面:其一,体现在佤族历史资料中。这方面的成果主要有:方国瑜先生的《滇西边区考察记》(云南出版集团公司、云南人民出版社2008年版)、《佤族社会历史调查》(1—6)(云南人民出版社1983年版)、《佤族简史》(云南教育出版社1985年版)、《沧源佤族自治县概况》(云南人民出版社1986年版)、《西盟佤族自治县概况》(云南民族出版社1986年版)等。这些成果从历史学的角度或提供了有关佤族传统政治体系及其运作的第一手资料,或基于历史资料对佤族传统政治体系的历史和现实状况进行了客观描述。

其二,体现在有关佤族社会发展史的研究中。罗之基所著《佤族社会历史与文化》(中央民族大学出版社1995年版),运用历史学、民族学的理论和方法,对佤族社会历史文化发展进行了全景式的分析、研究,全面反映了佤族社会历史文化发展的全貌。其中涉及到一些佤族传统政治及其现代转变的描述分析。李洁的《文明的履痕——临沧地区佤族百年社会变迁》(世界华人艺术出版社2001年版),运用历史学、民族学、社会学、文化学等对20世纪百年历史中临沧地区佤族社会、经济、政治、文化和社会的变迁进行了描述分析,探讨了临沧地区佤族百年社会变迁的特点和规律,其中也有关于佤族传统政治变迁和发展的描述。高发元主编、李兵著的《云南民族村寨调查——佤族—沧源勐董镇帕良村》(云南大学出版社2001年版)从政治、经济、文化等方面反映了佤族村社当代的发展和变化,其中,对佤族村社当代政治发展状况进行了描述。

其三,体现在对佤族政治的专门研究中。到目前为止,有关专门研究佤族政治的成果非常少,而且主要集中于研究近代佤族的反帝斗争。如段世琳主编的《班洪抗英斗争纪实》(云南民族出版社1998年版)、一言的《试论班洪佤佤王民族自决会》(《历史档案》1999年第3期)、杨宝康的《论中缅南段边界问题和班洪事件》(《云南师范大学学报》哲学社会科学版2003年第2期)、李国明《〈告祖国同胞书〉的历史地位》(《曲靖师范学院学报》2005年第5期)、周家瑜《简论佤族在抗日战争中的贡献》(《保山师专学报》2005年第4期)、黄光健的《从班洪抗英看近代佤族的政治认同》《红河学院学报》,第3期)等。在这些成果中,也涉及到了佤族传统政治体系和传统政治文化的问题。

综上所述,有关乡村政治的研究已经成为了一门显学,达到了一定的广度和深度。在研究路径上,不仅有宏观的规范性研究,而且微观的实证性研究也渐呈发展之势。研究者的研究手段、方法也日益丰富,呈现多学科交叉互补的态势。研究内容更是不断拓展,丰富多彩。但是,在这一热闹场景中,少数民族乡村政治的研究显得较为沉寂;而有限的少数民族乡村政治的研究中,运用民族政治学进行实证性研究的成果则更少;而运用民族政治学专门研究佤族乡村政治及其变迁发展的成果则呈现一片空白。这一状况对民族政治学理论观照下的少数民族乡村政治研究提出了艰巨的任务,同时也提供了广阔的研究空间。

三、相关概念

（一）农村与乡村

　　无论是在人们的日常用语上，还是在学术讨论的话语中，"农村"与"乡村"两个词语经常是相互借用或混杂使用的。在许多人看来，二者没有严格的区别，农村也就是乡村，乡村也就是农村。诚然，作为有别于城市的地域和社区，"农村"与"乡村"在某些方面确实具有相同的含义和特征，但是，二者之间的区别还是显而易见的。

　　从地理空间范围看，"农村"与"乡村"都是指处于城市以外地域的社区。"农村"和"乡村"中都有一个"村"字。"村"意指"村庄"、"村落"、"村寨"，都是存在于城市以外的社区。此外，"农村"中的"农"，意指"农业"，虽然主要是从经济意义上表明社区的农业生产性质，但其中隐含了地域的意义。因为从事农业生产的社区自然是城市以外的农村地区。"乡村"中"乡"的地域概念，则"泛指城市以外的地区，如：四乡；下乡。"[34]

　　从人们的生产活动角度看，"农村"与"乡村"的共性体现在农业生产活动上。"农村"之"农"，指的是农业，突出体现出"农村"的经济概念含义，直接表明社区的人们所从事的经济活动是农业生产活动；"乡村"之"乡"虽然是一个地域概念，而非经济概念，但其所包含的城市以外的地域，主要也是从事农业生产的地区。因此，其内在地隐含了"乡村"地域范围中所具有的农业生产活动特征。

　　但是，如果从社区社会关系的生成机制看，"农村"与"乡村"则有明显的差别。"农村"突出的特征在于其农业生产方式的经济属性,由此而导致人们逐渐产生了一定的社会关系,形成了一定的社会群体、社会组织和社会制度等。因此,"农村"社区中的社会关系、社会群体、社会组织和社会制度主要是基于长期的农业生产活动而形成的,具有自然、内在生成的特点。"乡村"则不同。"乡"字除了具有地域意义外,还具有基层行政单位的含义,[35]具有显著的国家建构特点。春秋战国时期,齐国管仲实行社会改革,增设了县、乡、率、邑四级行政机构和官职。从此,"乡"开始有了行政管理体制的雏形。[36]自秦朝至隋唐,"乡"一直是国家政权的基层行政单位。从宋朝王安石变法施行保甲法至清朝末年,县成为了基层行政单位,"乡"不再是基层行政区域。[37]进入近代,国家政权加大了向农村基层延伸和渗透的力度。民国期间,行政权力从县级下沉到乡镇级,乡镇从地方自治单位成为了国家最基层的行政组织。中华人民共和国成立以后,国家政权实现了民族国家的政治一体化,在广大农村地区,包括少数民族地区的农村,普遍建立了乡级基层政权。随着国家行政管理对农村的全面渗透,作为自然生成的村落、村庄、村寨日益纳入国家行政管理的体系,并出现基于自然村落基础上的行政村的概念。因此,相较于"农村"社区的自然内生特点,"乡村"社区内部的社会关系、社会群体和社会组织等具有国家建构的特征,可以说是具有行政区划色彩的农村社区。正是基于此意义,本书以"乡村政治体系"而不是以"农村政治体系"来界定研究对象。具体来讲,本书的"乡村政治体系"主要是指国家最基层的权力体系直接或间接作用于农村基层社会而形成的权力关系结构。

(二)变迁与发展

从最一般的意义上讲,变迁是指事物运动、变化、迁移、演变的过程。发展则是指事物由小到大、由简到繁、由低级到高级、由旧质到新质的运动变化过程。变迁属于一个中性的概念,不含有评价性的意义,其所反映的是事物在任何方向上的运动、变化和演变等客观过程,既包括积极的、进步的、正向的运动、变化,也包括消极的、退步的、变异的、反向的运动变化。因此,变迁的过程内在地包含了发展的过程,发展过程是变迁过程中一种积极的、进步的、正向的运动、变化过程。

本书中"变迁"是从社会变迁的含义引申出来的。社会变迁是社会学的一个重要研究范畴,是一个表示一切社会现象,特别是社会结构发生变化的动态过程及其结果的范畴。作为有社会意义的变迁,可以分为进步的和倒退的社会变迁两种类型。[38]据此,本书中的"变迁"可作如下理解:它是指少数民族乡村社会中发生变化的诸种现象中的一个重要方面,即乡村政治体系的运动、变化过程;这一变迁是指处于从传统到现代社会转型期这一特定社会变迁过程中的少数民族乡村政治体系的变迁;这一变迁过程既有乡村政治体系积极、进步的变迁,也有消极和退步的变迁。

本书中的"发展",是从"政治发展"的角度而言的。政治发展问题的提出肇始于对第二次大战后独立的发展中国家政治状况的研究,其含义主要是指发展中国家的政治民主化。随着政治发展研究方法被推广运用于其他国家,政治发展问题获得了广泛的意义,意指适应经济和社会的发展,政治关系从一种结构模式向另一种结构模式的变迁,其实质是根据经济和社会发展的需要,建构新型的政治关系模式。[39]据此,本书所谓的"发展",是指为了适应少数民族乡村经济和社会的发展,少数民族乡村政治体系从一种结构模式向另一种结构模式演变,从而建构起一种更加合理的结构模式[40];由于这一发展进程处于社会转型期的民族国家建构与建设的进程中,因而其发展的方向体现在逐渐建立一种适应乡村经济和社会现代化发展需要的现代乡村政治体系模式。

(三)社会转型与社会转型期

"社会转型"最初源自于生物学的"转型"概念,意即生物物种间的变异。后来西方社会学家借用这个概念来描述社会结构具有进化意义的转换和性质改变,说明传统社会向现代社会的转换。[41]台湾社会学家范明哲提出"发展就是由传统社会走向现代化社会的一种社会转型与成长过程。"[42]

进入20世纪90年代后,社会转型研究在我国渐成热点。绝大多数学者都以"社会转型"作为描述和分析中国社会从传统到现代转变的分析工具,但是对其具体含义的理解却见仁见智。李培林认为,社会转型是一种特殊的结构变动,有三层含义:一是指它不仅意味着经济结构的转换,同时也意味着其他社会结构层面的转换,是一种全面的结构性过渡;二是指它是一个持续发展中的一个阶段性特征,是在持续的结构变动中从一种状态过渡到另一种状态;三是指它是一个数量关系的分析概念,是由一组结构变化的参数来说明的,而不仅仅是一般宏观描述和抽象分析。[43]陆学艺认为:"社会转型是指中国社会从传统社会向现代社会、从农业社会向工业社会、从封闭性社会向开放性社会的社会变迁和发展。"[44]刘祖云认为,社会转型是指社会从传统型向现代型转变的过程;是传统因素与现代因素此消彼长的进化过程;是一种整体性的社会发展过程。[45]笔者比较认同陆学艺的观点。

关于"社会转型期",研究者们普遍认为是指近代以来的历史进程,不过,对具体的阶段划分,则有不同观点。郑杭生、刘祖云认为自1840年至1949年为现代化的启动和慢速发展阶段;1949年至 1978 年为中速发展阶段;1978 年至今为快速和加速发展阶段。[46]罗荣渠则认为转型期始于 19 世纪 60 年代。自此,中国现代化经历了三大时期:19 世纪下半叶—20 世纪初,即自洋务运动经过维新运动到立宪运动,是旧王朝体制下探索资本主义发展取向的自上而下的改革时期;从 1911 年辛亥革命到 1949 年革命,是中国半边缘化与革命化同步发展的时期;从 1949 年以来,中国现代化运动进入一个新的历史时期。这一时期经历了三个阶段:第一阶段(1949—1956 年):仿效苏联和社会改革阶段;第二阶段(1957—1978 年):突破苏联模式,进行毛泽东式改革的阶段;第三个阶段(1979 年以来):开始了开放式现代化的新阶段。[47]

笔者认为,作为后发外生型现代化国家,中国现代化源于对外族侵略的回应。因而,1840 年的鸦片战争应为社会转型的起点。由此至今,社会转型大致经历了三大阶段:1840—1911 年辛亥革命前,为传统政治体系下的现代化发轫阶段。其间的洋务运动、维新运动和新政改革,催生出些许现代化因子,但最终没有改变传统社会的整体结构;1911—1949 年中华人民共和国成立前,是中国国家结构模式发生前所未有的重大转换之下的现代化探索阶段。辛亥革命推翻了中国两千多年的封建帝制,确立了顺应现代政治文明发展趋势的共和制,实现了国家政治体系的第一次现代转型,开始了民族国家建构的历程。但是,由于内忧外患加剧,资本主义取向的民族国家建构和社会经济文化发展模式并未全面建立;从 1949 年 10 月至今,现代化进入新的发展阶段。中华人民共和国的成立,结束了近代以来内忧外患的局面,第一次实现了民族独立、国家统一,标志着民族国家的建立和现代化发展模式的全新转换。从此,中国现代化转型进入了一个新阶段。

四、分析框架

本书主要研究近代以来少数民族政治体系的变迁与发展问题,既需要对政治体系变迁、发展的纵向脉络加以描述分析,又必须对变迁、发展中的政治体系作横向展开分析。因此,必须建立纵向与横向交错的分析框架。

(一)纵向分析框架

纵向分析框架以周平关于民族国家建构与建设理论为分析视角。民族国家首先形成于西方,其历史演进基本线索是从古希腊城邦国家开始,经过罗马帝国、中世纪普世世界国家、王朝国家,最后发展为近代民族国家。也就是说,民族国家是由王朝国家发展而来并取代王朝国家的一种国家形态。民族国家建立以后,逐步成为世界国家体系的基本单元,并向全球扩展,进而成为基本的国家形态。

西方学者根据民族国家形成和发展的历史,提出了民族国家理论。吉登斯给民族国家提出了一个经典的定义:"民族——国家存在于由民族——国家所组成的联合体之中,它是统治的一系列制度模式,它对业已划定边界(国界)的领土实施行政垄断,它的统治靠法律以及内外部暴力工具的直接控制而得以维护。"[48]民族——国家通常被认为是"两种不同的结构和原则的融合,一种是政治的和领土的,另一种是历史的和文化的"。[49]它是以民族共同体为基础的政治共同体,当国家和民族融合为一体时才形成民族——国家。民族——国家建构的目标是要造就一个边界明确、社会控制严密、国家行政力量对社会进行全面渗透的社会,它的形成基础是国家对社区的全面控制。[50]

对于"民族国家"这一源自于西方的概念和理论,国内不同学科的认识和理解差异性很大。如民族学学科偏重于从"民族"的角度来界定"民族国家",强调"民族国家"的民族属性,进而把民族国家解释为单一民族国家;政治学学科,尤其是国际政治学,则偏重于从"国家"的角度来界定"民族国家",往往从主权、国际关系主体的角度使用"民族国家"概念,不注重其民族的内涵,从而将一切具有独立主权的国家都被视为"民族国家"。

民族政治学创建者周平教授从人类社会中国家形态历史演进的角度对民族国家作了全新的解释,第一,揭示了民族国家的本质特征。民族国家并非单一民族国家,而是建立在民族对国家认同基础上的主权国家。民族国家有三个特征:其一,民族国家是主权国家。主权是民族国家的前提条件。一个没有独立主权的国家,不可能成为民族国家;其二,民族国家是民族认同与国家认同相统一的国家。民族国家的根本特征就是它的民族性。民族国家的民族性要求实现民族与国家之间关系的协调和一致。这集中表现为民族对国家的认同;其三,民族国家是人民的国家。要全面实现和巩固民族对国家的认同,国家就必须属于全体人民。[51]

第二,结合世界范围内民族国家演进的历史,提出了民族国家建构和建设的纵向发展理论。民族国家的产生必然经历民族国家建构的历史过程。这一过程涉及两个基本的问题或环节,一是新的民族共同体的形成,二是新的民族对国家的认同。前者是民族国家形成的前提,没有统一的民族共同体的形成,就无所谓民族国家的构建。由于构建民族国家过程中民族与国家的互动,构建民族国家的过程既是一个重建国家制度的过程,也是民族过程与国家过程重合的历史进程,还是一个现代民族最终形成的过程。[52]

民族国家建立以后,民族国家建设的问题随之出现。尤其是那些受到帝国主义殖民压迫的民族和国家,是在自身的民族演变过程和国家演变过程被根本改变的情况下建立民族国家的,其民族国家的构建是在外部的压力和诱导下做出的权变选择,在民族国家建立起来以后面临着更多的问题和困难。这些问题必须通过一个长期民族国家建设过程才能加以解决。在民族国家建设过程中,这些国家必须通过统一的国家建设,强化中央政府的力量,削弱民族性、地方性政治体系的力量,提升国家政治统一的程度;必须进行政治整合,把各种社会政治力量整合在统一的政治共同体之中,把多样性的传统民族整合为一个统一的国家民族,从而从根本上为民族国家的统一、稳定和发展创造坚实的基础;必须把巩固和提升国家认同作为国家建设的重要任务,尤其对于民族成分复杂的多民族国家而言;必须建设成为现代国家。[53]

　　根据上述理论,周平教授对中国的民族国家建构与建设进行了进一步的阐述。中国民族国家的建立始于20世纪初的辛亥革命,到中华人民共和国建立基本形成。辛亥革命推翻了中国历史上的最后一个封建王朝,终结了王朝国家演进的历史进程,开启了中国国家演进的一个新的历史阶段。在这一历史阶段,中国民族国家建构一方面由于内外交困而步履艰难,另一方面则在民族解放运动和民主革命运动的结合中奠定了基础条件:作为"国族"的"中华民族"在外族入侵的压力下和共抗外侮的过程中逐渐形成;通过民族民主革命实现了民族独立;建立了人民民主政权。中华人民共和国的成立,宣告了中国民族国家的建立。[54]

　　但是,中华人民共和国的成立只是建立了民族国家的基本架构,拥有了现代国家的形式。而民族国家并不仅仅表现为一个基本的国家架构和国家形式,它有着自己丰富的内涵,而且这种丰富的内涵本身也处于不断的演变过程之中。因此,中华人民共和国的成立同时也是民族国家建设的开始。从此,如何使新的国家形式具有民族国家的真正内涵,进而使这种内涵不断丰富,就成为民族国家建设的主要任务。

中国的民族国家建设已经走过60余年的历程。在这一历程中,民族国家建设不仅涉及的内容十分丰富,而且在不同的历史条件下具有不同的内容和特点。概括起来主要体现在以下几个方面:一是加深了人民对国家的认同。各个民族在中华民族的民族意识基础上形成的对国家的认同,随着国家全面地繁荣和富强而不断深化;二是建立了统一的国家制度。新中国成立以后,通过全面的政治建设和社会改造,不仅在全国范围内统一了国家制度,在基层建立了统一的政权,把国家权力的触角深入到基层,而且建立并巩固了支持国家政权的社会基础,全面增强了国家的统治能力;三是建立科层制的行政系统。经过新中国成立以来的构建过程,科层制行政系统已经全面地建立起来,并不断得到加强,对整个国家发挥着根本性的影响;四是促成了市民社会的形成。在国家建设的过程中,尤其是改革开放以来的国家建设中,市民社会逐渐生长起来,成为影响国家建设进一步发展的基础性力量。

当然,与世界上其他民族国家相比,中国的民族国家建设存在着巨大差距,民族国家建设的任务还远未完成,尤其是民族国家的民主建设、国家能力建设、宪政建设、基层政权建设等方面,面临的问题都不少。解决好这些问题,是中国民族国家建设的长期而艰巨的任务。[55]

周平教授关于民族国家建构与建设的理论从宏观纵向角度为我们认识和分析少数民族乡村政治体系的变迁与发展提供了一个有效的分析框架。近代以来,我国少数民族乡村政治体系正是在民族国家建构与建设这一宏观历史进程中逐渐发生了前所未有的变迁和发展的。尽管由于种种原因,我国少数民族乡村政治体系的变迁和发展存在着明显的滞后性、复杂性和多样性,但就其演变和发展的总体趋势而言,与我国现代民族国家建构和建设的历史进程是相一致的,其每一次重大的发展变化都是民族国家建构和建设的结果,并对民族国家建构与建设的宏观进程产生着一定的影响。因此,本书运用民族国家建构与建设理论作为分析描述佤族乡村政治体系变迁与发展的纵向分析框架,以期更加深透地探寻到其中的规律特点和未来的发展路径。

(二)横向分析框架

横向分析框架主要借助"政治体系"的分析概念。"政治体系"是用系统分析模式和结构功能模式研究政治制度及其运行的分析概念。美国政治学家戴维·伊斯顿在《政治体系:政治学状况研究》一书中首次提出并建立了政治体系理论。他认为,政治体系是一种从社会行为的总体抽象出来,并借以权威性地分配社会价值的相互作用。罗伯特·达尔则将政治体系看作"政治关系的模式","把政治体系定义为任何重大程度涉及控制、影响力、权力或权威的人类关系的持续模式"。[56]加布里埃尔·A·阿尔蒙德对政治体系进行了更为深入的分析和阐释:"体系是指各部分之间某种相互依存以及体系同环境之间的某种界限。""政治体系不仅包括政府机构,如立法机关、法院和行政部门,而且包括所有结构中与政治有关的方面。其中有亲属关系、社会等级集团等传统结构,还有诸如动乱之类的社会非正规现象,以及政党、利益集团和大众传播工具之类的非政府性组织等"。[57]在他看来,政治体系这一概念不仅可以使人们注意到社会内部政治活动的整个范围,而且还强调了政治领域与环境之间的相互作用。S·M·艾森斯塔德则不仅认为"政治体系是任何社会组织的基本组成部分",而且还认为政治体系具有三个基本特征:"1、政治体系,是一个地域社会的这样一种组织,它合法地垄断了这一社会的强制力量的权威性运用和调节;2、对于它成为其一个组成部分的那个体系的维持,它负有特定的责任;3、因此,其组织实施严厉的世俗性制裁,以贯彻社会的集体目标、维持其内部秩序和调节外部关系。"[58]

　　国内学者对"政治体系"的见解可谓见仁见智。但是,笔者认为周平教授的阐释更具解释力。他认为"政治体系是一定的政治角色围绕一定的政治权力在实际的政治生活中所形成的政治关系结构,是与环境相互作用的政治单元。一定的政治权力、政治角色、政治关系是政治体系的三个构成要件"。政治权力是构成政治体系的核心要素;政治角色则包括机构政治角色和个人政治角色,它们围绕政治权力展开活动;政治关系也是围绕着一定的政治权力形成的,既有政治权力对社会的整合、协调、控制、管理所形成的各种关系,也有社会成员参与政治生活形成的各种关系;既有团体政治关系,也有个体政治关系;既有内部政治关系,也有外部政治关系。政治体系可以划分出不同层次,如国际政治体系、国际政治体系、基层政治体系、民族政治体系、集团政治体系等。[59]

　　据此,本书将"乡村政治体系"界定为由三个层面构成的有机体,即乡村基层政权体系,即乡级政权组织的构成及其关系结构;村社政治权力体系,包括村社中的各种政治权威及其政治关系结构;村社成员政治体系,即由不同利益集团成员构成的不同政治关系结构。在此基础上,本书分别对近代以来不同历史时期沧源佤族乡村的这三个层面政治体系中的政治权力、政治角色、政治关系以及政治文化加以展开分析。

五、研究路径与方法

(一)研究路径

研究路径一般分为规范性研究和实证性研究。规范性研究是指在研究中专注于价值问题和价值分析,是一种"应然"的研究方法,即从原则出发进行演绎的方法。实证性研究则侧重于现象、实事的描述和分析,是一种"实然"的研究方法,即从实际出发进行分析、综合和概括的方法。[60]这一路径要求首先要观察对象活动的表象,了解对象活动的功能及其相关事物、周围环境的相互作用,找出事物之间的因果联系。研究过程中注重观察和实证的资料,强调动态分析和定量分析。[61]本项研究属于实证性研究的个案分析。通过对沧源佤族乡村政治体系变迁与发展进程中诸多现象进行客观、准确地观察、描述和动态、定性地分析,努力揭示佤族乡村政治体系从传统向现代转型的客观进程、动力机制、制约因素、模式转换和规律特点。当然,本书并不完全排斥规范性研究,而是在大量实证性研究的基础上应用民族政治学、民族学和社会学的理论对诸多现象做出合理的解释。

(二)研究方法

一是历史分析方法。这一方法要求把研究的现象和问题放在特定的范围和背景中去加以研究和把握。本书主要研究佤族乡村政治体系自近代以来的变迁与发展问题。因此,在研究中非常注意有关沧源佤族社会发展史、政治发展史的史料收集整理,注重通史、民族史中有关佤族政治变迁、政治制度、政治关系和民族问题的描述和记载。从对历史资料的收集、整理、比较、分析中,概括佤族政治现象的发展演变过程,得出必要的结论;同时,也通过历史资料来验证研究结论的正确性。

二是文献分析方法。文献分析方法主要是指搜集、鉴别、整理文献,并通过对文献的搜集、整理和研究,寻找研究的可靠依据,从而全面、准确了解、掌握所要研究的问题,形成对事实科学认识的方法。为了对沧源佤族乡村政治体系变迁和发展的历史和现状有一个客观、全面的呈现,对其变迁与发展的内在机制、规律特点有一个准确的掌握,笔者不仅非常注重对历史文献的搜集和整理,到省、市、县各级档案馆查询各种档案、史料、志书;而且注重对现实中的文献资料的搜集,先后搜集了包括沧源县、乡(镇)的党委、人大、政府的工作报告、工作总结、统计报表、相关文件、汇报材料,以及行政村的各种统计报表、会议记录、工作总结、汇报材料、规章制度等大量第一手资料。为了全面掌握相关问题的研究现状、前沿成果,笔者通过各种途径查阅了大量的相关的著作、论文、专题报告、学位论文等。

三是田野调查的方法。本项研究属于实证研究,必须借助民族学、社会学中的田野调查的方法,实现描述性功能与解释性功能的结合与互补,最终达到研究目的。笔者先后多次深入到沧源县境内进行社会调查,分别采用了参与观察、人物访谈、问卷调查等方法,参与过几个乡镇的党委、人大、政府的多次会议和活动;参与过数个村委会换届选举大会;参与过村的两委联席会议、村民小组会议、党支部大会、村民代表会议;参与过民间习俗活动,如婚礼、泼水节、叫魂、算卦等;先后与沧源县党委、人大、政府和政协以及组织部、民政部、财政局的一些领导同志进行过访谈;拜访过沧源县研究方志、地方党史和佤族历史文化的本地学者;多次与乡镇领导、公务员、村组干部、退休老村社干部、传统村社头人、宗教权威等进行过正式和非正式的访谈;还深入到普通农户,特别是贫困农户家中进行探望和访谈。通过上述参与观察和访谈,了解县乡村经济、政治、文化和的发展状况,乡镇体制改革、村民自治、基层党建、新农村建设等情况以及访谈对象的思想、心理、生活、生产等状况。此外,调查中还采取了问卷调查的方法,具体操作时进行简单的分层抽样,选取 G 村的丙美组和芒弄组的选民(323 人和 241人),按照人口的 20% 比例发放问卷 112 份,收回 107 份。通过问卷调查,较为真实地把握了佤族村民的政治文化状况。

注　释

1　32　39　40　59　周平:《中国少数民族政治分析》,云南大学出版社 2000 年版,第11、1—14、237、241、11、13 页。

2　沧源佤族自治县是全国仅有的两个佤族自治县之一,成立于 1964 年,地处云南西部,临沧市西南,东南与澜沧县毗邻,东北与双江县隔河相望,西和西南部与缅甸接壤,北与耿马县相连。国境线长 147.083 千米,全县总面积 2445 平方千米,其中山区面积占 99.2%,坝区占 0.8%。全县辖 4 镇 6 乡,90 个村委会,3 个社区居民委员会,803 个村民小组,591 个自然村。总人口 175886 人,其中非农业人口 22811 人,占总人口 12.97%;佤族 143194 人,占 81.41%;汉族 10963 人,占 6.23%;傣族 8146人,占 4.63%;拉祜族 3698 人,占 2.1%;彝族 1732 人,占 0.98%;其他民族 8153人,占 4.63%。沧源佤族自治县属典型的"老、少、边、山、穷"县。(沧源佤族自治县地方志办公室编:《沧源佤族自治县年鉴 2010》,2011 年内部出版,第 34 页。)

3　洪斌主编:《沧源佤族自治县概况(修订本)》,民族出版社 2007 年版,第 9 页。

4　31　周平:《民族政治学》,高等教育出版社 2003 年版,第 7、95—116 页。

5　吴毅、李德瑞:《二十年农村政治研究的演进与转向——兼论一段公共学术运动的兴起与终结》,《开放时代》2007 年第 2 期。

6　沈延生:《村政的兴衰与重建》,《战略与管理》1998 年第 6 期。

7　李定国:《村民自治运作中的问题与对策》,《经济师》2007 年第 4 期。

8　徐勇:《村民自治的成长:行政放权与社会发育》,《华中师范大学学报》2005 年第3 期。

9　吴毅、贺雪峰、罗兴佐、董磊明、吴理财：《村治研究的路径与主体——兼答应星先生的批评》，《开放时代》2005 年第 4 期。

10　张厚安、谭同学：《村民自治背景下的乡村关系湖北木兰乡个案分析》，《中国农村观察》2001 年第 6 期。

11　吴淼：《选择性控制：行政视角下的乡村关系》，载徐勇、项继权主编：《村民自治进程中的乡村关系》，华中师范大学出版社 2003 版，第 43 页。

12　15　程同顺：《村民自治中的乡村关系及其出路》，《调研世界》，2001 年第 7 期。

13　17　黄辉祥、徐勇："目标责任制：行政主控型的乡村治理及绩效"，载徐勇、项继权主编：《村民自治进程中的乡村关系》，华中师范大学出版社 2003 版，第 41、23—42 页。

16　荣敬本：《从压力型体制向民主合作体制的转变：县乡两级政治体制改革》，中央编译出版社 1998 年版，第 28 页。

18　徐增阳：《分税制、'压力型体制' 与 '乡政村治'——财政压力下的乡村关系》，载徐勇、项继权主编：《村民自治进程中的乡村关系》，华中师范大学出版社 2003 年版，第 236 页。

19　项继权：《乡村关系行政化的根源与调解对策》，《北京行政学院学报》2002 年第 4 期。

20　金太军、施从美：《乡村关系与村民自治》，广东人民出版社 2002 年版，第 228 页。

21　李昌平：《乡镇体制变迁的思考——'后税费时代' 乡镇体制与农村政策体系重建》，《当代世界社会主义问题》2005 年第 2 期。

22　朱新峰：《乡镇综合配套改革之路如何走?》三农中国网，2005 - 11 - 9 21：35：39。

23　徐勇："强村、精乡、简县"，《战略与管理》2003 年第 4 期；贺雪峰、董磊明：《农村乡镇建制：存废之间的思考》，《中国行政管理》2003 年第 6 期。

24　徐增阳、黄辉祥：《财政压力与行政变迁》，《中国农村观察》2002 年第 9 期。

25　于建嵘：《乡镇自治：根据和路径》，《战略与管理》2002 年第 6 期。

26　吴理财：《乡政新论》，http：//www.ccrs.org.cn,2003 - 5 - 30。

27　刘娅：《解体与重构：现代化进程中的"国家——乡村社会"》，中国社会科学出版社，2004 年版。

28　仝志辉：《向超大规模现代社会转型中的基层治理模式转换——百年乡村政治史背景中的农村基层民主》，《山东科技大学学报》(社会科学版)2002 年第 4 期。

29　纪程:《"国家政权建设"与中国乡村政治变迁》,《河南社会科学》2006 年第 2 期。

30　叶麒麟:《现代国家建构与乡村治理的变迁》,《重庆社会科学》2008 年第 1 期。

33　李国明、杨宝康:《佤族研究综述(1990—2005 年)》,《文山师范高等专科学校学报》2006 年第 3 期。

34　35　辞海编辑委员会编:《辞海》,上海辞书出版社 1979 年版,第 96 页。

36　刘娅:《解体与重构——现代化进程中的"国家——乡村社会"》,中国社会科学出版社 2004 年版,第 5 页。

37　于建嵘:《岳村政治:转型期中国乡村政治结构的变迁》,商务印书馆 2001 年版,第 58—60 页。

38　郑杭生主编:《社会学概论新修》(第三版),中国人民大学出版社 2003 年版,第 321、322 页。

41　范燕宁:《当前中国社会转型问题研究综述》,《哲学动态》1997 年第 1 期。

42　郭德宏:《中国现代社会转型研究评述》,《安徽史学》2003 年第 1 期。

43　李培林:《"另一只看不见的手":社会结构转型》,《中国社会科学》1992 年第 5 期。

44　陆学艺:《转型中的中国社会》,黑龙江人民出版社 1994 年版,第 1 页。

45　刘祖云:《社会转型:一种特定的社会发展过程》,《华中师范大学学报》(哲社版)1997 年第 6 期。

46　郑杭生:《中国社会大转型》,《中国软科学》1994 第 1 期;刘祖云:《社会转型:一种特定的社会发展过程》,《华中师范大学学报》(哲社版)1997 年第 6 期。

47　罗荣渠:《现代化新论——世界与中国的现代化进程》(增订本),商务印书馆 2009 年版,第 497—501。

48　[英]安东尼·吉登斯:《民族——国家与暴力》生活·读书·新知三联书店 1998 年版,第 147 页。

49　[英]戴维·米勒、韦农·波格丹诺编:《布莱克维尔政治学百科全书》,中国政法大学出版社 1992 年版,第 490 页。

50　[英]安东尼·吉登斯:《民族——国家与暴力》,生活·读书·新知三联书店 1998 年版,第 146 页。

51　52　53　周平:《对民族国家的再认识》,《政治学研究》2009 年第 4 期。

54　55　周平:《论中国民族国家的构建》,《当代中国政治研究报告》Ⅵ,社会科学文献出版社 2008 年版,第 102—106、106—109 页。

56　[美]罗伯特·A·达尔:《现代政治分析》,上海译文出版社 1987 年版,第 15、17 页。

57　[美]加布里埃尔·A·阿尔蒙德:《比较政治学:体系、过程和政策》,上海译文出版社 1987 年版,导论,第 6、5 页。

58　[美]S. M. 艾森斯塔德:《帝国的政治体系》,贵州人民出版社 1992 年版,第 5、3 页。

60　李景鹏:《论权力分析在政治学研究中的地位》,《新华文摘》1996 年第 8 期。

61　房宁:《规范与经验之争》,《政治学研究》1997 年第 1 期。

第 一 章

传统政治体系的现代性初始嬗变

　　沧源佤族传统政治体系的现代性初始嬗变,是近代中国民族国家建构的产物。居于我国西南边疆的沧源佤族乡村社会,在漫长的历史长河中,由于地处偏僻、交通闭塞、经济发展滞后,社会变迁一直步履艰难,进程迟缓。直至中华人民共和国建立前夕,沧源佤族社会还处于从原始社会末期向阶级社会过渡的阶段。当然,这并不意味着自近代以后沧源佤族传统乡村社会没有发生现代化的演变。在 20 世纪上半叶,伴随着外国侵略者的入侵和国家政权体系向少数民族乡村的下沉与渗透,从 30 年代起,沧源佤族传统乡村政治体系开始被纳入到了民族国家建构的进程中,发生了现代性的初始嬗变。但是,由于国家政权体系渗透能力的有限性以及沧源佤族传统乡村政权体系社会基础的牢固性,这种嬗变只是一种表层和局部的演变。直到 20 世纪 40 年代末,以村社为基础的,分散、异质和多元的传统乡村政治体系仍然在沧源佤族乡村社会占据着主导地位。

一、传统政治体系概述

沧源佤族传统政治体系的现代演进是在传统政治体系基础上发生并受其深刻影响和制约的。因此,有必要先对沧源佤族传统政治体系生成的历史背景及其基本状况作一番概述。

(一)沧源佤族的源流和沧源的历史建置

1.沧源佤族的源流

大多数研究者认为,南亚语系各族,包括佤族、布朗族、德昂族、孟族、高棉族等,是东南亚地区,包括我国西南部、缅甸、泰国、老挝、柬埔寨等现有居民中最早的居民。其中,佤德语支的佤族、德昂族和布朗族是今天云南西南部的土著居民,或最早的居民。[1] 佤族先民是古代"濮人"的一支。《华阳国志·南中志》记载的"濮",即为后来史书上记载的"扑子蛮"和"蒲蛮",是佤德语支的布朗、德昂和佤族先民。唐时期则将其称为"望"、"望苴子""望外喻",明清史籍上则称为"哈刺"、"哈剌"、"古刺"、"哈瓦"等。清雍正《云南通志》记载:"戛刺,永昌、腾越内外境俱有之,……卡瓦,永顺东南辣蒜江(今小黑江)外有之,亦耕种,有部落……"。[2]

佤族古代的分布区域相当广泛,东西跨澜沧江和萨尔温江,北至今德宏景颇族自治州和保山市,南及缅甸的景栋和泰国的景迈一带。[3] 经过长期的历史变迁,中国云南境内的佤族分布区形成了一个佤族聚居区和三个佤族散居区。佤族聚居区包括"阿佤山区"[4] 域内以云南西盟、沧源为中心的佤族聚居区。3个佤族散居区是:北面散居区,包括梁河、施甸、腾冲、保山、昌宁、云县、凤庆等7县;东面散居区,包括澜沧江以东的思茅、普洱两县;南面散居区,包括勐海、景洪、勐腊三个县。

沧源佤族大多数自称"布饶克",意即居住在山区的人;[5] 少部分自称"本人",意即本地之人。[6] 自称"布饶克"的佤族大约于600年前自阿佤山区的中心区景栋和绍兴(今缅甸境内)一带迁来。境内几个大寨子的迁徙路线大致是:班洪地区胡姓祖先卡拉曼卷原居于绍兴,其后代迁居曼果寨(缅甸公明山附近的新地方一带),又迁居永叶,然后迁居芒库,最后迁居班洪(居班洪至胡忠华有五代);岩帅地区的岩帅寨则自柬栋迁至困马,再迁至永改,最后迁至岩帅;联合、新华、建设等寨大部分由困马迁来,有的从大漫海迁来;团结、贺科、帕结、安也等则是从敢诺迁来;贺勐、安海也是自大漫海迁来;单甲则由绍兴迁来。自称"本人"的佤族于民国年间陆续从镇康、永德迁来,在此定居不超过一百年历史。[7]

2. 沧源的历史建置

沧源地区在汉代、三国至东晋时期隶属哀牢地永昌郡;南北朝时期隶属宁州;唐代南诏时期为银生节度地;宋代属大理裸黑部地;元朝时,东、南、北部隶属木连路军民总管府,中、西部隶属孟连路军民总管府;明朝时,分属孟连长官司和耿马宣抚司;清光绪十四年(1888年)隶属永昌镇边厅;中华民国时期隶属迤南道。1913年镇边厅改澜沧县,沧源隶属澜沧县第八区;1934年,由澜沧县第八区析置为沧源设治局("沧源"一词由此而来,意为源于澜沧),下设6个乡镇行政区划。1949年5月,成立沧源县临时人民政府,沿袭中华民国时期的行政建制。1950年底,6个乡镇被调整为3个区政府。1951年3月,正式成立沧源县民族民主联合政府。1952年,政务院将沧源划归缅宁专区(现临沧市)。1964年正式成立沧源佤族自治县。[8]

(二)传统政治体系的社会基础

沧源佤族传统政治体系建立于与之相适应的社会经济文化基础之上。佤族传统社会的经济文化发展状况决定着传统政治体系的生成、发展,体现和制约着传统政治体系的本质特征。

1.传统政治体系的经济基础

佤族传统乡村社会的生产力和生产关系状况是佤族传统政治体系形成发展的基本前提和基础。

(1)生产力状况

农业是佤族的主要经济生产部门,是他们赖以生存的主要生活来源。农作物一般有水稻、旱谷、荞、小红米、苞谷、黄豆、小麦等。经济作物主要有甘蔗、芭蕉、黄果、木棉、茶叶等。饲养的牲畜主要有黄牛、水牛、骡、马、猪、狗;家禽主要有鸡。农业生产工具主要包括铁制、木制、竹制和石制等。铁制工具如砍刀、斧头、镰刀、锄头、钉耙和犁头等;木制工具如木钉耙、犁架、臼等;竹制工具有筐、篓、簸箕等;石制工具主要是碓。耕地以广种薄收的旱地为主,水田面积相对较少。据1949年的统计,全县有耕地面积46000亩,其中水田占37%,旱地占63%。[9]耕作方法一种是"挖犁撒种",即使用犁和锄进行播种;一种是"刀耕火种",即在轮歇后的土地上用长刀、砍刀等工具将树木、茅草砍倒晒干,放火烧成灰烬,用矛刨坑点种。刀耕火种的产量非常低,常常是"种一山坡,收一土锅"。

佤族的手工业很不发达,还没有完全从农业中分离出来成为独立的生产部门,只是作为农业的副业存在,多在农闲时进行。手工业种类比较单纯,主要有打铁、纺织、编篾、酿酒、烧陶等。沧源佤族村寨大多有铁匠,但较之西盟佤族中心区要少一些。这主要是因为这里的佤族与周围的汉、傣、缅等较先进的民族交换关系比较发展,所用铁器大多可以通过交换得到。纺织是佤族妇女从事的家庭手工业。纺织原料以棉为主,以麻为辅。纺织工具有压棉机、弹棉弓、纺锤、织布机。竹子在佤族的生产、生活中起着重要的作用。除了用以修建房屋、制作弓箭以外,还用以制作某些生产工具和家庭用具,如背篓、篾筐、篾桌、饭盒等。

18 世纪以前,沧源佤族社会经济属于自给自足的农村公社自然经济。虽然也发生了民间、村社间和村社内部的产品交换,但只是属于剩余物的交换,而且不经常发生,尚没有出现专门的商人。19 世纪后,随着与其他民族交往关系的发展,商品交换关系有了较大发展。主要生产工具和部分生活必需品,如铁锅、铜锅、食盐、针线以及部分棉布等大多靠与其他民族交换得来;滇铸"半开"和外币"小洋"逐渐在交换中普遍使用。[10]在交换中,定期初级市场逐渐形成,俗称"街子"。自近代始,沧源佤族开始种植罂粟,用以向外民族换取各种生产、生活必需品和武器。中华人民共和国建立前夕,沧源佤族种植罂粟的收入约占社会总收入的 1/3—2/5。[11]

(2)生产关系状况

沧源佤族传统土地所有制存在着原始农村公社土地所有制演化的二重性特点,即土地已基本属于个体私有,但部分土地仍属村社公有。此外,由于受傣族的强烈影响,在土地从村社公有制向私有制演化的过程中,又受到傣族封建领主制的影响。

19 世纪 60 年代后,"班洪部落"的土地制度逐渐从原始农村公社土地所有制向封建领主土地制演变。班洪王将所属 17 个小部落划分为 17 个"大户",委任村社大小头人为大伙头、小伙头,实行封建领主统治。班洪王是各"大户"的最高所有者,他随时可以征用"大户"的耕地,或派白工耕种,或赠送、转让给属官,或出租给农民耕种。农民猎得虎、鹿、大象,不仅要上供猎物的肉,还要将虎骨、鹿茸、象牙优先"卖"给班洪王,班洪王则象征性地付点酬金。各大户的农民每户每年出白工 15 个—20 个,为班洪王耕田种地,或砍柴;种罂粟的大户,每年缴大烟 100 两,并承担派购大烟的任务。班洪王有权向各大户派购青谷。租种班洪王私田者,每年缴租粮 40 千克,并售青谷。各"大户"有自己的领地,领地内的土地保持原村社的所有制形式,即分为私有土地和公有用地。各大小伙头对公有用地有支配权;"大户"内农民私有的固定耕地,可以在"大户"内自由转让、买卖、抵押、出租、继承。如果外迁其他大户定居,耕地由伙头收回。

傣族土司直接管辖之下的佤族地区,其土地制度一方面保留了本民族农村公社没落期土地所有制的两重性特征,另一方面又加上了傣族土司领主制的某些特征。勐角董傣族土司将管辖区划分为 9 个勐,设"拉勐"领管,各勐管辖下的佤族、拉祜族和彝族村寨设为"圈",设"圈官","伙头"(即头人)领管。佤族每个圈内的大部分土地已为农民长期占有和使用,并可以继承、转让、买卖。圈内公地,成员可以自由开种。但圈长和伙头对圈内的土地控制权越来越明显,而且大家公认傣族土司对土地的最高所有权。而傣族土司对佤族农民的剥削项目很多,包括向各圈征派劳役、兵役、门户钱。土司府附近各圈每年要出工帮土司砍柴禾。各圈领地内的动植物属于土司所有,圈民猎得虎豹要上缴皮毛,猎获马鹿、大象要上交鹿茸、象牙,否则坚受到处罚,甚至被逐出领地。

佤族在生产中形成的各种经济关系有合种、换工、借种、租佃、雇工和债务等。合种是个体家庭之间在生产中形成的合伙耕种的关系,还保留着原始平等和互助的某些性质。但是,随着私有制的发展,合种关系在逐渐减少。换工是指在农忙季节,家庭之间互相交换劳动力进行耕种。这种形式在沧源佤族地区普遍存在,其关系虽然也有互助的性质,但有些已加上了一些剥削和强制的因素。借种,又称为讨种,是缺少耕地的农户向土地较多的农户借地耕种。这种借地关系在沧源佤族地区也普遍存在。村社内部的借地关系因没有土地报酬而具有互助的性质;村社间的借地关系则因借地者要交给借主一定的"靠罗"(根据所借土地交给借主一定的谷物)而具有了初级地租的性质。租佃关系在沧源并不普遍,只是在"班洪部落"偶有发生。雇工关系体现为日工、月工、长工和放工等形式,是相当普遍的现象,但是,原来同姓和亲戚间的互助成分逐渐减少,而经济剥削关系逐渐增强。债务关系在沧源普遍盛行,成为最主要的一种剥削关系,并加速和促进了社会的发展变化。[12]

2. 传统政治体系的文化支撑

每个民族都有自己的民族文化。通过长期的历史积淀而形成的各民族文化不仅是各民族民族特点的综合表现,而且为各民族政治体系及其运作提供了必不可少的文化支撑。在佤族传统文化中,对佤族传统政治体系影响最深刻的莫过于宗教信仰和传统政治文化。

(1)复杂多样的宗教信仰

在我国少数民族中,信仰宗教是一个普遍的现象。少数民族的宗教信仰不仅对少数民族的社会生活,而且对少数民族的政治体系都产生重要的影响和作用。

沧源佤族的宗教信仰复杂多样,包括原始宗教、佛教和基督教。佤族的原始宗教是万物有灵的自然崇拜。在他们的观念中,人类、山川、河流、动物、植物和一切他们所不能理解的自然现象,如风雨雷电等都有灵魂,或成为鬼神。各种灵魂或鬼神有大小之分。最大和最受崇拜的鬼神是木依吉和阿依俄。木依吉是创造万物的神灵,是人类最高的主宰,他无所不在。木依吉还有 5 个儿子,分别为地震神、雷神(也称火神)地神、天神"克里托"(佤族的祖先)。阿依俄是佤族男性祖先。凡有男性的家庭都供奉他。一般被供奉在房内客间或外间的前壁上。家中有大事,如结婚、生育、死亡、盖房、收养子等,都要祭祀他,向他祷告。此外,还有水神、风神、树神、谷神。他们各司其职,各管其事,发生什么事就祭什么神,祭其他鬼神无用。

　　佤族对自然崇拜的信仰很深,因而宗教活动也很多,主要有:接新火、做水鬼、拉木鼓、砍头祭谷、叫魂、看卦等。每年佤历 1 月(相当于阳历 1 至 2 月)时,村寨头人便率领全寨人到寨外鬼林(或称神林)祭祀火神,用传统的方法摩擦取得火种带回家中引燃火塘。接新火之后是做水鬼或称迎新水,目的是祭祀水神,祈求风调雨顺和引水方便。祭祀活动由头人和分管水的小头人主持,杀鸡看卦后便组织全寨人劈竹架槽,将山泉顺利引入寨中。做水鬼之后是拉木鼓。木鼓在佤族人心目中是通天的神器,能够把人间的声音传达给天地神鬼;木鼓也是最早的氏族标志,后来逐渐变为部落和村寨所有,成为佤族崇拜之物,用于祭祀、征战、召唤、祈求五谷丰登、村寨平安。拉木鼓是佤族生活中盛大的宗教活动,全寨男女老少必须踊跃参加。从砍木头到木鼓凿成,前后约一个月左右。木鼓凿成敲响后,全寨人要举行隆重的"砍牛"仪式。木鼓必须放在专门的木鼓房,并有专门人看护。每年,由头人主持举行盛大的礼仪,祭祀木鼓。拉木鼓活动增强了佤族的集体归属感和向心力。猎人头祭谷也是原始宗教的一项祭祀活动。通过猎人头祭谷,佤族祈求谷物丰收,村寨平安。但是,伴随着大乘佛教、小乘佛教和基督教的传入,沧源绝大部分地区逐渐革除了这一陋习。此外,佤族中盛行叫魂、看卦。佤族认为人的灵魂可以附体,也会离开人体。人一旦受到惊扰、侵害,就会魂不附体,体弱生病。这时往往要叫魂、看卦,并在被叫魂人手臂上拴线,以便拴住魂魄。[13]

佤族所信仰的佛教,有自内地传入的大乘佛教和自傣族地区传入的小乘佛教。大约在咸丰年间,被称为达东波的大乘佛教教徒将大乘佛教从大理经澜沧传入沧源的岩帅地区。后来岩帅附近信仰佛教的村寨逐渐增多,并影响到单甲的一些村寨。在信仰大乘佛教的佤族观念中,梅吉是万物的主宰和保护神,人们必须敬仰、祭供它,人畜才能平安。在每年阴历初一、十五两天,家家户户都要带上蜡条、香、素饭菜、茶水、花卉等到寺庙中供奉观音菩萨。与信奉大乘佛教的其他民族一样,他们也过春节、火把节和中秋节。

沧源的小乘佛教最早于明永乐五年(1407年)由勐卯(今德宏州瑞丽市)的佛爷传入勐董地区。其后,缅甸腊戌的一位佛爷也被请到勐董进行传教。公元1616年左右,小乘佛教因受到勐董罕氏土司的大力倡导而进入兴盛时期,由勐董传播到沧源中部的勐来、勐角、勐卡等地。公元1779年,班洪地区班莫的头人看到耿马孟定傣族信奉小乘佛教,生活比山区好得多。为免除灾难,超脱苦难,寄托吉安,他从孟定请来一位佛爷,并从本寨中升了十几个和尚,建起了班洪第一所佛寺。这样,以班莫为中心的小乘佛教又传到了沧源西边的其他地方,如芒脑、甘勐、焦山、麻黑一带,后又相继传到了上、下班老、班稿、帕浪和现在境外靠我班老边境地区的一些村寨。公元1880年左右,班洪部落王胡玉山请勐角长老金万书在班洪建佛寺、教弟子,金万书满口答应,只提了勐角佛爷要吃糯米不吃旱谷的条件要求。于是,胡玉山决定将佛寺建在他所管辖的盛产糯米的富公南洪小坝子。后来,小乘佛教又从南洪传播到了富公的其他寨子以及班洪乡的班洪村、南板村、芒库村等。经过嘎里、班莫、南洪三个点的传播,小乘佛教在沧源县形成了点多面广,信徒众多的规模。[14]信奉小乘佛教的村寨都有缅寺,寺中有长老、佛爷、和尚。和傣族一样,每年信奉佛教的佤族村寨都有佛教活动。一般有三大节日和日常的赕佛活动。三大节日是堆沙节、关门节和开门节,也属于赕佛的活动,即向佛寺捐献财物,祈求佛消灾赐福的活动。"堆沙节"也称为佤族的泼水节,大约在佤历6月(阳历4月中旬)。堆沙节是最隆重的喜庆节日,类似汉族的春节,持续时间3—5天。关门节在佤历的10月(阳历8月中旬),节日期间不能探亲、外出、谈情说爱;开门节在佤历的年初(阳历的9月中旬),是佤族庆祝丰收、祝年好运的佳节,可以外出探亲访友、出门经商。此外,平常还有规模不一的赕佛活动。

　　沧源的基督教是由美籍英国人威廉·容更牧师(其汉名为"永伟里")及其长子永文和于20世纪初从缅甸传入。永伟里在年轻时就带其妻子来到英国的殖民地缅甸,在缅甸景栋基督教堂当牧师。他以景栋大教堂为基地,积极学习傣族、佤族和拉祜族的语言文字,并受到英国政府指派,参加了中英缅对中缅边界的勘查工作。其间,他走遍了中国西南边陲,了解了边陲各族人民的历史、自然和社会等重要情况。他以景栋大教堂为基地,培训缅甸和中国孟连、澜沧和西盟等地的佤族、拉祜族传教士。1903年,为了配合英国以武力和宗教相结合侵略中国的图谋,永伟里带着他的长子首次从缅甸的景栋来到云南边境班洪、班老一带传播基督教,但遭到了当地少数民族强烈抵制而退回景栋。1905年,永伟里通过英国驻北平大使馆向美国驻昆明领事馆求情疏通,责令澜沧县资事赵文龙做好孟连土司刀派兴的工作,由永伟里出1200银元买下了糯福65亩土地建教堂,作为传播基督教的基地。1913年,永伟里父子带着佤族、汉族、拉祜族的传教士从糯福出发,经澜沧县来到了沧源的勐省,准备到岩帅、贺南传播基督教,但又遭到当地少数民族的驱赶。永伟里再次通过美国驻昆领事馆迫使唐继尧为其下了一份准许到云南各地传教的文书。1907 年,永伟里的儿子永文和来到沧源的上永和,通过施舍,获得了永和部落首领的支持。借助永和部落首领的权威,永文和开始在这里传教,发展了首批教徒,建盖了第一座教堂,培养了第一个佤族牧师。永伟里父子以永和教堂为基地,相继把基督教传到了沧源的达董、拢耐、糯掌、老明良、丁来、回坡一带。1931 年,永伟里的两个儿子,永文和与永文生再次来到岩帅,以厚礼打动部分头人,得到了支持与配合,开始在岩帅传播基督教。从此,基督教在沧源四处传开,教堂遍布沧源各地。永氏兄弟将信奉基督教的地区划分为两大片。一片为"实格等",即以拉勐河为界,包括今天沧源的岩帅,澜沧县的安康、上允、南栅双江县的小黑江边沿的佤族、拉祜族寨子。另一片为"实格冷",包括今天沧源的永和、勐来、勐角、糯良、班洪以及耿马显得富荣、贺帕等地区。[15]沧源佤族中的基督教徒普遍相信耶稣随时可以复活,所以大部分地区的基督教徒把每星期的礼拜作为耶稣复活纪念活动,凡是信徒生病、生小孩、结婚、请客、死人等得请撒拉祷告。过礼拜是信仰者的主要活动,礼拜时念《圣经》、唱赞美诗。[16]

上述宗教信仰、宗教活动,在一定程度上为沧源佤族传统政治体系的生存和发展提供了认同的社会心理基础和控制、调节和整合社会的手段和机制。

(2)普遍的地域型政治文化

"政治文化是一个民族在特定时期流行的一套政治态度、信仰和感情。这个政治文化形成于本民族的历史以及现在的社会、经济、政治活动进程之中。"[17]任何一个政治体系都有一定的政治文化伴随。一定的政治文化不仅构成政治体系的文化环境,而且支持和规约着政治体系的存在和运作。这种状况同样存在于少数民族政治中。佤族祖祖辈辈生活在深山之中,交通阻隔、信息闭塞、经济落后、社会封闭、村寨分散。在这样的自然和社会环境中,逐渐产生了以村社为基础的村社头人制和与之相适应地域型政治文化。人们既没有政治的概念,更没有国家的观念。在他们的头脑中,村寨头人是村寨管理的唯一权威,只有头人们的权威是天经地义的,无论在是情感上,还是在日常生产、生活中都习惯于依赖和遵从于头人。一旦失去了头人,他们便会茫然失措。这种政治文化为传统政治体系的存在提供了深厚的群众基础。

（三）传统政治体系的多样性形态

在漫长的历史发展过程中,佤族社会长期处于原始部落状态,境内普遍存在分散的、各自为政的原始农村公社组织和在此基础上建立的小部落,没有政治统治意义上的管理体系。随着佤族自身的发展,私有制的逐渐产生,社会阶级的初步分化,佤族与傣族、汉族等民族的交往和交流的不断加深,以及沧源境内东、中、西部佤族社会的非均衡发展,分散的佤族部落政治组织逐渐演变为西部班洪部落王制、中部勐角董傣族土司头人制下的佤族头人制和东部岩帅头人制等复杂、多样的传统政治体系。在此基础上,随着国家政权的逐渐渗入,这些传统政治体系又逐渐发生了一些变化。

1. **班洪部落王制**

班洪部落王制语境下的"班洪部落"并非原始社会部落的含义,而是沿用历史上的习惯称谓,主要是指班洪王统治辖区,其范围大致包括今天班洪乡和芒卡镇范围,位于沧源县西北部,北、东北邻耿马县的孟定,东、东南邻翁丁寨和勐卡寨（今属勐省镇境内),西邻"班老部落"(今班老乡),面积约为 300 平方公里。[18]班洪部落王制是在统一"班洪部落"的基础上形成、发展的。

(1)班洪部落王制的形成和发展

班洪部落王制是由居于绍兴(缅甸境内)的"阿佤山总王"卡拉曼卷的次子的后代在统一班洪地区的过程中逐渐建立的。约在十八至十九代人前,卡拉曼卷的次子居于莱姆山(今缅甸境内公明山)附近的曼果寨。其位传至瓮令后,翁令育有 4 子,即长子满门、次子满莫、三子满坎、四子满宋。由于与景颇族发生械斗失败,4 个儿子不得不分别他迁。后来,长子满门与次子满莫的后代发生内争,满门之后岩果迁往班洪地区。当时班洪地区还没有形成统一的政治中心,而是一些分散的农村公社和部落组织,但其中也出现了比较强大的村寨和部落,如南板、富贡、焦山和老厂。岩果到达班洪时,班洪寨还属于南板的辖区。岩果生有 4 子,叫达本、达改姆、达卡木良、达昆(皆为官名)。达本时,其势力强大起来,便与毗邻的富贡、南板发生了矛盾。班洪寨在达本的领导下,通过战争,打败了富贡和南板。富贡和南板沦为了班洪的附属村寨,两寨百姓也沦为了班洪达本官家的附属农民。这是由原始社会向阶级社会、村社部落向国家形态演变的重要一步。班洪征服富贡和南板后,又相继征服了焦山和老厂。其后,班洪地区其他村社和部落见班洪实力强大,也相继归服了班洪。从此,形成了以班洪寨为政治中心的"班洪部落",达本成为"班洪部落"的"王"。自此,"班洪部落"逐渐形成了一套比较完整的、具有初期国家形态的政治体系——班洪部落王制。[19]

班洪部落王制形成后的一个显著发展,是清王朝通过土司制肯定了班洪王权力的合法性,从而将其纳入到国家政权体系中。清光绪十七年(1891 年),因达本之子甲辈参与地方政府调解勐省与勐角董土司之间的纠纷和矛盾有功,经道员刘春霖呈报,云贵总督王文韶奏与清廷,赐予其"胡"姓,汉名"玉山",并封赏"土都司"衔,准其世袭,并颁发给铜质"世袭班洪王"印章一枚。[20]自此,班洪佤族部落中开始有了汉姓和汉名,并产生了佤族中的第一个土司制。

(2)班洪部落王制的权力结构

班洪部落王制作为具有初级国家形态的政治体系,形成了一套较为完整的权力架构和权力关系,并一直延续到新中国建立初期。

班洪部落王制的权力架构主要分为三个层次。最高层次是以班洪王为首的统治机构,包括班洪王及其下的"衙门"、"波勐"、"拉勐"等管理机构。班洪王是汉族的称呼,佤族称之为"达本"(或写作"达崩"、"达奔")。"达"是对长者、尊者的称呼,"本"是指办大事的人,意即班洪地区最大的"官"。班洪王实行世袭制,掌有最大的权力,但尚未发展到独裁地步,涉及重大问题时,他还要与"衙门"和17大户头人商议。班洪王之下设"衙门"、"波勐"、"拉勐"等管理机构。"衙门"是借用汉族的称呼,佤族自称"达伙"(意即"老人住的房子")。衙门主要由协助班洪王办事的近亲组成,有四道衙门,分别管理内政、财务、外交、军事等事务。"波勐"和"拉勐"由班洪王信任的亲信担任,不是固定的官职,权限也不一定,主要是协助班洪王办一些具体事务。[21]

班洪部落王制权力架构的第二个层次是班洪部落下辖的17大户。"大户"相当于原来的一个小部落或村社组织,既是一个地缘单位,也是一个行政单位。一个大户包括若干个自然村寨。[22]大户设有"大伙头"("伙头"是清朝传入的汉族称呼,傣族借用之,班洪佤族受傣族文化影响较大,也借用这一称呼。)"大伙头"佤语称作"达该洪勐"。"达该"是佤语"长者、尊者"之意,"洪勐"是傣语,即"地方"之意。"达该洪勐"意即一个地方的官。大伙头负责管理本大户一切事务。大伙头之下设若干小伙头和管事。小伙头佤族称"达该塞卡木","卡木"意为较大伙头为小。小伙头协助大伙头办理该大户各项事务,并具体管理各小寨。"管事"称为"不找",受大伙头支配办理大户各种具体事务。[23]

班洪部落王制权力架构的第三个层次,也是最低一个层次,是各自然村寨的管理者。主要有:"达该"是自然村寨的主要头人(亦即"大户"中的小伙头),主管寨子的全盘事务,一般由最早建寨人的后代世袭。"达翁"为副寨主,协助"达该"办理全寨事务(有些寨子不一定有)。"达完"是村寨中各种原始宗教活动的管理者。"达翁"、"达完"均实行世袭,如无子嗣,或有子嗣,却无能力承担该职务,则通过一定的方式产生,如由村寨其他权威人士和老人推荐候选人,然后通过抓阄产生。"安章"主管佛教活动(信奉小乘佛教的村寨才有),由人们推举产生,一般是曾经进过缅寺当过和尚或佛爷,学过傣文,会诵经文,会算卦,后来还俗的人。逐渐地,人们认为他懂经文会念经,能说会道,为人正派公道,具有当安章的能力,便共同拥戴他做安章。[24]

班洪部落王制的权力关系包括内部关系和外部关系。由于班洪部落王制是从部落联盟的权力这一"自然形成的共同体的权力"[25]向初期国家形态过渡的产物。因而,其内部权力关系既残留着部落联盟权力关系特征,又显现出初期国家权力关系的特征。

首先,班洪部落王制已形成了以班洪王为最高统治者的权力体系。班洪王通过世袭制获得最高权力的合法性,拥有最大的权力,只是这种权力还保留了一定的原始民主制的残余形式。如班洪王权力的世袭还要通过一定的原始民主形式加以确认;有关班洪部落的重大事务,班洪王还须与衙门和各大户商议,但他拥有最后决定权。

其次,在班洪部落王制三级权力层级中,形成了自上而下的权力授受关系。四道衙门的权力和各大户大伙头的权力一方面通过世袭制获得,另一方面还要通过班洪王正式承认和授予;大伙头之下的小伙头和各自然村寨的管理者,在世袭的前提下也要得到大伙头的承认。[26]

再次,班洪部落王制形成了自下而上提取社会资源的权力关系。对于各大户的土地,班洪王拥有最高所有权。他可以随时征用大户的耕地,或派白工耕种,或赠送和转送给属官,或出租给农民耕种;农民猎得的虎、鹿、象后,不仅要向班洪王上贡猎物的肉,还必须将虎骨、鹿茸和象牙优先"卖给"班洪王,班洪王象征性地付给一些酬金;班洪王每年要向各大户"买"青谷十担(800斤左右),只是象征性地付给一点酬金;班洪王到大户去串寨子(巡视),大户必须好酒好肉招待,并且还要送给其一条牛、半开一百或几百部等;班洪王家有婚丧嫁娶之事,每大户要送牛1条、米1600斤和位数不等的礼钱。各大户有自己的领地,领地内有私有土地和公有用地。对公有用地各大小伙头有支配权。虽然大户内农民对私有固定耕地有支配权,但是如果外迁,耕地必须由伙头收回。[27]

班洪部落王制的外部权力关系主要是指与国家之间的关系。在19世纪中后期以前,传统国家政权由于对居住偏远、交通不便的佤族地区缺乏有效的管理手段和能力,因而在相当长的时期内将其视为"缴外",即国家政权正式建制之外的羁縻统辖范围,对其原始、分散的部落实行松散而间接的朝贡制的统治方式。光绪十七年(1891年)清朝封赐班洪王"土都司"之职,在一定程度上加强了国家政权与班洪部落王制的联系。一方面,通过封赐土都司之职,国家政权承认了班洪王权力的合法性,将其变成国家政权体系之下的一个少数民族次级政治体系,加强了国家对该地区的政治控制;另一方面,土司制也增强了"班洪部落"统治者对国家政权体系的认同和服从,并获得了国家政权一定程度的支持。但是,土司制实质是封建王朝对少数民族实施的以夷治夷政策,其目的是在保证中央王朝统治的前提下,允许土司在自己的辖区内,按照本民族的情况来处理各种事务。这就决定了班洪部落与国家政权之间仍然是一种较为松散和富有弹性的关系,班洪部落王制相对于国家政权仍具有相当大的独立性。

2. 勐角董傣族土司制下的佤族头人制

勐角董傣族土司制下的佤族头人制是指沧源境内以勐董、勐角为中心的中部地区受傣族土司统治的佤族村社政治体系。这一类型政治体系是伴随着傣族统治者对沧源中部的征服和统治而形成的。由于其渗入了傣族土司制的色彩,在权力架构和权力关系上体现出自身的特点。

(1)勐角董傣族土司制下的佤族头人制的生成

沧源勐董、勐角一带的傣族大约在明朝初年从勐卯(今德宏傣族景颇族自治州瑞丽市)经耿马迁来。当时,傣族已经形成了封建领主制。傣族迁到沧源后,开辟了勐董、勐角、勐省、勐来和勐卡等坝区,并征服了周围山区的佤族,对佤族进行直接的统治。从明朝至清朝中叶,勐董傣族领主臣属于耿马宣抚司。清道光年间,勐角董太爷罕荣高图谋篡夺耿马土司地位,造成内部争议。清朝加以调停后,将勐角董拨归罕荣高独立管辖,与耿马土司分立。光绪十七年(1891年),清朝委任罕荣高为世袭土千总。勐角董土司建立了土司公署管辖之下的"九勐二十五圈"。"勐"为傣语"坝子"的意思。"九勐"属于傣族居住的辖区;"二十五圈"属于山区,为佤族、拉祜族、彝族居住地。佤族各"圈"是基于原来的农村公社划分的,一个"圈"相当于一个农村公社。不过这种村社已不是它的原生形态,而是被傣族土司利用的次生形态,即傣族土司制下的佤族头人制。[28]

（2）勐角董傣族土司制下的佤族头人制的权力结构

勐角董傣族土司制下的佤族头人制的权力架构分为三个层次。最上层的罕氏土司是权力中心。他的左右封有太爷、大拉勐,帮助其管理辖区内一切事物。第二个层次是土司府管辖的九勐二十五圈。其中,"勐"主要是傣族居住区,由土司任命的"拉勐"进行管理;"圈"则主要是佤族、拉祜族和彝族居住的山区。每个圈的管理者是土司任命的"圈官"。"圈官"（佤族自称"达片"）基本上是原来村社或部落的头人,负责管理全圈的各项事务。此外,还设有百长、管事和伙头协助圈官管理各项日常事务、治安和宗教活动。第三个层次是圈官之下是以"伙头"为主的管理者。"伙头"大多是各自然村寨的小头人,包括达该、达翁、达完和达俄。"达该"负责管理自然村寨的全盘事务;"达翁"为达该的副手,协助"达该"办理具体事务,如果"达该"有事不能到场时,代行"达该"办理;"达完"负责寨子里的原始宗教祭祀活动;"达俄"专门负责供祭土地、山水。达该、"达翁"由世袭产生,其他管理者则由头人协商讨论推举。[29]

勐角董傣族土司制下的佤族头人制,由于是傣族土司制和佤族村社头人制的混合物,因而产生了较为复杂的内部权力关系。一方面,佤族村社头人制变成了傣族土司制的一个组成部分,成为其下的一种次生形态,与其产生了自上而下的统属关系,主要体现在:其一,傣族土司对佤族头人管辖的村寨具有统治权。在土司制下,佤族各圈"天上飞的、地上跑的、水中游的",包括土地和人民,都属于土司所有,受其统治。[30]其二,傣族土司对佤族头人具有自上而下的授权关系。佤族各圈的"圈官"是傣族土司制下的管理者,一般由佤族村社或部落的世袭头人担任,但其权力必须经由土司的任命。土司可以随时任命或撤换圈官。不过,为了保持稳定,土司一般不会轻易撤换。另一方面,在佤族村社内,佤族头人制仍然是村社的基本权力体系。因而,佤族头人制内部也存在自上而下权力统属关系。佤族各圈之下辖有数目不等的自然村寨,这些村寨对大寨有附属关系。每年,自然村寨的小头人要定期向各圈的大头人贡献新米、马鹿肉、象牙等,以示对其的归属关系;各圈大头人和各自然村寨的小头人之间也有自上而下的授权关系。各自然村寨的达该和达翁虽由世袭产生,但需经各圈大头人认可才具有合法性。

　　傣族土司制下的佤族头人制与国家政权体系之间的外部关系是一种间接的权力关系。从傣族土司与国家政权体系的权力关系看,傣族土司不是国家政权体系中的正式权力机构,只能算作国家政权体系的次生体系;而佤族头人制又属于傣族土司制下的一个次生体系。因此,它相对于国家政权体系来讲就是一种再次生体系。佤族头人向国家承担的责任是通过傣族土司来实现的。

　　3. 岩帅头人制

　　岩帅头人制产生于沧源县东部的岩帅地区,是以岩帅寨头人制为基础发展起来并逐渐扩展到整个岩帅地区(即今沧源县的岩帅镇辖区)的传统村社政治体系。这一政治体系在其自身发展以及国家政权的渗入中形成了具有自身特色的权力组织和权力关系。

（1）岩帅头人制的形成和演变

岩帅头人制产生于沧源县东部的岩帅地区，主要包括今沧源县的岩帅镇。200多年前，岩帅地区最早建立的村寨是贺南寨。岩帅建寨则晚于贺南。约在七代传人以前，寨叟氏（赵姓）一名为"达帅"的先祖建立来到此地建寨，故寨名为"岩帅"。岩帅寨建立后附属于贺南。后来贺南附属勐角董傣族土司后，岩帅也被纳入其管辖范围。随着岩帅寨的发展壮大，岩帅寨逐渐改变了与贺南寨之间的附属关系，并最终摆脱了勐角董傣族土司的统治。光绪十四年(1888年)，清朝设镇边直隶厅，设上下改心（在进澜沧县境内，接近岩帅）两个"巡检"。岩帅成为镇边厅同傣族土司管辖地区勐角、勐董的必经要冲。从此，岩帅地位日渐凸显。光绪二十九年(1903年)，上改心裸黑（拉祜族）起义反抗封建统治，以岩帅寨为首的附近佤族参与其中。清朝派兵镇压并进驻岩帅。为了就地筹粮，清军在岩帅、南棚、糯波和安康等地指定田姓头人为粮长，并任命岩帅头人为郎家，为驻军征派所需的军粮、门户杂派，由此加强了清朝对岩帅地区的统治，并扶持岩帅田姓头人成为岩帅地区的新兴势力和岩帅地区的主要统治者，岩帅的政治中心地位也开始逐渐形成。[31]

（2）岩帅头人制的权力结构

自从清朝在岩帅地区设置粮长，任命郎家以后，岩帅头人制的权力架构形成了粮长——郎家（大寨头人，即布景）——小寨头人三个层次的权力架构。其中，粮长是清朝政权任命的官职，由岩帅田氏头人家族担任，为世袭制，其职责为统领岩帅地区各郎家并为清朝统治者办理岩帅地区的粮务。粮长之下设郎家。郎家原系傣族土司治下的佤族村寨任命的头人之一。而粮长任命的郎家则有了新的含义，其职责不仅管理村寨全盘事务，而且兼办粮长分派的粮务。田氏粮长统辖的郎家最初为 9 个,后来发展到 18 个,[32]基本上遍布整个岩帅地区。郎家及其所辖范围就是佤族大寨的大头人及其管辖范围。在这一层极,郎家(布景)为村寨最高头人,下设百长、管事、小伙头等协助布景工作。布景管理大寨大小祭祀、办理撒谷、祭谷,以及决定全寨对内对外大事;百长负责祭祀;管事管理水利、道路、婚丧、治安等事务;小伙头司掌年节时日及下种耕作日期。小伙头同时又是各自然村寨的管理者,其职权的设置与大寨基本相同。[33]

岩帅头人制权力体系内部存在着上下统属的关系。粮长对各郎家具有权力授予的权威。虽然各郎家一般为世袭,但须经粮长的任命才具有合法性;粮长还统辖 18 郎家辖区的粮务和税收,各郎家必须服从粮长的分派。在各大寨内部,大寨与其辖下各自然村寨小寨也是上下统属关系。大寨的大头人(大布景)对大寨其他头人和小寨头人的世袭权力有任命的权力。大布景对辖下各小寨的事务还有最后裁决权。各小寨头人对于本寨内部事务的决策管理出现争议时,大寨大布景有最后裁决权。对各自然村寨的日常管理,大寨布景还有督查的权力。[34]

自从清末岩帅头人被委任为粮长以后,岩帅头人制开始与国家政权产生某种直接的关系。国家通过这一设置,将其权力的触角深入到了这一偏远地区,不仅在此获得了所需物质资源,而且在一定程度上控制了这一地区。自从设立粮长以后,清朝军队在此时有来往,驻军人数约在 60 至 200 人之间,所需粮饷也通过粮长获取。[35]而岩帅头人也凭借这一设置获得国家正式权威的支持,从而获取整合岩帅地区各村寨力量的权威,壮大了自身的实力。田氏家族势力能够得以壮大而成为岩帅最大的势力,与此有很大关系。但是,"粮长"并非国家政权体系中的正式权力机构,其权限非常有限。国家政权体系对岩帅地区的统治权威仅只是通过自上而下任命粮长和自下而上提取粮食税款而实现的;岩帅头人对国家的服从关系也只是由接受国家政权对粮长的任命和向与国家政权上缴粮食、税款来体现的。

二、传统政治体系的现代性初始嬗变

20 世纪 30 年代以后,在民族国家建构和外敌入侵的背景下,国家政权加强了对沧源佤族乡村社会的下沉和渗透,进一步将佤族传统政治体系纳入到国家政权体系中,并促其发生了现代性的初始嬗变。但是,由于国家政权体系渗透能力的有限性和传统政治体系及其社会基础的牢固性,这种嬗变只是基于传统政治体系的表层和局部的演变,并未根本改变传统政治体系的性质和结构,也未能对沧源地区分散和多样的传统政治体系实现国家政治的一体化。

(一)初始嬗变的社会历史背景

沧源佤族传统政治体系从传统到现代的初始嬗变,有其深刻的社会历史背景。近代民族国家建构的尝试是其现代性初始嬗变的宏观时代背景;20 世纪 30 年代外敌入侵的遭遇是其现代初嬗的直接诱发因素。

1.宏观背景——近代民族国家建构的尝试

作为现代化后发式国家的政治现代化,首先必须经历民族国家建构的历史过程。这一过程是一个重建国家制度的过程,也是民族过程与国家过程重合的历史进程,[36]或者说是一个国家政权将一个分散的、互不联系的且以族群为基础的地方性社会整合为一个整体的、相互联系并以国族为基础的现代国家的过程。[37]在中国,这一过程始于辛亥革命。辛亥革命推翻了中国历史上的最后一个封建王朝,终结了王朝国家演进的历史进程,开启了中国民族国家建构的新阶段。[38]但是,中华民国的建立只是民族国家建构的开端,其国家能力薄弱,主权不完整,未能建立成功垄断合法暴力的行政机构和中央权威,最终未能摆脱失败的命运。[39]

南京国民政府成立后,为了统一全国政治,有效控制地方,特别是边疆地区,在基层政权建设方面采取了两项举措。其一是推行新县制和保甲制度。从 1928 年—1940 年,国民政府先后制定了《县组织法》、《保甲条例》和《各县保甲整编办法》等法律法规。试图一方面通过在乡村社会建立基层政权,将政治权力从散落于乡里村落集中到国家,实现纵向集权,形成统一的国家"主权";另一方面从统一的权力中心发散,形成纵向渗透,使政治权力渗透到广泛的社会领域,特别是分散的乡里村落。[40]

其二,在边沿地区和边疆民族地区设立设治局。设治局是一种过渡性县级建制。其目的是通过在尚不具备设立县治的少数民族地区或边远地区先行设立县级过渡政府,为正式设立县治创造条件,在条件成熟时建立县治,从而统一全国地方基层行政体制,加强中央对地方的控制。民国二十年(1931 年),国民政府颁布《设治局组织条例》,先后在全国边远、少数民族地区建立了 72 个设治局。云南省也先后在一些少数民族聚居区设置了 21 个设治局,并在设置和完善设治局的过程中,建立和完善了乡、镇制和保甲制。[41]

沧源地区佤族传统政治体系的现代性初始嬗变正是在上述宏观背景之下发生的。但是,由于沧源地区地处西南边陲、信息闭塞、交通阻隔,国民政府并未一开始就在此建立设治局。直到"班洪事件"爆发后,国民政府才将澜沧第八区析置出来设置了沧源设治局[42]，并对沧源中、东部地区正式实行乡镇制和保甲制。这样，沧源地区的佤族传统政治体系开始实现了现代性的初始嬗变。

2.直接导因——外敌入侵的惨痛遭遇

作为后发外生型现代化国家，中国的现代化源于对外族侵略的回应。沧源佤族传统政治体系的现代初嬗也是回应外敌入侵的产物。自从1885年英国侵略者侵占缅甸后，就开始不断派兵侵扰我中缅边境地区，妄图通过侵占云南进而侵入中国内地。由此，处于中缅边境南段的阿佤山区便首当其冲。继英国侵略者派遣武装特务潜入阿佤山区进行秘密侦查、企图通过会勘中缅边界之机侵占阿佤山区等阴谋没有得逞后，1934年1月，英国侵略者无视中国主权，悍然派兵500人侵占了炉房（炉房是一个矿地名。当年吴尚贤与班老头人峰筑合办茂隆银厂时，在此地置炉炼银，故得名炉房），并侵入班洪、班老等地区，制造了著名的"班洪事件"。

英国侵略者入侵所引发的西南边疆危机，引起了国民政府对西南少数民族地区的重视，推动了国民政府实施边疆治理的举措。继班洪王胡玉山以阿佤山联盟盟主的身份联合班老王和周围十余个"部落"进行英勇的"班洪抗英"后，为了调动班洪王守土抗战的积极性以及强化对边疆的治理，国民政府委任胡玉山为"班洪总管"，[43]第一次将班洪地区纳入国民政府直接统治之下。与此同时，一些有识之士纷纷著书立说，提出了设置设治局的主张。他们认为，滇西南边界山势绵亘，矿产极盛，"为保护矿产及启发边地起见，应请将勐角董、大蛮海、岩帅地方，筹设为设治局，委任省中干员为设置专员，董率其事。""沧源设治，责任消极在维持治安，保卫境地，积极上改革积习，抚绥、'训卡'，收服未归化之'野卡'"。[44]迫于边疆危机和全国舆论要求加强边疆治理的强大压力，云南省政府决定设立沧源设治局，由此才导致沧源东中部地区直接被纳入国家政权体系,发生了现代性的初始演变。

(二)初始嬗变的历史过程

从时间上来看,沧源佤族三类传统政治体系的现代初嬗具有一致性,都始自 20 世纪 30 年代;但从空间上来看,则呈现出较大的差异性。由于沧源佤族社会发展的地域差异和传统政治体系在地域上的分散性和多样性,沧源佤族传统政治体系的现代初始嬗变进程呈现出东、中、西部地域上的差异性。

西部班洪地区传统政治体系的现代初嬗主要体现在国家政权对"班洪总管"一职的设置。1934 年"班洪事件"发生后,云南省政府主席龙云委任胡玉山为"班洪总管",并颁给"云南省班洪总管之关防"印一颗。[45]当时,胡玉山有三子六女,无汉名,便请求当时的镇康县长纳汝珍(回族)为其三个儿子取名。纳汝珍遂分别为其三子取名"忠汉"、"忠华"、"忠国"。1934 年 12 月,胡玉山去世后,其子胡忠汉袭职。1943 年胡忠汉去世,因其子胡德胜年幼无法理政,便由其叔叔胡玉芳代为护印,后由胡忠汉之弟胡忠华代理直至中华人民共和国成立。

中东部地区传统政治体系的现代初嬗则主要体现在沧源设治局的设置和乡镇、保甲制的建立。民国四年(1915 年),国民党云南省政府将原清朝所设的镇边厅改为澜沧县,设八个辖区,将勐角董纳入第八辖区。试图对其进行改流。但实际上只是将其范围划入辖区,并未对勐角董的土司进行实质性的改变,仍然保留其土司的官衔。1934 年 2 月,"班洪事件"发生后,许多有识之士纷纷著书立说,大造舆论,强烈要求国民政府关怀边疆、设治民族地区,以便开发和巩固国防。迫于中英两国边界争端以及国内社会各界的压力,国民政府指示云南省政府"妥善处理"。1934 年底,云南省政府委派龚月轩以筹备委员和第一任局长身份来到勐董,准备成立沧源设治局,但遭到勐董傣族土司罕华相的抵制,无功而返。1936年,傣族土司罕华相对建立设治局的态度稍有转变。于是,杨虎生作为第二任沧源设治局局长到勐董后,正式成立了设治局,下辖勐角董、永和、岩帅三个区。但是,勐角董土司凭借自身实力强大,并不将设治局放在眼里,时常制造各种障碍干扰、抵制设治局工作的正常运作。直至1945年土司罕华相病逝,沧源设治局第七任局长樊汝平才有机会联络岩帅头人制约勐角董土司,并重新划分设治局辖地,加强设治局建设,将原来设治局下辖的勐角董、永和、岩帅三个区重新划分为岩帅镇、永源乡、乐良乡、勐省乡、勐董镇、勐角镇等六个乡镇,重新任命乡镇长。随后又在乡镇下的村寨实行保甲制,将原勐角董土司辖下的“勐”、“圈”一律改为保、甲,并由原来的村寨大头人和小头人担任保、甲长;岩帅头人制治下的村寨也实行保甲制,同样委任村寨头人为保长、甲长。这样,经过长达十余年的时间,沧源东中部地区的传统政治体系初步发生了现代性的嬗变。[46]

(三)初始嬗变的基本形态

如前所述,沧源佤族传统政治体系的现代性初始嬗变由于社会发展的地域差异和传统政治体系在地域上的分散性和多样性,而呈现出东、中、西部地域上的差异性。其中,西部班洪部落王制政治体系与中东部的勐角董傣族土司制下的佤族头人制和岩帅头人制政治体系的现代初嬗相比有较大的差异;中东部两类传统政治体系的现代初嬗则由于设治局、乡镇制和保甲制的建立而具有一定的共性。下面,从权力性质、权力架构和权力关系方面对东中西部的佤族传统政治体系的现代嬗变加以分析。

1.传统政治权力性质的现代性演变

沧源佤族三种传统政治体系是基于村社社会发展而自然生成的,具有民族性、地方性、内生性的传统公共权力。20 世纪 30 年代,国民政府的权力渗透在一定程度上改变了这些传统公共权力的性质。国民政府加封班洪王为"班洪总管",使西部班洪部落王制的权力性质发生了一定的变化。"班洪总管"的设置虽然不属于国家正式基层政权,但它属于国家政权赋予的权力,具有一定国家性和外生性的特征。当然,由于"班洪总管"是由班洪王担任的,其权力赋予并没有改变和消除班洪部落王制的传统权力性质,只是在其表层涂抹上一层现代性的色彩。因而,班洪部落王制传统权力的现代嬗变是非常有限的。

国民政府在东中部地区建立设治局、乡镇制和保甲制,赋予了勐角董傣族土司制之下的佤族头人制和岩帅头人制国家基层政权的性质。尽管设治局属于过渡性的国家县级政权,其下所设置的乡镇制和保甲制也不完善,但毕竟属于国家政权体系的组成部分,属于国家赋权并履行国家职权的地方性政权体系。当然,这种现代性的改造是依托于传统政治体系基础上实现的,国家政权只是通过对传统政治权威进行新角色的任命而赋予其国家基层政权的权力。因此,东中部佤族传统政治权力性质的现代嬗变也并不彻底。

2.传统权力架构中现代因素的产生

班洪部落王制的传统权力组织因为"班洪总管"的设置而成为了国家的一个地方性政治机构。但是,由于这一设置是以对班洪部落王制合法性认同为基础的一种形式上的改变,因而,班洪部落王制的传统政治权威、三级权力架构等都没有发生改变:"班洪总管"仍然是班洪部落王制中的最高政治权威——班洪王;"班洪总管"公署亦非一个具有完整组织体系的实体机构,而是一个承载于传统权力架构之上,由国家授权的非国家政权体系的名义机构。因此,这种改变只是一种融合于传统权力架构中的一种现代性变异。

东中部地区乡镇制和保甲制的建立,在一定程度上改变了传统政治体系的权力架构。乡镇、保甲制属于国家政权的基层政权体系,建有一套具有现代科层意义的权力架构。这一权力架构改变了传统政治体系的机构设置,如原来勐角董傣族土司制下的佤族头人制的土司——圈官——小伙头的权力架构和岩帅头人制的粮长——郎家(大寨头人,即布景)——小寨头人的权力架构,变成了乡镇——保——甲机构。乡镇一级内部设有正副乡镇长、民政干事、乡队长等职务;"保"设保长,"甲"设甲长。但是,这些基层政权机构的建立是以勐角董傣族土司制下的佤族头人制和岩帅头人制为基础的,"乡镇"以土司、头人的统辖范围为基础,乡镇机构的主要职务和保甲长都由原来传统权力机构中的土司、大头人、圈官和伙头等担任。因而,乡镇、保甲制的建立,并没有彻底改变传统政治体系的权力架构,而是将现代因素融入其中,使其具有了国家基层政权组织架构的特点。

3. 传统政治权力关系中现代因子的融入

从内部权力关系来看,"班洪总管"的权力并未改变班洪部落王制内部的权力关系。因为作为外部植入的非内生性权力,而且很大程度上仅只是一种缺乏实体机构支撑的"班洪总管"权力,是以内生性的班洪部落王制为基础的,班洪总管的权力是凭借班洪王的权力才得以实施,凭借着人们对班洪王权力合法性的认同才得到认同的,其自上而下的权力行使也是按照班洪王部落制的权力运行逻辑来体现的。"班洪部落"内部无论是头人还是普通农民对胡玉山、胡忠汉和胡忠华的服从和跪拜,并非缘于他们是班洪总管,而是因为他们是班洪王。班洪总管的权力不仅没有改变班洪部落王制的传统权力关系,反而是借此而得以产生作用的。

相比之下,乡镇制和保甲制度的建立,使东中部佤族传统政治体系中融合进了一定的现代性权力关系。原来传统政治体系中自上而下的统属关系中渗入了国家基层政权体系的自上而下的统属关系,如在勐角董傣族土司制下的佤族头人制中,原来傣族土司对佤族头人管辖的村寨的统治权,变成了傣族土司凭借乡镇长对以保甲长身份的佤族头人管辖的保和甲辖区的统治权;原来作为圈官的佤族头人对其下自然村寨的统辖权,变成了以甲长身份对自然村寨的统辖权。在岩帅头人制中,原来粮长、郎家、小寨头人对辖区内各郎、各村寨的自上而下的统属关系,变成了他们以乡镇长、保甲长身份对乡镇、保和甲的自上而下的统属关系。

从外部权力关系看,国民政府对"班洪总管"的委任,确立了国家政权对班洪王及班洪部落辖区权力的合法性授予权,从而加强了对班洪地区的直接渗透、控制和支配,保证了班洪王对国家政权的认同和对国家履行的各种义务。据胡忠汉的儿子胡德胜说,胡忠华曾几次到昆明觐见龙云,向他汇报情况,领受任务。每次去都要带上鹿角一对,象牙两对,以示崇敬和臣服。方国瑜先生在《滇西边区考察记》中描述了班洪王对国家认同感:"余至班洪次日,土署(班洪总管公署)悬党国旗以迎余,心为之快把,询何自来,曰:内地得之,今卡瓦山塔亭甘塞光宗诸王地,亦于节令日悬国旗;汉族之光,已飘扬卡瓦深山,亦可庆也。"[47]班洪王子胡德胜也曾向笔者作过类似的描述:胡忠华被任命为班洪总管后,佤王府在云南省政府的帮助下被改造成为总管公署。公署会议室中央悬挂有国旗,还挂着孙中山、蒋介石和龙云的像。这些象征物充分表明了班洪王及班洪部落对国家政权的服从和认同。

同样，乡镇、保甲制度的建立，也使东中部佤族传统政治体系与国家政权体系产生了直接的关系。一方面，国家政权体系通过乡镇、保甲制度第一次将国家政权渗透到偏远的佤族山区，在一定程度上保证了传统政治权威对国家政权的服从和国家政权对传统政治权威和偏远佤族山区的支配、控制；另一方面，通过乡镇、保甲制度，国家政权体系与传统政治体系之间建立了直接的权力授受关系。乡镇制和保甲制属于国家政权体系中的组织机构，乡镇长和保甲长直接由沧源设治局加以任命。这样，佤族传统政治权威就与国家政权体系产生了直接的权力授予关系。这不仅使得传统政治权威的合法性获得国家政权的现代合法性认同，从而在一定程度上强化了头人们的权威，而且也在一定程度上促进了国家政权体系与佤族传统政治体系的融合。然而也正因为此，东中部勐角董傣族土司制下的佤族头人制和岩帅头人制权力关系的现代性嬗变存在极大的局限性。国家政权体系与佤族传统政治体系之间的关系并没有完全改造成为纯粹的国家政权体系之间的权力关系，而是以佤族传统政治体系为基础建立了国家政权体系与传统政治体系之间的直接关系。

总的来看，在沧源佤族的三种传统政治体系中，班洪部落王制的传统根基最为牢固。因而其现代性初始嬗变最显表层性。国民政府虽然对其实行了一定程度的现代性渗透，从而引起其权力性质、权力架构和权力关系方面的一些现代性变化，但最终未能在班洪地区建立起国家基层政权机构。直到1949年中华人民共和国成立之时，班洪部落王制的传统权力、权力架构和权力关系仍然被完整地保留下来。相比之下，勐角董傣族土司之下的佤族头人制和岩帅头人制更具有现代性特征。因为在乡镇保甲制度之下，二者在权力性质、权力架构和权力关系上成为了国家基层政权组织体系中的一个组成部分。但是这种嬗变也具有很大的局限性,是在保持传统政治体系架构的基础上的一种现代性演化,主要是一种形式上的演化,而非实质性的演化,不是对传统政治体系的破坏和替代,其结果形成了传统性和现代性的融合和变异。

三、传统政治体系现代性演化的主要特征

20 世纪 30、40 年代沧源佤族传统政治体系所发生的一系列变迁和发展,是国家政权体系逐渐向佤族乡村社会下渗,并初次进行乡村基层政权建设的结果,亦即国家政权体系在佤族乡村社会进行民族国家建构的初始结果,导致沧源佤族传统政治体系的发生了现代性初始嬗变。概括起来看,这种现代初始嬗变具有以下特征。

(一)浅表性

所谓浅表性是指国家政权体系的权力向佤族乡村社会渗透程度的有限性,即国家政权体系在向佤族乡村社会植入基层权力组织机构的过程中,没有能够建立具有深厚根基的基层权力机构,而是将其嫁接在传统政治体系的基础上,由此制约了国家基层权力组织向佤族乡村社会的深入贯彻能力。

民族国家的建构是一个政治权力自下而上集中和自上而下渗透的双向过程。由不同层级的国家机构构成的政权组织体系则是实现权力集中和渗透的必要条件。因此,国家政权体系在基层社会建构健全有效的基层政权组织机构,是民族国家建构的坚实基础。然而,要达到这一目标并非易事。我们看到,国民政府对沧源境内佤族乡村社会的权力下渗,仅仅只达到一种浅表的层次。

国民政府封班洪王为班洪总管,只是一个名义性的官职,并没有一整套自上而下的实体性权力机构作为支撑,而是建立在传统的班洪部落王制的基础之上。班洪总管的权力首先是以班洪王世袭权力为基础的。班洪总管在执行国家政权的意志和政策时也往往借助班洪王的权威和班洪部落王制的权力机构。如在征收赋税方面,或为来到班洪的国民党部队筹集粮饷方面,班洪王以班洪总管的名义接受命令,但在向下贯彻时,却是以班洪王的权威向各大户发布命令的,并通过各大户向各村寨头人进行征收。权力的贯彻仍然依托传统政治体系的运作逻辑。在此情况下,面对班洪部落王制这一地处偏远,组织结构较为完备,又具有较强的内聚力、整合力的政治体系,设治局显得无能为力。设治局始终没有能够在班洪地区建立区乡镇政权和保甲制度。班洪部落的政治体系一直保存到新中国成立初期。

国家政权在勐角董土司和岩帅头人统治的东中部地区建立了乡镇、保甲制,将国家基层政权及其延伸性组织下渗到了佤族乡村基层社会。与班洪地区相比,国家政权在此的下渗程度要更深一些,但是仍有局限性。首先,沧源设治局作为国家政权体系的一个县级过渡性政权,其机构的设置就很不健全,无法实现对乡村社会的完全统治。按照《云南省设治局组织规程》、《云南省设治局办事细则》的规定,健全的设治局设有秘书室、民政科、财政科、建教科、警察局(政警队、警察队、防护团)、自卫常备队(自卫队、保卫中队、自治防卫队)、参议会等,[48]但沧源设治局主要设置了一个武装中队和财政、秘书、司法、民政等科室。机构的不健全限制了设治局职能的发挥,严重地制约了权力向佤族乡村社会的延伸。

其次,设治局之下的乡镇制实际上是沿袭了以夷制夷的传统政策,乡镇长都是传统政治体系中的土司或大头人。这种"上流下土"（即设治局为流官，乡镇为土官）的权力格局，在设治局的权力与乡镇权力之间形成一种权力变异的空间，使身兼乡镇长的传统权威，能够以传统权力去取代、或者扭曲国家基层政权的权力，从而削弱设治局的权力贯彻和权力控制。保甲制也是完全依托于传统政治体系之上的。保甲长就是原来土司制下的"圈官"、"伙头"（即佤族的大小头人），或头人制下的大头人、郎家。在履行保甲长职责的过程中，这些传统政治权威们的作用仍然非常大，传统政治体系的运作模式仍然起着很大的作用。在此情况下，国家政权体系对佤族乡村社会最基层的渗透和影响就受到了极大的制约。

（二）多元性

多元性是指国家基层政权组织向佤族乡村社会渗透范围的不统一性，即国家基层政权没有能够在整个沧源佤族乡村社会范围内建立普遍而统一的基层政权机构，从而实现对分散、多元的传统政治体系的政治一体化或政治整合。

"现代化不仅是由传统农业社会向现代工业社会的转变过程，还是由一个分散的、互不联系的且以族群为基础的地方性社会走向一个整体、相互联系并以国族为基础的现代国家的过程，这就是国家化，或者说国家的一体化，也即现代民族——国家的建构。"[49]然而，对于我国这样一个地域广大、民族众多、民族发展不平衡的多民族国家而言，实现国家的一体化是一个漫长而曲折的过程。20 世纪 30 年代后，国民政府试图将沧源东、中、西部各自为政，分散、异质的佤族传统政治体系纳入到国家基层政权建构之中，实行国家一体化建构。面对统治班洪部落的班洪部落王制这一地处偏远、组织结构较为完备，又具有较强的内聚力、整合力的传统政治体系,国民政府最初准备将其作为沧源设治局治下的一个基层政权,但是最终因其传统政治体系的牢固性而没有实现。因此,国家政权最终未能真正对班洪部落王制统治下的班洪部落实现一体化。

乡镇政权属于国家政权体系中的基层政权,直接接受国家政权的直接授权,属于国家政权体系中的一个组成部分。保甲制的政治权威来自于国民党基层政权的授权,实际上是国民党基层政权的延伸,属于基层政权体系下的次级权力组织。[50]因此,实行乡镇保甲制的东中部地区被直接整合到了国家政权体系之中,实现了与国家政权体系的一体化。但是,这种一体化只是一种表面形态。由于勐角董傣族土司制下的佤族头人制和岩帅头人制的政治体系和制度的牢固性,沧源设治局下的乡镇保甲制最终只是一种妥协的产物。勐角董地区的乡镇长和保长由傣族土司和头人担任,其统治下的佤族村寨头人则变成了甲长;岩帅地区的乡镇长和保甲长也分别由大、小头人担任。乡镇保甲制完全建立在传统政治体系基础上,不仅传统政治体系的权威依然存在,而且具有现代意义的国家基层政权的权力也为原来的土司和大小头人控制。因而,国家政权体系在基层政权一体化的努力是非常有限的,最终没有能够消除各种分散、异质和多元的佤族传统政治体系而将其完全整合到统一的基层政权中。

(三)双重性

所谓双重性是指佤族传统政治体系的现代性初始初嬗中呈现出自身传统性与国家植入的现代性同时并存的特征。不过从沧源佤族传统政治体系实际演变来看,这种双重性是一种以传统性为主导的双重性,或者说是以传统性为基础并糅合现代性因素的双重性。

民族国家是伴随着近代资本主义产生而建构的现代政治共同体,同时也是现代化锻造的现代性在政治生活中的反映。它与传统政治体系有着完全不同的特征。传统政治体系是一种前现代化时期的人类社会共同体。在前现代化时期中,人类社会主要以氏族、家族、部族、地方性族群等共同体构成,并形成相应的政治单位。这些政治单位独立存在,分散而互不联系。尽管也存在国家,但是其行政机构并没有成功地在其领土范围内垄断并合法使用暴力的权力,从而加以有效的统治。[51]民族国家则是建立在民族认同与国家认同相统一基础上的政治共同体。它建构了一套自上而下代表和保证中央权威深入渗透于国家领域内,将分散的社会连为一个整体,并能够支配整体社会的权力体系。它是具有明晰的领土边界,并能够在领土范围内自主治理的主权国家。

由此观照 20 世纪 30 年代以后沧源佤族传统政治体系的演变,我们确实可以看到一些现代性的特征。首先,佤族中开始产生了民族认同与国家认同相统一的国家意识和政治认同感。20 世纪 30 年代,面对英国侵略者的侵略行径,佤族传统政治精英们义正词严地提出:"敝王等以卡瓦山地为中国边土,卡瓦山民为中华民族之一部分,……。敝王等守土有责,岂敢失职,与所属民众,自始至终,上下一心,团结一致,效忠于我阿祖阿公,为中国保存此土,"[52]并率领佤族民众英勇抗击侵略者。与此同时,伴随着国家基层权力组织在佤族基层社会的下渗,佤族中的国家政权认同意识也得到了加强。作为国家基层政权及其延伸性组织的乡镇制和保甲制的设置,使佤族大小头人们直接承担了对国家的义务和职责,切身感受到国家政权力量的存在,从而增强了对国家政权的认知度和认同感。即便如班洪部落地区,国家政权体系没有在此设立正式的基层政权,而只设置了班洪总管公署这样的权力机构,也在一定程度上增强了以班洪王为首的传统政治权威的国家认同意识。前述班洪公署所悬党国旗和孙中山、蒋介石和龙云像等国家政权象征物等就说明了这一点。

其次,国家政权在佤族基层社会初步建立了自上而下的政权组织,在一定程度和一定范围内将分散的佤族传统政治体系纳入国家政权体系。国家政权通过设治局和乡镇制的设置,在佤族基层社会的一定程度和范围内植入了具有现代意义的国家基层政权组织和科层组织,建立了一套自上而下的基层政权组织体系,在形式上打破了沧源中东部地区傣族土司制下的佤族头人制和岩帅头人制传统政治体系垄断政治权力的局面,在一定程度上削弱了传统政治体系的权威,并保证了国家政权在这些地区的政治贯彻和政治统治。而作为乡镇政权延伸性权力组织的保甲制,不仅在一定程度上改变了佤族村寨头人制地方性权威的原生形态,为其表面涂抹了一层准国家权力组织的色彩,而且为国家政权体系向佤族社会最基层的渗透提供了一定的组织基础。

再次,伴随着国家基层政权向佤族基层社会的渗透和植入,国家统治和治理的边界和主权在一定范围得以明确和保证。在传统国家政权体系下,统治者对边疆民族地区实行间接统治的羁縻政策,没有将政权延伸到少数民族乡村社会最基层,无法明确地界定统治和治理的边界,以致影响了国家在领土范围内自主行使统治和治理的权力,因此才发生了英国侵略者借未定国界等边界纠纷制造"班洪事件",借机侵占我国领土的侵略行径。"班洪事件"后,国家政权在沧源东中部地区设置了设治局和乡镇保甲制,并实行国家直接授权,这一方面明确昭示了国家对这些辖区范围的统治权力和领土主权;另一方面,国家基层政权通过与佤族传统政治体系的结合,发挥传统政治体系守土抗敌,维护民族——国家领土主权的作用。

但是,上述现代性特征只是一种浅表和局部的显现,佤族传统政治体系的传统性仍然占据主导地位。其一,从国家认同意识来看。英、日侵略者的入侵和国家基层权力组织在佤族基层社会的设置,确实加强了佤族的国家认同意识,但大多数佤族普通民众对本民族传统政治体系权威的认同仍然强于对国家政权的认同。在许多人看来,官家(班洪王)、土司是天下最大的官,他们有着最大的权力,无论是天上飞的,地上跑的,都属于官家、土司;而他们对官家、土司的统治和剥削也都认为是天经地义,甚至达到顶礼膜拜的地步。在班洪部落,任何人见到班洪王都必须行跪拜礼,以表示对其权力的绝对服从。在沧源东中部地区,虽然国家建立了乡镇保甲制,但由于佤族民众对传统政治权威的高度认同,国家所任命的乡镇长和保甲长的权威只能建立在传统政治权威的基础上,从而使具有现代性的国家基层政权糅合了浓重的传统性色彩。

其二,从国家在佤族乡村基层社会的政权组织机构来看。从表面上看,国家政权在沧源佤族地区东中西部不同的传统政治体系辖制范围内都建立了一定的政权组织机构,并且将国家基层政权及其延伸性组织下渗到了佤族乡村基层社会。但这些权力机构因为佤族传统政治体系的传统性过于强大而最终产生明显的局限性:权力下渗程度的浅表性,权力延展范围的不统一性,无法真正实现国家权力的一体化和全面而深入的渗透和贯彻。

其三,从国家统治和治理的边界和主权来看。由于国家政权没有能够在沧源境内普遍建立基层政权组织,从而影响了民族国家对于这一地区完整的统治权力和领土主权。国家政权只是在沧源东、中部地区设置了设治局和乡镇保甲制,明确了国家政权对这些辖区范围的统治权力和领土主权,但是在沧源西部班洪、班老部落的辖制范围内,没有建立起正式的国家基层政权组织。这样的权力机构无法明确地界定国家政权在这一区域内的统治权力和领土主权。这就给英国侵略者借未定国界之争,乘机侵占我国领土,从而严重影响了国家政权体系对民族国家的构建,使得国家政权无法完全体现民族国家的现代性特征。

伴随着近代社会转型期的到来,地处我国西南边陲的沧源佤族社会在面临外敌入侵,边疆危机加深,国家政权加强边疆治理的历史背景下,迈着蹒跚而迟缓的步履融入到了现代民族国家建构的进程中,从而导致其原来分散、异质和多元的传统政治体系发生了现代性的初始嬗变,迈出了向现代民族国家转变的一小步。这一小步一方面在一定程度和范围内增强了国家政治体系对边疆少数民族地区的渗透力和影响力,捍卫和巩固了国家的主权和边疆的统一;另一方面,也在一定程度上改变了佤族传统政治体系的权力结构、运作模式,赋予其一定的现代意义,并使其进一步融入统一的国家政治体系中,使其传统独立性和完整性受到一定的削弱。但是,由于佤族传统政治体系的政治、经济基础的牢固性和国家政权体系向佤族基层社会渗透、贯彻、整合能力的局限性等原因,迈出的这一小步非常有限,以至于佤族传统政治体系的现代性嬗变呈现出浅表性、多元性和双重性特征。最终,沧源境内佤族三种传统政治体系依然存在并处于分散、异质、多元的状况,在广大农村社会仍然居于主导地位并起着主要的作用;国家政权体系与佤族乡村社会之间的离散状态远未消除,国家政权一体化也远未实现,民族国家建构的任务还任重道远。

注　释

1　12　13　16　30　罗之基:《佤族社会历史与文化》,中央民族大学出版社 1995 年版,第 39—40、201、315—355、362—367、155 页。

2　转引自云南省沧源佤族自治县地方志编纂委员会编纂:《沧源佤族自治县县志》,云南民族出版社 1998 年版,第 73 页。

3　28　《佤族简史》修订本编写组编:《佤族简史》民族出版社 2008 年版,第 8、90—91 页。

4　阿佤山区,即今天的云南西盟、沧源两县以及与其毗邻的耿马、双江、澜沧、孟连部分地区,以及缅甸佤邦的主要部分。(罗之基:《佤族社会历史与文化》,中央民族大学出版社 1995 年版,第 1 页)。

5　佤语分为三个方言,布饶克方言,即岩帅方言(以沧源岩帅语为代表);阿佤方言,即马散方言(以西盟马散语为代表);佤方言,即孟汞方言(以永德孟汞语为代表)。说布饶克方言的佤族分布于沧源、澜沧、双江、耿马等县,自称为“布饶克”;说阿佤方言的佤族分布于西盟、孟连、澜沧等县,自称为“阿佤”;说佤方言的佤族分布于镇康、永德等县,自称为“佤”。

6　沧源南腊地区的部分佤族自称“本人”,1956 年根据本民族大多数人的意愿,经国务院批准,正式定名为佤族。(云南省沧源佤族自治县地方志编纂委员会编纂:《沧源佤族自治县县志》,云南民族出版社 1998 年版,第 73 页。)

7　8　9　11　32　云南省沧源佤族自治县地方志编纂委员会编纂:《沧源佤族自治县县志》,云南民族出版社 1998 年版,第 73、39、165、78、517 页。

10　“半开”以银和其他金属合铸而成,大小如银元,其价值一个为 5 角,两个为一元。在 50 年代初一元相当于 5 角。“小洋”是英国银行发行,流星雨其殖民地缅甸和印度,也流通到云南。(罗之基:《佤族社会历史与文化》,中央民族大学出版社 1995 年版,第 140 页。)

14　15　42　52　政协沧源县委员会编:《沧源文史资料》第三辑,内部刊物,第 46—48、78—83、57、30 页。

17　[美]加布里埃尔·A·阿尔蒙德、小 G·宾厄姆·鲍威尔:《比较政治学:体系、过程和政策》,上海译文出版社 1987 年版,第 29 页。

18　21　22　23　国家民委民族问题五种丛书之一,中国少数民族社会历史调查资料丛刊：《佤族社会历史调查》之四，云南人民出版社 1987 年版，第 71、83—84、71、84 页。

19　全国人民代表大会民族委员会办公室编：《云南沧源卡瓦族社会经济调查报告》卡瓦族调查材料之四，1958 年版，第 13 页；罗之基：《佤族社会历史与文化》，中央民族大学出版社 1995 年版，第 279—281 页。

20　43　47　方国瑜：《滇西边区考察记》云南出版集团公司、云南人民出版社 2008 年版，第 6、7、86、6、26 页。

24　沧源佤族自治县地方志编纂委员会编纂：《沧源佤族自治县志》云南民族出版社 1998 年版，第 515 页；笔者实际调查材料。

25　《马克思恩格斯选集》第 4 卷，人民出版社 1995 年版，第 96 页。

26　33　35　全国人大民族委员会办公室编：《云南沧源卡佤社会经济调查报告——卡佤组调查材料之四》1958 年 8 月版，第 41、123—124、127 页。

27　全国人大民族委员会办公室编：《1958 年 3 月至 6 月云南沧源卡佤社会经济调查报告——卡佤组调查材料之四》1958 年 8 月版，第 39—41 页。

29　罗之基：《佤族社会历史与文化》，中央民族大学出版社 1995 年版，第 362—367 页；访沧源佤族研究专家梁宏伟，2007 年 7 月 25 日。

31　全国人大民族委员会办公室编：《1958 年 3 月至 6 月云南沧源卡佤社会经济调查报告——卡佤组调查材料之四》1958 年 8 月版，第 123—125 页；政协沧源县委员会编：《沧源文史资料》第三辑，内部刊物，第 54 页。

34　国家民委民族问题五种丛书之一，中国少数民族社会历史调查资料丛刊：《佤族社会历史调查》之四，云南人民出版社 1987 年版，第 128 页；全国人大民族委员会办公室编：《1958 年 3 月至 6 月云南沧源卡佤社会经济调查报告——卡佤组调查材料之四》1958 年 8 月版，第 83 页。

36　38　周平：《对民族国家的再认识》，《政治学研究》2009 年第 4 期。

37　39　40　49　51　徐勇：《现代国家、乡土社会与制度建构》，中国物资出版社 2009 年版，第 7、15、138、5、4—5 页。

41　48　李燕：《民国时期云南边疆设治局研究》云南大学 1999 年中国民族史硕士论文，第 1、2 页；第 30—31 页。

44　46　政协沧源县委员会编：《沧源文史资料选辑》第一辑，内部刊物，第 59、52—78 页。

45　王敬骝主编:《佤山纪事》,云南民族出版社 2007 年版,第 7 页。

50　周平:《云南少数民族村社政治分析——云南大学跨世纪云南少数民族调查民族政治专题研究报告》,载高发元主编:《跨世纪的思考——云南民族村寨调查》,云南大学出版社 2001 年版,第 21 页。

第 二 章

新型乡村政治体系的建立

沧源佤族传统政治体系真正实现向民族国家基层政权的彻底转变,是以中华人民共和国的成立为标志的。"中华人民共和国的成立,则将由辛亥革命开启的由民族国家取代王朝国家的历史进程画上了一个句号,建立了主权独立的人民共和国,宣告了中国民族国家的建立"。[1]新中国成立以后,中国共产党建立了以工农联盟为基础的人民民主专政政权及其各级地方、基层政权组织,建构了民族国家政权体系的权力架构和基本制度。在此背景下,新型国家政权通过一系列民主建政和社会改革措施,逐渐对古老而传统的佤族传统政治体系进行现代改造。到 1958 年,新型国家政权消除了佤族传统政治体系赖以生存的社会基础,在佤族乡村初步建立了区、乡基层政权,初步实现了国家政权的一体化,取得了在佤族乡村社会进行民族国家建设的巨大成就。

一、新型乡村政治体系建立的历史必然性

沧源佤族新型乡村政治体系的建立不是偶然的和孤立的,而是历史发展的必然产物。它既是我国近代民族国家建构发展趋势

的必然产物,又是中国共产党进行新民主主义革命的必然结果,也是新型国家政权建设的必然要求。

(一)近代民族国家建构趋势的必然产物

现代化不仅是由传统农业社会向现代工业社会转变的过程,也是由传统国家向现代国家转变的过程。这一过程包括民族国家建构和民族国家建设两大阶段。这是任何民族或国家都必须经历的历史进程。只不过这一历史进程因各个民族、国家所具有的特殊性而呈现出各自的殊异性。民族国家建构最早起源于西欧中世纪后期,在18—19世纪达到兴盛,并逐渐由西向东发展,到20世纪中叶,扩展到全球。

与西方国家相比,中国的民族国家建构有其特殊性。中国的民族国家建构是在外国列强入侵的情况下发生的。因此,民族国家建构的首要任务是争取民族解放,实现国家的主权独立和领土完整,对国家实施宪政化改造。可以说,我国近代时期是国家政权尝试建构民族国家的历史时期。在这一时期,孙中山建立的中华民国进行过尝试和努力,最终以失败告终。而国民党政权的建立只是民族国家的一种表面形式的确立。在国民党政权统治之下,国家仍然遭受外敌入侵,主权也并不完整;为了维护其所代表的大地主大资产阶级的利益,国民党政权坚持内战、独裁政策,试图以强大的军事力量和专制独裁来统一和维护国家政权,其结果,一方面因其给人民带来无穷的战争和沉重的赋役,遭到全国人民的强烈反抗,最终丧失统治权威的合法性;另一方面则因兵连祸结的内战严重削弱了国民党政权对全国各地,特别是广大农村和少数民族地区进行政治贯彻和权力渗透的能力,以致广大农村仍然处于一盘散沙和土豪劣绅控制的状态,而少数民族地区则更是普遍存在着诸如沧源佤族传统社会中的各种分散、多元、异质的传统政治体系。这样，国民党虽然表面上建立了全国政权，并进行全国基层政权建构的努力，但是最终未能实现全国范围的政治一体化，从而建立真正的民族国家。

然而，历史的车轮总是滚滚向前的。近代国民党建构民族国家的失败，并不意味着民族国家建构历史进程的终止。相反，这种不成功蕴含着对民族国家建构更强烈的要求和不可避免的向前发展的历史趋势。它要求有更新的、更有能力的政治力量来完成这一历史过程。中国共产党通过民族民主革命，建立了主权独立的人民共和国，宣告了民族国家的建立。沧源佤族新型政治体系的建立正是这一历史发展趋势的必然产物。

（二）新民主主义革命的必然结果

新民主主义革命是中国共产党领导的，以工农联盟为基础的，人民大众的，反对帝国主义、封建主义和官僚买办资产阶级的革命。这一革命是近代中国现代化发展的必然要求，为中国共产党建立新型政权体系，全面建构民族国家创设了前提条件。沧源佤族新型乡村政治体系正是这一革命斗争胜利的必然结果。

进入19世纪中叶以后，中国社会陷入了前所未有的农业文明危机和民族存亡危机当中。为了摆脱危机，中国人找到了现代化之路，并为之进行了不同层面、不同领域的尝试和奋争。洋务运动试图在器技层面实现现代化；康有为、梁启超试图通过戊戌变法在局部制度层面进行君主立宪改革；晚清统治者则期望通过"新政"拯救颓势。但是这些尝试都归于失败。这表明，要摆脱农业文明的危机和民族存亡的危机，实现国家的独立、统一和民众的解放，必须消除造成两大危机的根源，即消除封建主义的统治和帝国主义的压迫,也就是进行反帝反封建的革命。这是中国实现现代化必须首先解决的前提条件。为此,新兴的民族资产阶级通过辛亥革命推翻了两千多年的封建帝制,在全面制度层面上实现了"旧邦新造",建立了中华民国,开创了民族国家建构新历程。但是,由于民资资产阶级两面性的局限性及其所追求的政治现代化模式的不适应性,资产阶级革命派最终无法完成反帝反封建的革命任务。中国共产党人从中国的特殊国情和历史特点出发,从中国实现现代工业化所要求的民族独立和国家统一的基本前提出发,总结和汲取了近代中国现代化探索的失败教训,认识到必须通过彻底的反帝反封建革命夺取政权,取得新民主主义革命的胜利,建立人民民主专政的国家,从而"造成由农业国变为工业国的先决条件"。[2] 由此,中国共产党找到了通过新民主主义革命走向社会主义现代化的独特道路。

针对中国是一个半殖民地半封建社会的农业大国的特点,中国共产党找到了进行新民主主义革命的具体路径——农村包围城市,武装夺取政权。这一路径不仅保证了中国共产党以武装斗争的方式夺取全国政权,更为重要的是使得中国共产党能够通过"政党下乡"[3]的方式深入农村,组织和动员农民群众参与革命并赢得广大农民的合法性认同,从而在高度分散的社会最底层奠定了建立全国政权的社会基础。

地处中国西南边疆的沧源地区,虽然路途遥远、信息闭塞,但伴随着中国共产党领导的新民主主义革命向纵深发展,也逐渐融入到新民主主义革命浪潮中。1948 年,为配合全国的解放战争,彻底推翻国民党的统治,中共地下党员深入到沧源佤族村寨开展工作,一方面对佤族上层头人进行宣传动员,一方面秘密配合共产党革命武装联合收编佤族地方武装,并通过武装斗争消灭国民党在沧源的统治政权,初步建立了人民革命政权。因此,沧源佤族新型政治体系的建立不是偶然的,是以全国新民主主义革命为前提和基础的,是新民主主义革命发展的必然结果。

(三)新型国家政权建设的必然要求

中国共产党进行新民主主义革命的目的是推翻封建主义和帝国主义在中国的统治和压迫,建立一个独立、自由、民主和富强的社会主义现代化国家。这样的现代化国家体现在政治上就是要求建立一个真正的民族国家,即不仅要建构一个以中华民族共同体为基础的,拥有明确的统治边界和领土主权,保证国家中央权威能够深入渗透到主权国家领域内,并支配整体社会的国家政权体系;而且还要求建构一个保证国家主权归属于人民,并由人民行使的民主制度体系。这一民族国家的建构以中华人民共和国的建立为标志。但是,中华人民共和国的成立只是建立了民族国家的基本架构,拥有了现代国家的形式。而民族国家并不仅仅表现为一个基本的国家架构和国家形式,它有着自己丰富的内涵。

由于近代中国长期遭受帝国主义和封建主义的压迫统治,长期经历战乱纷争;而中华人民共和国又是经过反帝反封建的民族民主革命成功打碎旧的国家政权体系之后建立的;加之中华人民共和国建立时所面对的是一个分散的、互不联系的且以族群为基础的地方性社会,尤其是广大少数民族地区的农村基层社会更是存在着多元、分散、异质和互不统属的传统村社政治体系。因此,新中国建立后,新型国家政权面临的主要任务有两项,一是通过全面的政治建设和社会改造,在全国范围内建立统一的国家制度,在基层建立统一的基层政权,把国家权力的触角深入到基层,建立支持新型国家政权的社会基础;二是在国家政权建设中强化各民族对新兴国家政权的认同感,奠定新型国家政权的政治文化基础。为此,新生的国家政权开始了对乡村社会的国家基层政权建构和国家认同意识的培养。正是在这一客观要求下,新型国家政权开始了对沧源地区东中西部各种分散的、互不统属的佤族传统政治体系的全面改造。

二、新型乡村政治体系的初创

中华人民共和国成立后,新的国家政治体系要求在全国建立统一的人民民主政权,实现国家政权的一体化。但是,当时少数民族地区普遍存在着发展程度和性质不同,形态各异的民族政治体系,与新建立的国家政治体系的要求大相径庭,甚至处于尖锐矛盾的状态。因此,新的国家政治体系要求在包括少数民族在内的全国范围内,消灭维护阶级压迫和民族压迫的政治制度,彻底改变原有的少数民族政治体系和政治关系,建立新的人民民主政权及其基层政权。

当新的国家政权体系开始向沧源佤族地区深入的时候,却遭遇了三个方面的障碍:其一,佤族传统政治体系的经济基础——以土地私有制为主,兼有公有制残余的过渡性土地所有制。这一经济基础是佤族传统政治体系存在的根基;其二,佤族传统政治体系的政治基础——佤族传统政治权威,包括佤族中具有很高威望和很强号召力的上层人士和各村寨的大小头人。他们的权威阻碍着新型国家政治体系向佤族村寨的深入;其三,佤族传统政治体系的群众基础——长期历史上形成的佤族群众对传统政治体系的高度认同,阻碍了佤族群众对新政治体系的认同和接纳。

显然,新型国家政权要实现在佤族社会全面、深入的建构和贯彻,必须逐渐消除这三个方面的障碍。但是,试图在短时间内靠国家政权的强制力量迅速消除这些障碍是不现实的,也是不可能的。这种复杂而特殊的局面决定了新型国家政治体系在深入沧源佤族地区进行民主建政的过程中,必须在经济、政治、文化和社会等方面采取一系列缓和、渐进、迂回和分区、分批、分层、分步骤的方式和途径。

(一)新型国家政权在沧源的建立

从 1948 年—1952 年,中国共产党领导的革命武装在地下党员的秘密配合下,联合被收编的佤族地方武装消灭了国民党在沧源的统治政权,并在此基础上逐步建立了沧源县级人民政权组织。

1. 国民党统治政权在沧源的覆灭

1948 年 11 月,受中共昆明市工委派遣,地下党员李培伦带领民主青年同盟盟员魏文才、新民主主义青年联盟盟员王维仁进入岩帅开展工作。他们利用魏文才的哥哥魏文城是岩帅最有实权的田兴武、田兴文(简称"二田")的谋士关系,采取"串门子"、"泡茶"(佤族男子习惯在火塘边煮茶、边品茶、边交谈)等方式接近"二田",并宣传共产党的政策和政治主张,揭露国民党的独裁统治及其民族歧视和民族压迫政策。经过反复的接触和交谈,"二田"对他们的宣传由感兴趣到接受其中一些政策和主张。1949 年 4 月,沧源岩帅佤族的地方武装在田兴文的率领下接受了中共人民武装的收编,被授予"迤南边区人民自卫军一支队第十大队"番号(简称"十大队",)和"迤南边区人民自卫军一支队佤佤守备大队"番号(简称"佧佤山守备大队"),田兴文和田子昌(二田的侄子)分别任大队长。从此,沧源岩帅佤族民众武装正式编入人民武装的战斗序列。5 月,遵照中国共产党关于武装推翻国民党政权的指示,田子昌率领十大队和佧佤山守备队配合共产党的武装力量顺利占领沧源设治局,活捉了设治局长雷澍苍,并对勐角董土司进行了打击,推翻了傣族土司的统治和国民党政权的统治。[4]

2.沧源县人民政权的建立

随着形势的发展,为了适应斗争的需要和满足各族人民的愿望,同时也为了统一政治、军事组织,消除无政府状态,扩大反蒋统一战线,1949 年 11 月,普洱专区行政公署委任田兴武为沧源县县长,李培伦、魏文才为副县长,田兴文为武装大队长,组成沧源县临时人民政府。1950 年 5 月,中共澜(沧)、宁(江)、(沧)源中心县委建立后,加强了对沧源的领导。1951 年 3 月,沧源县第二届各族各界代表大会召开,会议以民族火塘会的形式,协商产生了以田兴武为县长,吴任为副县长的沧源县民族民主联合政府,实现了临时人民政府向民族民主联合政府的过渡。1951 年 4 月,逃往缅甸的蒋军李弥残部窜入沧源,县区两级政府工作和开辟新区的工作被迫停止。在李弥残匪入窜沧源的过程中,田兴武、田兴文受到李弥残匪的引诱、挑唆,最后被裹挟逃往缅甸。于是,1952 年 6 月,普洱专区副专员胡忠华被任命为沧源县的代理县长,肖哥长被任命为副县长。8 月 21 日,普洱地委批准组成以公安乙团政委赵廷俊为书记的中共沧源县委员会。[5]

(二)传统政治体系基础的初步瓦解

如前所述,当新型国家政权开始向沧源佤族乡村地区深入的时候,遭遇到了支持佤族传统政治体系的经济基础、政治基础和群众基础三个方面的障碍。新型国家政权要实现对佤族乡村社会全面、深入渗透,必须消除这三个方面的障碍。但是,试图在短时间内靠国家政权的强制力量迅速消除这些障碍是不现实的,也是不可能的。民主建政初期,新型国家政权在政治、文化等方面采取一系列缓和、渐进、迂回和分区、分批、分层、分步骤的方式和途径,初步瓦解了佤族传统政治体系的政治基础和群众基础。

1.传统政治体系政治基础的初步瓦解

沧源佤族传统政治体系的政治基础是村寨头人制。出于维护自身利益的需要,头人们本能地阻碍着新型国家政治体系向佤族村寨的深入。如果不消除这一障碍,新型国家政治体系就不可能深入到佤族乡村社会。但是,长期以来,头人们在村寨中形成了的很高的地位和威望。佤族村寨作为一种具有某种相对独立性的村落社会,村社成员虽然有自己的个人利益,但在此基础上也有村社的共同利益,以及相应的公共事务,也需要建立和维持必要的秩序来保障村社社会生活的正常进行。因此,逐渐形成了以村社名义出现,并且对村社的所有成员具有约束力的村社公共权力及其代表人物——村寨头人。村寨头人运用村社公共权力管理村社公共事务,确立社会规则,协调村社内部关系,组织村社公益活动,维持村社的社会秩序。在这个过程中,村寨头人形成了自己的权威和地位;此外,在过去民族压迫和外国侵略者侵略的年代,上层头人通过组织和指挥反抗斗争,维护了本民族的利益,在本民族中树立了较高的威望。因此,在民族内部关系上,上层头人与广大群众保持着比较密切的联系,往往被佤族群众视为本民族利益的代表者,在群众中有着很高的权威和很强的号召力。这种状况表明,新政治体系在向佤族村寨深入的时候,不能够采取强制性的手段去消除佤族上层头人的政治权威,而只能采取温和的、渐进的、和平的手段加以逐渐消解和改造,否则不仅得不到佤族群众的支持,而且会招致民族关系的恶化,社会秩序的混乱,从而导致新政治体系遭到抵拒。为此,国家政权采取了以下方式来团结、教育和改造民族上层头人。

　　其一，通过"串门子"、"泡茶"等私人交往方式或者召开座谈会等方式，对上层头人晓之以理，动之以情，导之以利，宣传共产党的政策和政治主张，揭露国民党的独裁统治及其民族歧视和民族压迫政策，并承诺给予和保障头人一些利益，如让其保留自己的武装，并尽力为其提供一些枪支弹药等。经过反复的接触、交谈，头人们逐渐由猜忌、疑虑到感兴趣，进而逐步接受共产党的一些政策和主张。

　　其二，派遣中央访问团，组织少数民族参观团赴内地参观学习，加深民族上层人士对新政权的认识。1951 年 4 月，中央访问团到达澜沧县，召开了澜沧、沧源和江宁三个县各族代表参加的慰问大会。会上，访问团的同志传达了党中央和中央人民政府对各少数民族的亲切关怀和问候，传达了党的民族政策，并向各族人民赠送了锦旗和礼品。中央访问团的访问，使佤族头人代表们感受到了党和政府的温暖，受到了主导政治文化的宣传教育，增强了对新政治体系的情感和认同。

　　为了加深民族上层人士对新政权的认识，沧源县积极组织少数民族访问团到北京、上海、重庆、昆明等地参观学习。由于历史的原因，加之国民党的造谣破坏，一开始民族上层人士对共产党和人民政府存有恐惧和戒备之心，不敢参加参观团，有的害怕出去了以后被扣留内地，原来有历史罪恶的害怕到内地后被处决。因此，大都以年纪大，不便出行等为理由，委托他们的亲属、子女前往，以作试探。1950 年，肖哥长的儿子肖子生、赵安民的儿子赵三保、田兴武的侄子田子明等 3 人到北京参观。1951 年国庆节，班洪王胡忠华派其妹夫高耀星、堂弟胡忠义前往北京参观。从 1953 年开始，一些主要上层人士才逐渐敢于到内地参观考察。1954 年 5 月，胡忠华以专署副专员身份前往内地参观。通过参观、学习，上层人士们看到了国家的强大，认识了到共产党领导下的社会主义国家的优越性，对共产党和社会主义国家有了全新的认识，加速了思想转变。这些上层头人回来后，又通过在族代会、头人会、群众大会上作参观演讲，交流见闻和感想，进一步打破了佤族头人、群众中"石头不能做枕头，汉人不能做朋友"的旧观念，疏通了民族关系，强化了对新政治体系的认同意识。

其三，对民族上层人士在政治上加以妥善安置，软化、削弱、消除其对国家政治体系的抗拒力量。根据中共中央和中共云南省委关于在边疆和平改造和社会主义改造中对少数民族上层政治上要妥善安置的精神，沧源县对佤族头人采取了妥善的安置政策。对佤族中那些影响较大的上层头人，都给予了较高的政治待遇。如岩帅头人田兴武于 1951 年 3 月在第二届各族各界代表大会上被任命为沧源县县长。班洪王胡忠华 1952 年被任命为缅宁公署副专员并代理沧源县县长，1954 年又以云南省人民代表和全国人民代表的身份出席第一届全国人民代表大会；9 月，到北京出席第一届全国人民代表大会第一次会议，受到了毛泽东主席的接见。对一些在群众中有一定影响的、必须团结的，但对群众经济剥削较重，不便于安排职位的头人，大多将其安置到县人代会或者县政协。对一些对群众剥削较轻或基本没有，而又受到群众拥护的头人，则安排在乡村政权中任职。占头人总数 83% 的中小头人，因为经济地位不高，以劳动为生，视同基本群众一样看待。[6]

政治安置改变了头人们的政治角色，由过去传统政治体系中的政治权威，变成了新政治体系中的一员。这不仅强化了他们作为新政治角色的角色意识，使他们按照新的角色期待去调整、规范行为，而且增强了他们参与和维护新政治体系的积极性和主动性；

同时,政治角色的转变还有效地将佤族群众对民族和村社的认同逐渐转向新的政治体系。这样,民族上层作为传统政治体系的权威力量被极大瓦解了,新国家政治体系向佤族村社深入和贯彻的障碍在很大程度上被消除了。

2.传统政治体系群众基础的初步消解

佤族祖祖辈辈生活在深山之中,经济社会落后,交通不便、信息闭塞、村寨分散。久而久之,人们形成了浓厚的地域型政治文化。绝大多数佤族群众既没有政治的概念,也没有国家的概念。在他们的头脑中,村寨头人是村寨管理的唯一权威,只有头人们的权威是天经地义的,无论在是情感上,还是在日常生产、生活中都习惯于依赖和遵从于头人。一旦失去了头人,他们便会茫然失措。1957年,班洪王胡忠华去北京开会,停留了5个多月。当时佤族群众就纷纷议论:"我们的大官哪里去了,是不是被汉人关起来了,快回来吧!"并杀猪祷告,盼胡忠华赶快回来。[7]这种政治文化为传统政治体系的存在提供了深厚的群众基础,为传统政治体系抵拒新政权体系提供了强大的心理屏障,严重阻碍了佤族群众对新政治体系的认同和接纳,从而影响新政治体系向佤族村寨的深入。因此,当时民主建政的主要任务之一就是要解决佤族群众中的传统政治文化同新政治体制的矛盾,尽快在少数民族中塑造出支持新的政治体系的政治文化,为新政治体系的建立奠定群众基础。为此,沧源县采取了各种有效途径。

第一,派遣民族工作队深入佤族村寨广泛交朋友、做好事,开展政治宣传。工作队员们遵循"慎重稳进"、"团结、生产、进步"的方针,深入到群众家中、田间地头,访贫问苦、调查研究、沟通感情、结交朋友。在生活上,工作队帮助群众盖房、担水、舂米、劈柴、养猪、种菜、修桥、补路。为了解决食盐问题,工作组带领佤族群众组织马帮前往景谷驮取免税盐,满足群众生活需要。在生产上,工作队帮助佤族群众改变刀耕火种的耕作方式,实行固定耕地、精耕细作,诚心诚意地领导和帮助群众发展生产。

针对佤族中存在的由民族隔阂而产生的对共产党和人民政府的偏见和不信任,以及佤族群众中普遍存在的对村寨头人的盲从和依附思想,工作队对佤族群众开展了广泛深入的政治宣传。工作队紧密结合当地实际,通过串门子、组织群众会等方式,向佤族群众宣传党的平等、互助、和睦、团结的民族政策和主张,对新旧社会进行对比,宣传社会主义的优越性,宣传对敌斗争形势,揭露阶级敌人的阴谋,增强佤族群众的阶级意识。

以上工作,在很大程度上消除了历史上长期存在的民族隔阂,消除了佤族群众的戒备心理、思想顾虑以及佤族群众中普遍存在的传统政治文化的负面影响,安定了民心,使佤族群众对新生政治体系的认知、情感和态度发生了积极的转变,增强了他们对共产党和人民政府的感激之情、拥戴之心和信任之意,大大提高了他们对共产党和人民政府的认同感,为新的国家政治体系在佤族乡村社会的贯彻奠定了基础。

第二,国家政权积极扶持佤族群众发展生产和社会事业。各级政府从内地汉族地区调入大量的农业物资和一批技术人员,帮助佤族农民发展生产、改善生活。从1953年到1956年,国家先后向沧源供应食盐30多万斤,发放农业、水利、交通等扶持款115519元,救济款208887元,民族特补费308921元,银行贷款385058元;发放救济粮3041841斤,籽种3685981斤。[8]医疗队员们走村串寨,免费为少数民族送医送药。[9]为发展民族文化教育事业,从内地调配思想进步、政治可靠、业务素质好的教师和毕业生到沧源办学,实行免费教育。[10]

这些工作使佤族群众从中受益,倍感温暖,对新政权产生了感激、信任之情,增强了对新政治体系的拥护和认同。岩帅贺南大寨的一位老大妈说:"以前我们每天祈祷,却从来没见到过耶稣,谷子也不会自己长出来。到了共产党领导,叫我们发展生产,田多多了,毛主席虽然看不见,但可以看见你们。"[11]

第三,积极帮助调解各种民族纠纷。在历史上,由于国内外、民族内部、民族之间以及民族风俗文化等诸因素的影响,佤族内部以及佤族与其他民族之间经常发生民族纠纷。为此,工作队深入佤族村寨向佤族群众揭露和控诉帝国主义、国民党反动派分裂祖国,分裂各民族的罪行,引导他们和其他民族团结起来,共同反对敌人,维护祖国统一;通过以科学方法种植稻谷获取高产的生动事实,使佤族群众认识到猎头祭谷是民族自我毁灭、发生械斗、家破人亡的根源,引导他们革除陋习,科学种田;针对因部落村寨边界纠纷及过去械斗结下的隔阂问题,帮助双方坐下来进行协商、调解,促进双方化解矛盾,消除隔阂。这些工作增强了佤族群众维护国家统一,消除民族隔阂、增进民族团结的意识。[12]

在新的国家政治体系还不能全面深入到佤族社会的最基层,而佤族传统政治体系仍然还不可能被完全消除的情况下,上述一系列措施符合佤族上层人士和广大群众的利益,切合沧源佤族社会的实际,受到广大佤族的拥护和支持,撼动了传统政治体系得以存续的政治基础和群众基础,使得传统政治体系无论在组织结构还是具体运作上已经出现了裂变,为以后消除传统政治体系的经济基础,最终瓦解传统政治体系,为新兴国家政治体系向佤族基层社会的全面深入创造了条件。

（三）新型乡村政权的初步建构

伴随着沧源县级政权的建立和佤族传统政治体系的政治基础和群众基础的逐步消解,沧源乡村基层政权也在逐步地建构当中。到1955年左右,大部分区级政权得以初步建立起来,支撑基层政权的新型民族精英也得到了初步培养。

1. 区级基层政权的建立

在沧源县级政权的建立过程中,区级政权也在分区分批地建立。1950年初,临时人民政府根据县长田兴武的意见,将原来设治局下属的6个乡重新划为3个区:岩帅区(原岩帅镇、永源乡)、勐省区(原来勐省乡、明良乡)、勐董区(原勐董镇、勐角镇),并重新委任了三个区的正、副区长。1952年,在打退国民党李弥残匪的侵扰后,重新充实、整顿了岩帅、勐省、勐角三区的政权机关,并调整和充实了干部,将一些军队转业和从内地调来的党员干部充实区政权的领导班子中。与此同时,沧源县的班洪、永和、单甲等区域,没有任命区干部,仍然先维持原来头人的统治,只要不与共产党作对,暂时维持其权力。直到1955年5月、10月,班洪区政府和永和区工委才先后建立。但是,在区级政权以下尚未建立乡级政权,国家政治体系尚不能深入广大村寨,村寨头人制仍然普遍存在,并且还在发挥着重要的作用;即便在已建立区政权的地方,区级政权组织的地位作用尚不能充分显示出来,它们的权威性以及控制、动员能力尚不及村寨头人。[13]

2. 新型民族政治精英的培养

在建政初期,由于佤族传统政治权威的地位作用还比较显著,佤族群众对其合法性认同比较强。因而,新政治体系在深入佤族社会时,还要借助这些传统权威的力量,让他们在刚建立的基层政权中担任主要领导。但是从新政治体系必须深入贯彻到佤族社会的要求来看，这种状况只是阶段性的，最根本的还在于培养适应新国家政治体系需要和受到本民族认同的新型民族精英力量。因此，建政初期，培养和选拔民族干部是一项重要的政治任务。沧源县委、政府从建政之初就注重对有培养前途的优秀分子加以大力培养。除了在实际工作中培养以外，还通过各种培训班、各级党校、各类民族院校加以培养。据不完全统计，从 1952 年到 1958 年，沧源县送中央或省委党校、民族院校学习的当地民族干部共549 人次；送地委党校学习的 71 人次；送县委党校培训的达 6724人次。[14]经过新政治体系培养的民族干部，其所具备的政治人格更适应新政治体系的要求，更有利于新政治体系的政治贯彻。同时，由于他们既是民族的一分子，又是民族的精英，在民族群众中具有很高的威望，对民族群众具有强大的感召力，是新政治体系联结佤族群众，赢得佤族群众认同的重要的桥梁和纽带。通过他们的宣传，国家的方针、政策容易得到少数民族群众的理解、支持，从而得到顺利地贯彻执行。

三、"直接过渡"与乡村政治体系的完善

新型国家政治体系在向佤族乡村社会深入时，遭遇的障碍之一就是佤族传统政治体系的经济基础——以土地私有制为主，兼有公有制残余的过渡性土地所有制。这一经济基础是佤族传统政治体系生存的根基。新的国家政治体系要全面深入到佤族最基层的村寨，必须消除这一村寨头人制赖以生存的基础。但是，在建政初期，新型国家政权并没有对其加以贸然铲除，而是在民主建政具备一定条件之后，通过实施"直接过渡"政策来加以解决。伴随着"直接过渡"政策的实施，国家政治体系继续向沧源佤族社会深

入,进一步建构和完善了佤族乡村政治体系。

(一)"直接过渡"政策实施的历史背景

中华人民共和国建立后,通过民主改革走上社会主义道路,是少数民族社会发展的必由之路。但是,中国是一个多民族国家,而各民族之间发展又极不平衡。因而,各民族具体如何通过民主改革走上社会主义道路,却是一项特殊、复杂而艰巨的历史课题。

1."直接过渡"政策的制定

中华人民共和国的建立使社会主义制度在中国的建立由理想变为现实。各族人民都将走上社会主义道路,已成为历史发展的必然趋势。通过民主改革,走上社会主义道路,是少数民族的必由之路。但是,具体如何实施,却是一项特殊、复杂而艰巨的历史课题。针对我国少数民族发展不平衡的状况,邓小平早在1950年就指出:"我们对少数民族地区确定了一个原则,就是在汉族地区实行的各方面的政策,包括经济政策,不能照搬到少数民族地区去,……要在少数民族地区研究出另外一套政策。"[15] 1951年,周恩来进一步指出:"由于各民族的历史发展不同,目前的发展水平也有很大差距,因此,过渡到社会主义的步骤和方式也将不同。但有一点是共同的,这就是经过和平的道路向社会主义过渡。"[16] 1953年7月10日,中共中央在《关于过去几年内党在少数民族中进行工作的主要经验总结(初稿)》中提出:"对于还没有进入阶级社会的少数民族地区,他们也将直接地、但却是逐渐地和我们共同过渡到社会主义。"[17]

根据上述指示精神以及《土地改革法》关于在一些民族地区可以采取和缓方式土改的原则,1954年5月,云南省边委在一年多调查研究的基础上,向西南局上报《关于边疆民族工作情况和今后工作意见(草稿)》,提出对景颇族、傈僳族及其他人口较少的小民族实行不搞土改等特殊政策,保证他们直接地但却是逐步地过渡到社会主义。西南局批复同意后转发西南各省委。其后,云南省委对尚处于原始社会末期、阶级分化不明显、土地占有不集中、生产力低下的景颇、傈僳、阿昌、独龙、怒、德昂、佤、布朗、基诺族聚居地区和部分拉祜、哈尼、瑶族等居住区,共计66万余人口,实行了"直接过渡"的政策。[18]

2.“直接过渡”政策的必要性

"直接过渡"政策是指在尚处于由原始社会向阶级社会过渡的少数民族中可以不经过土地改革运动阶段,而是坚持团结、生产、进步的方针,在一定的工作基础上和前提下,采取依靠贫苦农民,团结一切劳动人民,团结和改造一切与群众有联系的民族上层头人,在党的领导下,在国家大力扶持和帮助下,通过互助合作,发展生产以及加强与生产有关的各方面工作,逐步提高人民的生活水平和政治觉悟,采取缓和渐变的方式,逐步消灭和克服不利于生产和民族发展的私有制因素和原始落后因素,直接地和逐步地过渡到社会主义。之所以采取"直接过渡"政策,主要是基于以下考虑:

首先,这类民族当时尚保持着不同程度的家长氏族残余,绝大部分地区土地占又不集中,除牲畜农具已完全私有和水田、园地、房屋基本私有外,其余的大片土地、荒山、森林皆为公有。农业生产水平低下,产量少。虽然这些民族内部开始有阶级分化,个别地区已产生封建经济,但整个说来封建经济并未发展起来,封建剥削的绝对数字很小,最突出的问题不是阶级矛盾,而是落后贫困问题。因而不必再经过土改运动阶段。

其次,这类民族由于社会发育严重滞后和长期的民族压迫,形成民族内部关系的特殊性。除部分地区外,民族头人对群众并未形成绝对统治权力,多数仍然从事各种劳动,在群众中享有较高的威信。他们的向背能够左右民族的向背。即使在阶级分化较为突出的地方,群众的阶级觉悟也仅处于萌芽状态,即便主观上试图搞一个土改运动也是不可能的。加之这类民族都处在边沿地带,境内外民族相连,残余的国民党特务经常伺机进行破坏和武装侵扰。客观形势要求民族工作宜缓不宜紧张,宜稳步不宜冒进。

另外,还有一个带决定性的条件是:这些民族是解放了的民族,有共产党和人民政府直接领导和帮助,随着民族平等的实现和民族间团结的增强,随着国防的巩固和邻国友好关系的发展,完全可以采取简便的方式,即通过政府的大力帮助和发展生产,附带解决民族内部的阶级剥削因素,直接而又逐步地过渡到社会主义。[19]

"直接过渡"政策的制定,既考虑到这些民族的发展方向和社会改革的需要,又考虑到这些民族的实际情况和社会特点,是一项符合我国少数民族实际的政策。从沧源来看,也完全符合佤族社会的实际。沧源佤族由于地处阿佤山区,受傣族封建领主经济的影响较大,原始农村公社在发展演变中,经济形态呈现两重性特点。封建领主制的成分日益明显,但原始农村公社的某些残余和形式仍然存在。土地私有制基本确立,主要生产资料如大部分耕地及生产工具、牲畜、房屋等都已属于个体家庭和个人私有,但是部分山林、荒地仍属村民公有。由于私有制的确立,阶级分化开始出现,但还没有形成独立的阶级。在村民中,只有头人与百姓,富人与穷人的区别,没有阶级之分。随着私有制的确立和阶级分化,剥削关系已经产生,出现了借种、雇佣、借债、白工等剥削关系,但同时也存在着合种、换工等原始共耕的残余。显然,这些生产关系与中国共产党建立社会主义公有制的目标是不相适应的,必须加以革除。但是由于土地集中程度还不过于悬殊，尚没有出现土地兼并的情况；而对土地私人占有的观念还没有发展到象内地那样强烈，土地私人占有之间的矛盾还没有发展到不可调和的地步；虽然已经出现阶级分化，但还没有形成独立的阶级。因此，要消除这些不利于生产和民族发展的私有制因素和原始落后因素，就不能也没有必要像内地那样采取土地改革的激烈手段，只能采取"直接过渡"这样缓和渐变的方式。

（二）沧源县实施"直接过渡"政策的历史进程

建国后，沧源县经过初期建政，粉碎李弥残匪的窜扰，疏通民族关系，培养民族干部，帮助佤族群众发展产，加强文教卫生工作等多方面的工作，为开展"直接过渡"创造了条件。沧源县"直接过渡"政策的实施大致分为三个步骤：

第一步，制定政策，先行试点。1955 年 3 月，沧源县委在全县头人代表大会上宣布沧源县不进行土地改革的决定。1956 年 2 月，中共临沧地委发出《关于沧源县互助合作规划意见》，对沧源县发展农业生产合作社，直接过渡到社会主义社会作了具体的规划安排。1956 年春，岩帅区的贺南乡和勐角区的坝卡乡各办了 2 个农业生产合作社作为试点，开始了"直接过渡"的历史进程。1957 年春天，贺南、坝卡两乡又续办了 10 个合作社，加上原来的 4 个，全县共有 14 个合作社，入社农户 418 户，2165 人，占全县农户的 3.2%。[20]

第二步，扩大试点，逐步推开。在两次试办合作社的基础上，1957 年秋，沧源县委作出了《沧源县委关于两个坝区乡直接过渡的初步意见》和《佤族地区直接过渡的初步意见》，对全县的农业合作化作了统一的部署，指出："在全县范围内仍属重点试办，所以要选择经过几年来的工作后,群众基础比较好的村寨办社,要始终坚持自愿入社、退社自由的原则,切忌大轰大搔,一哄而起,发展速度宜稳不宜快,争取用 5 年时间,即 1962 年基本实现合作化。"[21]1957 年冬至 1958 年春,先后在岩帅区的贺勐、团结、班奈、联合,勐省区的南撒、拉勐,勐角区的控井、糯掌,永和区的永和、达董,班洪区的南板、芒岗等乡,试办了 23 个合作社,入社农户 437 户。加上原有的老社,共 37 个合作社,入社农户 855 户,占总农户的 6.6%。[22]

第三步,过急过快,迅猛完成。1958 年,在"左"的错误指导思想影响下,"直过地区"错误地开展了对所谓"边疆特殊论"、"民族落后论"、"条件论"的批判,要求实行大跃进,严重背离了"慎重稳进"的方针。1958 年春,中共云南省委批复临沧地委《关于沧源县合作社问题的意见》中指示:"关于合作化的速度问题,只要干部条件许可,办起来能保证贫农的领导优势,在生产上又不致发生大的混乱,是可以快一些的。"从此,加快了合作化的步伐。1958 年10 月,云南省边委《关于边疆建立人民公社的意见》中要求"在工作基础较好,群众条件具备的地区只要经过试点,取得系统经验,报经省委批准后,可以争取今冬实现人民公社化。"10 月底,沧源县宣布实现合作化,11 月宣布实现了人民公社化,完成了直接过渡的任务。[23]

(三)传统政治体系基础的全面瓦解

在"直接过渡"政策实施的过程中,国家政权全面瓦解了佤族传统政治体系的经济基础、政治基础和群众基础。

1. 传统政治体系经济基础的瓦解

沧源地区的佤族社会处于由原始社会向阶级社会的过渡中,

土地所有制呈现私有制与公有制并存,而又以私有制为基本和主导的状况。主要生产资料如大部分耕地及生产工具、牲畜、房屋等都已属于个体家庭和个人私有,并已出现分化。如班洪寨占总户数 15.8%的富裕户占水田面积 70.6%,为中等户的 3.5 倍,为贫困户的 7 倍;岩帅寨占总户数 2.4%的富裕户占水田面积的 14.8%,每人占有水田面积为中等户的 2.5 倍,为贫困户的 17 倍;贺南大寨占总户数 9.3%的富裕户占水田面积的 27.6%,每人占有水田面积为中等户的 1.6 倍,为贫困户的 4 倍。耕畜也大多集中于上层头人和富裕户中。据对沧源 6 个村寨的调查,上层富裕户每户占有耕畜 4.9 头,中等户每户占有耕畜 1.3 头,贫困户每户占有 0.3 头。富裕户所占耕畜为中等户的 3.8 倍,为贫困户的 16.3 倍。但是,公有制作为原始社会的残余仍然有所保留,部分山林、荒地仍属村民公有。[24]

随着私有制的确立,剥削关系已经产生,主要的剥削方式有以下几种:

(1)借种。即无地者和少地者向头人和富裕户借种耕地。借种发生于本寨之间,也发生于村寨和部落之间。本寨间借地,一般不给报酬,只是在借地时送给土地所有者少许"礼物"(一般是茶叶一包、蜡条一对、半开一个……)这种情况实际上不存在剥削关系。村寨之间或"部落"之间的借地,借者要向出借者交"靠罗"若干。"靠罗"是由于土地占有进一步发展而产生的,可以说是基于土地进行剥削的一种最初的租佃形式。在有些地方"靠罗"已发展成为定额。例如"班洪部落"各大户之间借地交"靠罗"两别(30市斤谷子);"部落"与"部落"之间借地交"靠罗"一担(80 市斤谷子)。[25]

(2)雇佣。一般来讲,上层富裕户每年播种面积中的 30—

50%以上土地要靠雇工耕种。雇佣主要有两种形式,一是"放工"。即富裕户在农忙时通过头人召集全寨每户出一个工为其劳动一日。富裕户给所有劳动者总共2别米(相当于30市斤)、4两盐、2两辣子和一餐饭,另给头人5元—10元,归寨公有。如果不愿出工,必须交给头人半开一元抵工钱,归村寨公有。二是雇工。有日工、月工和长工(一年以上)。贫困户和大多数中等户都不同程度靠帮工为生。雇工的剥削量一般为劳动价值的50%左右。[26]

(3)借债。富裕户是放债者,贫困户和部分中等户是借债者。借债关系极为普遍,70%左右的农户都有债务关系。放债成为富裕户剥削广大贫苦户和中等户的重要手段。债利以年利计算,利息一般为50%—100%。[27]

(4)白工。主要存在于班洪地区。班洪王及其下的衙门,还有各大户头人,在农忙季节派农户拿着自己的生产工具为他们进行无偿的耕作或做杂役。

从上述生产关系可以看出,上层头人富户与贫困户和中等农户之间形成的剥削关系主要是由于生产力落后而导致的生产资料占有之间的差异造成的。在生产资料占有方面的劣势使得贫困户和中等农户生活贫困化,不得不接受上层富户的各种剥削方式;而上层富户占有较多的生产资料和社会财富并利用各种剥削关系和剥削因素对广大农民进行剥削。生活上的贫困使得贫困户、中等农户和富裕户构成了经济上的依赖关系。这种依赖关系不仅为上层头人维护传统头人制提供了依据,成为其政治上占优势的根源,而且在很大程度上使得佤族农民认同传统头人制存在的合理性。所以,要改变所有制必须首先消除这种经济上的依赖关系。而要消除这种依赖关系,最有效的办法之一就是通过把贫困农民组织起来,发展生产,改变土地所有制,切断上层富户的剥削来源,从而逐渐动摇传统政治体系得以存续的经济基础。

　　在进行"直接过渡"的初期,工作队首先从帮助佤族群众开新田、兴修水利等入手,提高了劳动生产率和生活水平,使一部分贫困农民生产生活上得到了自立,逐渐摆脱了对上层富户的经济依赖关系。在此基础上,工作组发动农民加入合作社。合作社的组织形式为进一步发展生产提供了更多地人、财、物方面的资源,使得入社的农民在生产上和生活上有了较大的提高。贫困户收入提高,就自然减少卖工或者不再卖工和借债,从而进一步摆脱对上层富户的经济依赖关系。此外,国家积极发展国营贸易、组织信贷合作,进一步帮助佤族群众摆脱贫困和高利贷的剥削。在此情况下,上层富户在很大程度上失去了雇工、放债的剥削机会和许多剥削对象,丧失了许多剥削来源,其政治统治地位被极大地削弱了。[28]

　　随着合作社的发展,生产资料所有制发生了变化。一方面,合作社通过实行老田入股分红,新田、旱地不分红,耕牛折价入社,保留自留地这种半社会主义性质的所有制形式,把贫困户、中等户的私有土地纳入合作社中;另一方面,合作社组织农民开新田,所开新田完全属于社会主义集体所有。这样,半社会主义性质和完全属于社会主义性质的土地所有制在部分地方逐渐占据了优势地位。如岩帅大寨,1958 年春季,全寨水田共 1345 亩,其中合作社集体所有属于社会主义性质的占总数的 54.1%;社员参与入股分红,由社经营,属于半社会主义性质的占总数的 28.6%;社外单干所有水田占总数的 17.3%。合作社拥有的水田已占显著优势。[29] 土地所有制的变化引起了贫困户与上层头人富户地位的变化。以前,上层富户是主人,在生产中处于主导地位,如今贫困户从对上层富户的依靠、附属地位转变为生产的主人,上层富户在经济和政治上对贫困户、中等户的支配权和控制权都受到了削弱。在此情况下,上层富户出现了分化。一部分上层富户仍然坚决反对合作化;另一部分上层富户则要求加入合作社。这部分上层富户又分为三种情况,一种是害怕不被批准入社,将来被斗争,因而抱着一种恐惧的心情要求入社;一种是试图通过入社来控制群众,从而维护自身的利益;还有一种是为形势所迫,并且对过去剥削的行为有所认识,自愿要求入社。针对这些情况,工作组采取三种方式来分化瓦解上层富户,一是将其吸收为社员,但不能担任社内主要领导职务;二是不吸收为社员,但可以让其随社生产,以观后效;三是仅只是让其挂名入社。[30]

在互助合作发展趋势的压力下,各种剥削关系和土地私有状况逐渐被废止和改变。工作组通过发动群众,教育上层头人,以协商的方式,让其废除了对荒山、荒地的占有权,交出占用劳役耕种的田地。在国家通过贷款救济,扶持生产,限制高利贷剥削的情况下,动员上层头人做出让步,废除了高利贷。[31]随着这些剥削关系的消除,上层头人纷纷放弃了对土地的所有权。1957 年 5 月,在地委统战部召开的地各界人士座谈会上,时任沧源县人民政府副县长的原勐懂土司罕富民表示愿意放弃剥削。1958 年 5 月,时任临沧专区副专员的班洪王胡忠华,在沧源县人民代表会议期间,提出愿意放弃剥削。[32]

2. 传统政治体系政治基础的坍塌

"直接过渡"开始实施的一段时间内,沧源县在政治上、经济上采取了比较慎重、稳进的措施,消解上层头人的政治权威。一是强化宣传教育。建社工作队深入到上层头人中,广泛宣传"直接过渡"的方针、政策及意义,公开宣布不搞土改、对上层富户不斗不批、不关不杀,不挖底财浮财,以消除对立情绪及恐慌心理。

二是继续实行政治安置。在动员上层头人放弃剥削的同时,注意从政治上给予优待和照顾。对一些在群众中有一定影响的、必须团结的,但对群众经济剥削较重,不便于安排职位的头人,大多将其安置到县人代会或者县政协。据不完全统计,1957 年,在县人民代表会议的 87 名代表中,民族上层人士安排了 24 人,占代表总数的 27. 58% ;在县政协 69 名委员中,民族上层人士有 48 人,宗教爱国人士 5 人,共占委员总数的 76. 81% ;对一些对群众剥削较轻或基本没有,而又受到群众拥护的头人,则安排在乡村政权中任职。在全县 53 个乡的建制中,共安排了 58 名头人担任乡长和副乡长;对于大多数中小头人,因为他们和广大群众一样,经济地位不高,以劳动为生,在政治上不予安置,规定不得担任合作社的领导职务,视同基本群众一样看待。[33]

三是在经济上对民族上层人士实行"包下来,包到底"的政策。对表示放弃剥削的上层头人发放工资和固定补贴,对一些民族上层的家属还给予特殊补贴、临时补贴、转为城镇人口等政策。如民族上层、副县长肖哥长在合作化的过程中自愿将家中的几十亩田地和几头耕牛交给出来,县政府对其家属给予了生活补助;胡忠华提出愿意放弃剥削后,地、县委根据既定的赎买政策,对胡忠华全家实行了全面包养,班洪王以下胡氏的亲属定期给予生活补助。[34]

上述政策进一步将民族上层头人的政治利益、经济利益与新政治体系维系在一起,使他们在政治上得到了安排,享有了在新治体系内的政治权利;在经济上得到了照顾,解决了生活上的后顾之忧,各得其所,皆大欢喜,从而调动了他们支持和拥戴新政治体系的积极性和主动性,瓦解了民族上层作为传统政治体系的权威力量,消除了新国家政治体系向佤族村社深入和政治贯彻的障碍。

3.传统政治体系群众基础的消解

"直接过渡"作为一场由国家政权规划、设计和发动的变革生产方式的群众性社会运动,必须要有佤族群众广泛的理解、支持和参与才能得以实现。但是,在"直接过渡"实施之前以及实施的过程中,佤族群众中存在着一些与"直接过渡"不相适应的观念、意识和态度。一是普遍存在对"直接过渡"政策和意义不了解、不理解和不信任;加之少数上层头人蛊惑说:入合作社没有什么好处,自己一样都得不着。因而,群众对合作化更是疑虑重重;二是受地域型、依附型政治文化的影响,佤族群众在参加合作社问题上盲目跟从上层头人,提出:头人入社我就入社,头人不入我也不入。这严重地影响了佤族群众参与互助合作的积极性和主动性。

为此,在"直接过渡"实施前和实施的过程中,国家就十分注重宣传教育,把"直接过渡"当作一个教育少数民族,塑造新型农民的过程。办社工作队深入到村寨,采取各种方式进行宣传教育,如先发动、教育佤族中的积极分子,再通过他们去说服、带动群众;进行大会动员和个别交流;开展忆苦思甜大会等,在佤族群众中广泛宣传"直接过渡"政策及其意义、党的民族政策、社会主义的优越性、互助合作的优越性;教育佤族群众如何树立主人翁意识,如何发扬社会主义集体主义精神,如何增强阶级意识等。这些宣传教育,使佤族群众进一步对"直接过渡"的意义以及共产党的民族政策有了新的了解和认识;对走社会主义道路有了信心,增强了参与互助合作的积极性和主动性;对上层头人有了新的价值判断标准,在很大程度上摆脱了对头人盲从,从而削弱了村寨头人制的群众基础,进一步扫清了实现合作化的思想障碍。

（四）新型乡村政权体系的完善

区级政权逐步建立后,沧源县开始逐步建立乡人民政权。
1956年,沧源县在岩帅、勐省、勐角内三区进行了建乡工作,建立
了乡人民委员会,共建立了39个乡政府。[35]而外三区(即班洪、永
和、单甲)则由于建政工作开展较晚,群众基础较差,建乡条件不
成熟,仍然维持头人统治,主要靠民族工作队开展工作。[36]

随着"直接过渡"政策的贯彻、实施,沧源县委开始着手对原
来已建立但不健全的区乡政权进行改造,一是选拔培养民族干部,
充实到区乡政权中。一般以乡为单位,通过农民代表会议,推选干
部苗子,分别送到各级党校、各种训练班以及民族学院进行培训、
深造,使他们开阔眼界,增长知识才干,然后充实到区政权中,负担
起掌握"印把子"的重任;二是按照一比二(一个头人,两个优秀基
本群众)的比例配备区乡领导班子,逐渐将基层领导权从上层头
人手中转移到以贫苦人民为代表的劳动人民手中。[37]

在此基础上,1958年沧源县人民政府发出了《沧源县人民政
府关于建乡并乡问题的指示》,在全县开展建乡并乡的工作,要求
过去已经建乡的区和尚未建乡的区进行调整乡划和建乡工作。

第一,调整乡划。坝区一般每乡3000人—5000人,最多不超
过10000人,山区一般每乡1000人—3000人,人口较密的山区,
亦可多于3000人,但人口较少的山区不宜少于1000人(沧源县平
坝只有勐董、勐省、勐角三乡,其余都是山区);乡划的范围以经济
条件参酌自然环境,依据各民族不同的民族关系及历史关系(部
落),在民族平等、自愿的基础上处理,同时应选择较大的自然村
为中心乡,纵横距离大致平衡,半径不应超过三十公里。

第二,配备乡干部。原则上每乡平均配备三个乡干部。但考

虑到沧源县人口分散,乡与村之间距离较远。因此,一些乡配备干部为 3 至 5 人,其中,配备 3 人的乡有乡长、乡秘书、干事;配备 4 人的乡有正副乡长、秘书、干事;配备 5 人的乡有正副乡长、秘书、干事二人。

第三,成立乡、民族乡(镇)人民委员会。根据中华人民共和国地方各级人民代表大会和地方各级人民委员会组织法及中央内务部"关于健全乡政权组织的指示"规定,同时根据专署的指示,沧源县乡人民政府下设生产治安保卫、人民武装、民政、文教、卫生、财粮、调解等七个工作委员会,各工作委员会名额为 5 至 9 人,其中设主任,必要时设副主任,由乡委员担任,也可选其他适当人担任,委员人选一般应以一人一职为原则,照顾地区,吸收乡人民代表积极分子参加其中,应有一定的妇女名额,乡以下设自然村,设代表主任,必要时设副主任。[38]

在经过一定的试点后,全县开始进行并乡和建乡的工作。截止 1961 年,全县先后建立了岩帅、勐省、勐角、班洪区政府和单甲、永和、班老区工委,共建立了 61 个民族乡和民族联合乡。其中佤族乡 49 个,傣族乡 3 个,拉祜族乡 3 个,彝族乡 1 个,民族联合乡 6 个。[39]通过建乡并乡,瓦解了佤族传统政治体系,保证了国家政治体系进一步深入到了佤族乡村。

中华人民共和国建立初期,国家政权体系在向沧源佤族社会深入的时候,面临着佤族社会中特殊而复杂的经济、政治、文化状况。这种状况决定了国家政权体系在深入到佤族社会,构建新型的乡村政治体系时,必须采取特殊而切合实际的方法和步骤。经过实施一系列渐进式的,符合沧源佤族社会实际的建政措施和"直接过渡"政策,沧源佤族乡村的政治权力结构发生根本性的改变。统治沧源的国民党基层政权被消灭,佤族传统政治体系也被逐渐瓦解和改造,逐渐失去了原来的独立性、完整性和存在形态,代之而起的是以区、乡人民政府为代表的国家基层政权体系,佤族乡村政治体系逐渐融入了国家政治体系中,成为其中的一个重要的组成部分。这是一场富有时代特色的伟大变革。它从根本改变了佤族的政治关系,建立了一种全新的政治关系模式,将原来散乱的、各自为政的以村社头人为基础的佤族传统政治体系分化瓦解并有效地重新组织于统一的国家政治体系之中,加强了佤族与国家之间的政治联系,促进了佤族与统一国家政治体系之间的一体化,维护了中华民族大家庭的团结和国家政权的统一,保证了国家的意志、方针和政策在边疆民族地区的贯彻执行,有利于中国这样一个多民族国家的政治整合。在这一变革中,广大佤族群众逐渐受到了主导政治文化的宣传、教育和熏陶,开始由对地域性政治权威的认同,转向对国家政治体系的认同;开始由适应于传统政治体系的政治人,逐渐向适应于新型国家政治体系的政治人转变。

注　释

1　周平:《论中国民族国家的构建》,《当代中国政治研究报告》Ⅵ,社会科学文献出版社 2008 年版,第 92 页。

2　《毛泽东选集》,人民出版社 1991 年版,第 4 卷,第 1375 页。

3　徐勇:《现代国家、乡土社会与制度建构》,中国物资出版社 2009 年版,第 227 页。

4　5　杜建东主编:《中共沧源佤族自治县历史资料》,中共沧源佤族自治县委党史征研室编印,1993 年内部出版,第一辑,第 6—10、6、14—17 页。

6　杜建东主编:《中共沧源佤族自治县历史资料》,中共沧源佤族自治县委党史征研室编印 1993 年内部出版,第二辑,第 101—112 页;张正华主编:《临沧地区统一战线》,2000 年内部出版,第 112 页。

7　11　24　25　26　27　28　29　30　全国人大民族委员会办公室编:《1958 年 3 月

至 6 月云南沧源卡佤社会经济调查报告——卡佤组调查材料之四》1958 年 8 月内部出版,第 43、85、6—7、8—9、8—10、10、98、53、100 页。

8 10 12 13 21 31 32 33 34 37 38 杜建东主编:《中共沧源佤族自治县历史资料》,中共沧源佤族自治县委党史征研室编印 1993 年内部出版,第二辑,第 39、114、142—146、85—90、42、42—46、109—110、104—105、109—110、90—91、235—236 页。

9 20 22 《沧源佤族自治县概况》编写组编:《沧源佤族自治县概况》,云南民族出版社 1986 年版,第 43、48、49 页。

14 《沧源佤族自治县概况》编写组编:《沧源佤族自治县概况》,云南民族出版社 1986 年版,第 55 页;杜建东主编:《中共沧源佤族自治县历史资料》,第三辑,中共沧源佤族自治县委党史征研室编印,1993 年内部出版,第 21 页。

15 《邓小平文选》第一卷,人民出版社 1989 年 5 月版,第 167 页。

16 周恩来:《全国政治协商会议第一届全国委员会第三次会议上的报告》。转引自中共云南省委党史研究室:《云南边疆民族地区民主改革》,云南大学出版社 1996 年 10 月版,第 37 页。

17 23 中共临沧市委党史研究室:《从社会形态的飞跃到经济社会的发展——临沧"直过区"调研资料汇编》,内部出版,第 20、52 页。

18 19 中共云南省委党史研究室:《云南边疆民族地区民主改革》,云南大学出版社 1996 年 10 月版,第 24、28、414 页。

35 36 38 39 杜建东主编:《中共沧源佤族自治县历史资料》,中共沧源佤族自治县委党史征研室编印 1993 年内部出版,第三辑,第 21、20、4—5 页。

第 三 章

人民公社体制下的乡村政治体系

中华人民共和国建立初期,新型国家政权通过一系列民主建政和社会改革措施,消除了佤族传统政治体系赖以生存的经济基础、政治基础和群众基础,增强了广大佤族对新兴国家政权的认同意识,初步在佤族乡村建立了区、乡基层政权,取得了国家政权一体化的显著成效。然而,这一系列改造和变革还是初步的。如何在统一的国家制度之下全面建立统一、有效的乡村基层政权,保证国家权力的触角深入到佤族乡村基层;如何进一步加深佤族人民对国家的认同,并使这种认同成为他们的普遍认同,从而进一步促进民族与国家的统一等,仍然是民族国家建设必须继续完成的主要任务。而沧源佤族乡村社会的这一任务最终与全国各地一样,被纳入到了国家政权主导的人民公社化进程中。通过人民公社体制,国家政权以前所未有的力量深入到佤族乡村基层社会,实现了对广大乡村社会经济、政治、文化各方面的刚性整合,使国家政权体系对佤族乡村社会的统合达到了前所未有的程度,同时也使佤族群众对国家的认同达到了前所未有的高度。但是,人民公社体制刚性整合内在的矛盾性和脆弱性,最终使其陷入困境而被历史抛弃。

一、沧源县人民公社的建构历程

沧源县人民公社的建立是国家政权意志的结果。但是由于历史、社会以及民族等原因，其历史进程与全国相比，有一定的殊异性。当然，这种殊异性并没有妨碍国家政权按照人民公社体制的模式来型塑偏远的佤族乡村社会，最终将其整合进了具有高度同质性的人民公社体制中。

（一）人民公社体制的国家规划性

人民公社是国家政权急于实现社会主义理想、实现优先发展重工业战略和继续进行农村基层政权建设而主导规划和强力推行的全面改造和治理中国乡村社会的体制模式。

首先，建立人民公社是中国共产党对社会主义理想目标的过激追求。作为马克思主义政党，中国共产党建立政权后的理想目标是建立社会主义公有制。对于广大分散的个体农业经济如何建立公有制，中国共产党找到了经由土地革命进而实现土地制度的集体化和国有化的路径。土地革命使得以土地为生的农民终于平均地获得了土地，实现了梦寐以求的"耕者有其田"，由此激发了空前的生产积极性，推动了农业生产和农村经济的恢复和发展。但是，农民土地所有制并不是中国共产党人进行革命的最终目的。土地革命的目的主要是为了调动广大农民的革命积极性以支援中国革命事业，只是"民权革命"或新民主主义革命的内容[1]；况且，土地革命后土地买卖和贫富分化与中国共产党所追求的社会主义理想也是相悖的。因此，土地革命后，中国共产党很快引导农民走农业合作化道路。但是，社会主义改造中建立的高级社还是无法满足实现社会主义理想的需求。因为高级社允许农民自由退社，不仅妨碍高级社的巩固，而且妨碍向社会主义的发展。为了从根本上扫除实现理想的障碍，人民公社组织和制度便是一个理想的选择。因为人民公社政社合一的体制断绝了农民退社的自由，消除了威胁集体化的因素，并且完全符合社会主义公有制的要求。因此，在农业社会主义改造完成以后，中国共产党就自然将合作化运动引向了人民公社化运动。

其次，建立人民公社是实现优先发展重工业战略的需要。实现工业化是中国共产党在建政前夕就明确提出的目标。在七届二中全会上毛泽东提出："在新民主主义的政治条件获得之后，中国人民及其政府必须采取切实的步骤，在若干年内逐步地建立重工业和轻工业，使中国由农业国变为工业国。"[2] 建国后，朝鲜战争爆发，帝国主义对我国实行的封锁政策，向我国的国家安全和民族独立提出了严峻的挑战，促使我国必须更多地注重国防建设。为此，中国共产党在借鉴苏联当年建设工业化经验的基础上，确定了"以发展国家的重工业为中心环节，以建立国家工业化和国防现代化的基础"[3] 的战略目标。但是，作为农业大国，发展重工业的基础却相当薄弱。1949 年，在整个国民经济中，使用机器的工业产值约占工农业生产总值的 17% 左右。在这样的基础上开始工业化的起步，无疑是极其艰难的。加之建国不久，就开始了抗美援朝战争，巨大的军费开支和帝国主义对我国的封锁政策，更增加了工业化的困难。[4] 为此，中国共产党选择了主要从农业、农村汲取资源、实现资金积累以实现工业化的路径。然而，农村分散的个体经济却难以不断提供大量资金；而工业化所需要的城镇人口的不断增长又加剧了粮食供不应求的矛盾。粮食生产不能适应工业建设需求的矛盾日渐显露。于是，国家决定通过统购统销来汲取农业、农村资源从而保障工业化战略的实施。但是，面对成千上万的小农，统购统销遭遇了难题。一方面，如陈云所说："主要的是对这样众多的农户进行估实产量，分清余缺和数量，是一件很不容易的事情。"[5] 另一方面，国家的征购受到个体农民不同程度的抵拒，有的农民隐瞒粮食产量，不向国家售粮；有的只出售杂粮，而不出售主粮；有的则有意将粮食磨成面粉，以逃避向国家交售原粮。而国家对此却缺乏有效的手段加以控制。因此，寻找一种保证统购统销顺利实施的组织形式和制度安排的需求，最终推动合作化运动向人民公社发展。因为在人民公社政社合一的体制下，农村各级经济组织不仅是经济组织，而且是政治组织，是人民公社行政体制中的一个组成部分，国家可以通过人民公社以行政指令的方式满足对粮食等资源的需求。

再次，从国家政权建设的角度来看，建立人民公社是中国共产党为了建构新型国家政权体系的统治基础而进行的尝试。中国共产党夺取全国政权之时，面临的是两千多年封建社会和半殖民地半封建社会遗留下来的满目疮痍、一盘散沙的乡土社会。这种状况对于中国共产党进行统一的国家政权建设，无疑是一种离散和消解的力量。因此，如何将散落于乡村社会的权力集中于国家，同时又将集中于国家手中的权力渗透到乡土社会，从而改造、组织传统的乡土社会，便成了中国共产党建立统一的国家政权的重要任务。建国以后，中国共产党通过土地革命，在历史上第一次实现了政权组织向乡村的渗透，并且摧毁了非正式权力网络的根基。但是，在中国共产党看来，这还只是完成了民主革命的任务，推翻了旧社会的统治体系，还没有建构新政权的统治基础。[6]

为了建构新的国家政权的基层统治基础，中国共产党发动了农业社会主义改造运动。但是，随着农业合作化运动的深入，作为经济组织的高级社与国家基层政权之间的不适应性日渐凸显。高级社属于农村经济组织，农民具有退社的自由。这种自由不仅潜藏着经济上滑向私有制和贫富分化的危险，而且还潜藏着政治上消解国家政权体系对农村社会有效贯彻的危险；同时，高级社在实际运作中还承担了执行上级行政部门的命令、维护农村社会秩序、发展农村文化、福利事业等行政职能。[7] 但是，这与其自身经济组织的属性和当时的基层政权体制是不相契合的。因为高级社作为经济组织，不是国家行政体系的组成部分，与乡镇政权之间没有行政隶属关系。这种体制上的不顺，有碍于乡镇政权的领导，影响国家政权体系向农村基层的政治贯彻。因此，要消除上述不适应性，就必须将高级社再向前发展一步，将农民的经济组织纳入有序的政治序列和政治体系中，成为其有机组成部分，从而实现国家政治体系对农村社会的全面而有效的控制。正如毛泽东所说的："还是人民公社好。它的好处是：可以把工农商学兵合在一起，便于领导。"[8] 因此，由农业合作的经济组织再到人民公社"政社合一"体制的发展是一种逻辑演化的必然结果。

1958 年 8 月 13 日，毛泽东到山东视察说的"还是办人民公社好"的讲话在报纸上公开发表后，"人民公社好"便传遍全国，各地开始办人民公社。1958 年 8 月 17 日至 30 日，中共中央政治局扩大会议通过了《中共中央关于在农村建立人民公社的决议》，直接推动了人民公社化运动的迅猛发展。

(二)沧源县人民公社体制建立的过程

沧源县的人民公社化运动正是在上述宏观历史背景下发生的。但是由于历史、社会以及民族等原因，沧源县人民公社化运动的历史进程与全国大多数地方相比[9]，有一些特殊性，大致可以划分为四个阶段。

第一个阶段:人民公社创立时期(1958年9月—1959年7月)。1958年8月,沧源县刚刚宣布全县实现合作社化,就在大跃进的狂热浪潮中开始建立人民公社。截至同年11月底,全县实现了公社化。其迅猛程度如群众形容的:"个体户田里撒秧,初级社田里栽秧,高级社田里薅秧,人民公社田里收获"。[10]但是,人民公社建立后实行的共产风、浮夸风、瞎指挥和强迫命令,严重损害了广大佤族群众的利益,打击了他们生产劳动的积极性,普遍出现了无心生产和缺粮饿肚的情况。这些过激做法加上1958年7月以后沧源县"民主革命补课"、"划分阶级"的过左政策的实施,以及境外敌特的煽动策反和破坏,使佤族民族上层和群众对党的政策产生了怀疑,导致人心动荡、社会秩序混乱、民族关系紧张,边境一线群众大量外迁。据统计,1958年下半年至1959年,沧源县外迁边民(主要是佤族)14639人,占全县总人口21.4%,造成严重的后果。[11]

第二个阶段:人民公社调整、解散的时期(1959年7月—1968年)。1959年7月,根据云南省委、临沧地委关于"直接过渡"地区停办人民公社的指示,沧源县停办了人民公社。随后,全县摘掉了人民公社的帽子,恢复区、乡制。乡以下设生产队,以农业合作社为核算单位。[12]

第三个阶段:人民公社全面重建和普遍运作时期(1969年—1978年)。1966年5月,中共中央发出"五一六"通知,"文化大革命"在全国展开。由于沧源县地处边疆,这场运动尚未立即开展。1967年,"文化大革命"波及沧源县。随着"文化大革命"的开展,从1969年起,沧源县再次全面推行人民公社制度。全县以原有7区1镇(岩帅区、勐省区、勐郊区、班洪区、班老区、单甲区、永和区和勐董镇)、69 个乡、731 个农业社、16869 户、农业人口 83362 人为基础,建立了 8 个公社,即红九公社(原来的岩帅区)、五一六公社(原来的班老区)、红五一公社(原来的班洪区)、向阳公社(原来的单甲区)、红忠公社(原来的勐角区)、九大公社(原来的勐省区)、红疆公社(原来的永和区)和庆九公社(原来的勐董镇)、69 个大队、498 个生产队。从 1971 年至 1973 年,全县对人民公社规模进行了调整:"红五一公社"分设为南腊公社和班洪公社,"红九公社"分设为团结公社和岩帅公社,"九大公社"分设为糯良公社和勐省公社;"红忠公社"改为勐角公社,后又将勐省、糯良、勐角三个公社的偏远大队划出,单独成立勐来公社;向阳公社改为单甲公社;五一六公社改为班老公社;永和公社和勐董公社合并为勐永公社。调整后,全县共设 11 个公社、93 个生产大队、642 个生产队。[13]

第四阶段:人民公社解体时期(1978 年—1984 年)。十一届三中全会开启了中国全面改革的大门。随着全党全国的工作中心转移到经济建设上来,农村也结束了"以阶级斗争为纲"的局面,开始进行了一系列的经济和政治改革。在这个过程中,人民公社体制的基础逐渐被撬动,最终导致人民公社的解体。

1980 年 6 月 12 日,沧源县第四届人民代表大会第一次会议召开,决定撤销县革命委员会,恢复"沧源佤族自治县人民政府"。1984 年 10 月 25 日,根据云南省人民政府云政函字(1984)176 号文件《关于沧源县区、乡、镇建置和行政区域划分的批复》,沧源县人民公社建制正式废除。原来的 11 个人民公社改设为 11 个区公所;93 个生产大队在其原管辖范围内改建为乡人民政府。[14]

二、人民公社的权力结构

"政社合一"是人民公社体制的显著特征,它构筑了国家行政权力和乡村社会权力高度集中统一的组织架构和权力关系。

(一)人民公社三级组织机构

人民公社的权力架构主要由公社、生产大队、生产队三个层级的机构组成。

1.公社的组织架构

由于沧源县重建公社时正值"文化大革命",因而公社一级没有按照六十条中规定的设置公社人民代表大会、公社管理委员会和监察委员会等机构,而是设置了革命委员会。1968 年 9 月,沧源县成立了由军代表、领导干部代表和群众代表组成的被称为"三结合"领导班子的革命委员会。随后,沧源县公社也相继成立革命委员会。革委会设有主任、副主任、政工组、生产办、财政组、税务组、治安特派组等机构。革委会的职能概括起来就是"抓革命,促生产"。此外,面对广大农民现实的生产、生活逻辑,公社革委会不能不承担起对农村社会各项生活的管理职能,但与阶级斗争的首要任务相比,这只是次要的职能。[15]

"文化大革命"初期全面夺权造成的政治混乱局面以及各党组织的全面瘫痪,迫使毛泽东和党中央采取了新的治理手段——重建党组织的权威。1971 年 5 月以后,按照中共中央《关于召开地方各级党代会的通知》的精神,沧源县各公社召开党代会,选举产生了各公社党的委员会,建立和加强了党的一元化领导。各公社党委会设书记 1 名、副书记 1—2 名,革委会主任兼任党委副书记,党委委员 5 人,大多数兼任革委会委员。公社的主要办事机构有:办公室、统管秘书、组织、人事、工农业生产、文书档案、财经、计统、青年、妇女、人保、民事调解、通讯、炊事等工作机构。公社党委是公社的决策机构,革委会实际上是党委的执行机构。

"文化大革命"结束后,作为阶级斗争工具的革命委员会随之被取缔。1981年,沧源县撤销了各公社革命委员会,恢复了公社管理委员会的建制。公社党委会与公社管理委员会实行了一定程度的分工。但是,从实际运行的过程来看,党委会与管委会往往是分工不分家,往往是党委会统一部署,由党委书记亲自挂帅,党委会委员和管委会委员两班人马一齐上阵,进行全面贯彻执行。

2.生产大队的组织机构

公社一级机构之下设生产大队。生产大队原则上以原来的乡为单位,其行政设置主要有大队长1人、副大队长1—2人,文书1人。党组织为党支部。建国后,沧源县农村基层党组织的建设是从1956年试办合作社时开始的。到1963年,全县68个乡中建立了32个支部。此后到1966年,党的建设近乎停顿。[16]1969年重建公社后,开始普遍在生产大队建立党支部。边沿地区如班洪、班老、单甲等公社的许多大队党支部都是与筹建生产大队同时建立。笔者采访了原班洪公社G大队党支部书记田××。他1946年出生,1969年担任G大队支部书记直到1984年公社解散。大队改为乡后又继任乡支部书记到1998年。他回忆了当初建立党支部的情形:"我是第一个入党的。当时准备建立大队,县上派工作组到我们这里帮助组建支部。工作组来了以后,找我做工作,准备发展我为党员,但我不会写申请书,工作组就派人帮助我写申请书。申请书交到县委组织部,很快就批下来了。之后,又发展了几个党员,建立了大队党支部。"经过建立人民公社以及整党建党,到1971年,沧源县所有生产大队都建立了党支部。大队党支部设书记1人、副书记1—2人,支部委员3—7人。

在生产大队,党的一元化领导特征非常明显。一般来讲,大队干部是党员的,都进入支委班子。通常是大队长兼任支部副书记,其他大队干部则兼任支部委员。这样,大队的行政机构和行政职能在很大程度上被整合到党支部中,形成了党的一元化领导。党支部是生产大队的领导核心,生产大队最重要的政治、经济决策权都集中于党支部特别是支部书记手中。田××回忆说,当年他当支部书记时,每个月至少要召开一次支委会,研究大队的生产、生活、思想教育、政治运动等事项。支委会作出决定后,各支部委员和大队干部就要分头贯彻执行。

3. 生产队的组织机构

生产队是人民公社的基础。在经济上,它掌握着所辖范围的土地所有权并据此进行组织生产、交换和分配,成为一个基本核算单位;在政治上它又是公社集权体制的最基层组织。生产队的领导班子成员主要有生产队长、副队长、会计、保管。公社建立初期,因为有一些生产队没有党员,有少数生产队只有个别党员,无法建立党小组。所以,生产队一级尚未普遍建立党小组。1972年,全县526个生产队中只有125个生产队建立了党小组。到人民公社解体前,生产队一级基本上建立了党小组。[17]

在生产队,生产队长起着主导作用,党小组长协助、支持和配合生产队长做工作。生产队每月至少召开2次社员大会,商量生产情况、宣传党的方针政策。一般用晚上的时间召集社员开会,主要是布置生产任务,宣传、贯彻上级指示、方针、政策以及进行革命大批判。

（二）三级组织的权力关系

在人民公社政社合一体制下，公社、大队和生产队三级组织之间的权力关系呈现出高度集权的结构特征。下面主要从权力授受关系、经济利益的赋予关系、权力运作关系三个方面来加以考察。

1. 自上而下的权力授受关系

人民公社的干部实行自上而下的委任制。沧源县在1969年全面公社化时，处于"文化大革命"的初期，公社机构不健全，没有建立社员代表大会，缺乏选举社队干部的制度和机制；而革命委员会和党的一元化体制的建立，又强化了公社干部自上而下的委任制。田××说，一般来讲，大队干部由公社党委考察任命，生产队干部由大队党支部考察任命并报公社备案。任职没有年龄限制，但是如果不称职，随时可以撤换。原M大队支部书记李××（在担任书记前曾经担任过大队长）说："大队干部和生产队干部是否称职，主要看两个方面：一是看是否能坚决贯彻执行上级的路线方针政策；二是看是否能保证生产总值，完成生产任务。"这表明，向上级负责是任命社队干部的主要标准。大队干部的权力和权威主要由体制赋予，而不是由公社社员赋予。

2. 自上而下的经济利益赋予关系

1969年建立公社后，公社大队干部在经济待遇上分为两个部分，其一是由原来的乡干部转变而来，他们属于国家干部，享受国家干部的工资待遇和生活待遇；其二是新任命的社队干部，他们不属于国家干部，而属于半脱产干部，享受每个月15元左右的生活补贴，但要参加劳动和工分分配。后来，随着公社规模调整，半脱产干部转为全脱产的干部，按照相应行政级别套给工资待遇。但是这部分干部只是在职不在编，不纳入国家行政编制。一旦失去职务,上述待遇就自动取消。大队干部是国家政权体系中的一员,他肩负着完成国家政权要求完成任务的职责;同时他又是佤族村寨中的一员,与佤族群众有着共同的利益。当国家利益与佤族农民群众的利益会出现不相一致,大队干部往往处于两难的夹缝中。如有些老大队干部所说:"任务完不成,上级批评;任务重了,群众有意见。两头得罪人。"由于在经济上对上级的依附性,往往在理性地权衡了经济利益上的得失以后,大多数大队干部们不得不采取"上面怎么说就怎么办"的态度。

3.科层制的权力运作关系

政社合一的体制赋予了人民公社三级组织科层组织的特征,公社、生产大队和生产队之间形成了自上而下的命令和自下而上的服从的权力运行模式。[18]

公社一级权力机构是三级组织中的最高一个层次。"权力的大小取决于政治主体的层次。层次越高,在其框架内运行的权力影响的规模就越广泛。"[19]人民公社权力体系辖范围包括公社、生产大队和生产队。公社的决策、命令对大队、生产队都具有权威性,能够循着公社——大队——生产队科层组织的渠道贯彻到农村社会的最底层。

此外,公社一级的权力还以公社派遣的工作组形式表现出来。公社派遣的工作组对生产大队和生产队采取直接领导的方式。田××回忆说:"公社派遣工作组是有制度的。每年围绕着中心工作或是农忙时节,公社的工作组都要下到生产大队或生产队,检查生产指标,宣传方针政策,处理生产生活中的各种问题。"这种方式使上级的精神和公社的决策、命令、意图能够更迅捷、更有效地贯彻下去,但是却强化了公社对生产大队和生产队的行政干预,削弱了生产大队和生产队的权力。

　　生产大队是公社三级组织结构中承上启下的中间权力层。对于公社来讲,生产大队是公社的直接下级,两者之间是最直接的权力运行关系。大队直接接受公社的领导,公社的决策、命令首先通过大队一级加以贯彻落实。例如公社每年根据上级布置的生产任务和各生产大队的人口、田地的情况,向各生产队下达生产总值和总产量的指标,半年检查一次。大队干部经常到公社开会,最能体现公社——大队之间服从——命令的权力关系。田××说:“支书和大队长经常到公社开会,一个月至少要开2—3次。有时会议开到晚上9、10点,还要连夜赶回去召集生产队干部进行传达。”根据几位大队干部的回忆,会议内容主要有两类:一类是听取传达县以上的指示精神及公社为此做出的部署;一类是部署、贯彻、落实公社的各项工作任务,包括宣传政策方针、进行政治教育、汇报边境敌情、部署(或检查、落实)生产任务等。

　　对于生产队来讲,大队又是其直接的上级。大队在公社接受的任务,得到的命令,最终要通过生产队去落实和完成。大队向生产队宣传贯彻上级指示、布置任务、贯彻自己的意志的最普遍和最有效的手段仍然是召开会议。担任过多年生产队长的李××回忆说:“生产队长每年要参加的会议很多,到公社开会不下2次,到大队开会不下20次。”此外,大队还通过实行干部分片包干的制度来加强对生产队的领导。田××说:“大队干部每个人都有挂钩的生产队,要定期到挂钩生产队进行生产劳动。白天参加生产劳动,晚上召集生产队干部开会,指导他们如何搞生产,检查督促生产进度。”

　　在人民公社权力体系中,生产队既是其中最低的一个层次,又直接面对农民群众,同时还承担着直接从事农业经营管理的任务。因此,党的路线方针政策、公社和大队的指示精神和布置的任务,最终都要贯彻到生产队并由它贯彻到农民群众中去。生产队干部必须将每项任务都细化到具体的每一个环节。在命令——服从的科层体制压力下，处于最底层的生产队一方面缺乏自主权，一方面还要承受着上级施加的巨大压力。生产队必须5天向大队上报一次生产进度，如果出现什么问题，大队马上就追究查处。生产队常常要耗费许多时间精力召集社员开会布置生产任务，传达上级指示，方针、政策，进行政治动员宣传。开会时要点名，无故不来的要受到批评，并被扣工分。会议主要是布置生产任务，传达上级指示，方针、政策，进行政治动员宣传，开展政治运动。

三、人民公社体制对乡村社会的刚性整合及其终结

在中国这样一个农业大国，民族国家建设的一个重大任务就是实现国家政权对乡村社会的整合。所谓国家政权对乡村社会的整合，是指国家政权通过一定的体制、机制将乡村社会内部的各个部分和要素与国家政权结合为一个有机整体的过程。这种整合体现了国家政权与乡村社会之间的权力关系。人民公社体制"政社合一"的特征，集中反映了人民公社体制下国家政权与乡村社会之间特殊的权力关系。这一关系是国家政权通过对乡村社会的刚性整合而形成的。所谓刚性整合，是指国家运用政权强制力，强制性地将乡村社会的经济、政治、文化等领域置于国家政权体系的高度掌控之下，以实现对社会的全面渗透、强制干预和控制，从而达到快捷、有效地实现国家政权的理想目标和发展战略，其突出的特点是社会国家化。

（一）对政治领域的刚性整合

在全面实现人民公社以前，沧源佤族乡村社会组织和政治组

织尚处于相对松散的状态。从社会组织来看,农民并没有完全组织化,大约有70%的农户加入到合作社当中;有少部分农户组织了互助组;还有少数农户仍然是个体户。从政权组织来看,国家政权组织主要建立在乡一级,还没有普遍地、完全地渗透到佤族的村村寨寨;党的组织也尚未在佤族乡村普遍建立。人民公社建立后,国家政权体系前所未有地深入和渗透到佤族乡村社会的最底层,实现了对佤族乡村社会政治领域的刚性整合。

1. 科层制下的刚性整合

人民公社不仅是经济组织,更是政治组织,属于国家政权体系中的基层政权组织。这一组织首次在中国乡村社会建立了科层组织,[20]从而将每一个村社和个人纳入到公社——生产大队——生产队的行政体系中,彻底改变了乡村社会中各个村社的自然共同体属性,将其变成了具有行政区域属性的地域单位。

命令——服从是科层制的基本机制,完成自上而下的各种任务则是这一机制的重要体现。在人民公社体制下,体现国家政权意志的各项任务通过会议、文件、指示、决定等形式,循着公社——生产大队——生产队的管道顺利地、快捷地贯彻到佤族乡村的最底层和社会生活的各个方面,保证了国家政权体系对佤族乡村社会的高度控制。开会是人民公社时期最普遍的现象。每年,大队干部要到县上参加若干次"三干会",到公社参加20余次公社会议。生产队干部每年也要到公社参加若干次会议,到生产大队开会的次数也不少于20余次。开会的主要内容就是传达上级各方面的指示精神;领受上级下达的生产、思想教育、政治运动等各方面的任务;向上级汇报工作,接受上级督促检查等。

另外,命令——服从机制具强制性,即命令的施予对象只有服从的义务,而没有自由选择的权利。一些老社队干部回忆说:"有时,上级下达的粮食生产任务我们完不成,就向公社反映。但是大多数时候公社并不听我们的意见,还说这是政治任务,必须完成。我们也没有办法,只有硬着头皮接受任务。实在完不成,只好挨批。"命令——服从的行政机制大大增强了自上而下的行政权力,强化了行政权力对乡土社会的渗透。但是却潜藏着裂痕。上述的无奈与抱怨,折射出人们对人民公社体制的不满。

人民公社体制将每个农民高度整合进了公社——生产大队——生产队的行政组织中,变成了科层组织中的一个分子。这些分子由于人民公社政社合一的双重属性而具有了双重身份,既是社会经济组织的成员,又是行政组织中的一员。作为经济组织的一员,社员具有自由选择进出人民公社的权利;但是,作为人民公社行政组织中的一员,社员就必须受到强制性约束,不能随意退出公社,除非被开除或者遇到参军、提干、上学等少数特殊情况。[21]"农民不再是自然共同体的成员,而是政权共同体的成员,不再是自己决定做什么不做什么,而必须服从统一的组织管理。农民无时不是,无处不是行政命令的对象。国家对乡土社会的整合达到空前未有的程度。"[22]在此情况下,广大佤族农民不但在农业生产中缺乏自主性,而且在生产之外的其他领域也受到人民公社的严格约束缓和限制。这使得习惯于粗放经营,过惯了自由散漫生活的佤族农民感到非常不适应,从而对人民公社产生不满的情绪,以至于采取诸如消极怠工、私开自留地、找借口逃避出工等一些消极、隐蔽的手段来逃避公社的控制。这在悄然之中消蚀着国家政权的整合力,逐渐使人民公社陷入困境。

2.党的一元化领导下的刚性整合

人民公社对佤族乡村社会的政治整合,还凭借了中国共产党基层组织不断向佤族乡村社会延伸的力量。沧源县农村党的建设工作是从 1956 年试办合作社时开始的。但是，直到 1969 年全面实现人民公社化前，党在佤族乡村的基层组织尚未普遍建立起来。1969 年建立公社后，党支部开始普遍在生产大队建立；党小组也在一些生产队建立起来。1976 年以后，沧源县加大了发展党员和在生产队建立党小组的工作力度。到人民公社解体前，生产队一级基本上建立了党小组。由此可见，人民公社期间，中国共产党基层组织对佤族乡村的渗透达到了空前未有的程度。

人民公社体制不仅推动了农村党组织的建设，而且强化了党的一元化领导对佤族社会的刚性整合。这主要体现在两个方面：一是在人民公社内部的横向关系上。人民公社既是"政社合一"的体制，更是"党政合一"、"党经合一"的组织体制。党组织、政权组织、经济组织高度重合。公社成了以党的领导为核心的，执行着包括政治统治功能、经济管理功能、社会服务功能等在内的全能的政权体系，掌握和支配着佤族乡村社会经济、政治、文化等各方面有形和无形的几乎所有资源；二是在人民公社内部的纵向关系上。沿着人民公社行政科层的层级组织，公社一级设立党委，生产大队设立党支部，生产小队设立党小组，由此形成党组织的层级网络。按照"下级服从上级"的组织原则，公社及其以上各级党组织的意图都可以通过党内组织系统贯彻执行到佤族村寨的最基层，从而保证了以党的领导为核心的国家政权体系对佤族乡村农村的领导和控制。

人民公社通过科层制和党的一元化领导将国家权力体系渗透和扩展到佤族乡村社会的最底层和各个方面，将佤族乡村社会凝聚成一个整体，将佤族社会中的每个人都高度组织化和政治化，使国家政权组织的权力集中和渗透能力达到了前所未有的程度，从而实现了对佤族乡村社会高度的政治整合。

（二）对经济领域的刚性整合

在人民公社体制下，国家政权还以强制性手段，对佤族农民的经济行为和乡村的经济生活实行超经济的干预和控制，将生产资料的所有权和管理权、农产品的分配权、生产劳动的支配权等经济权力集中统一到公社的权力体系中并实行科层化管理，保证了公社对佤族乡村社会资源的全面掌控、提取和配置，从而实现了国家政权对佤族乡村社会经济领域的刚性整合。

1. 对生产资料的高度垄断

全面实现人民公社化前，佤族农民的生产资料所有制既有初级合作社形式的半社会主义所有制，也有互助组形式的个体所有制，还有极少数单干户形式的个体所有制。人民公社实行"三级所有，队为基础"的公有制后，原来不同性质所有制的土地被无偿地归生产队所有，由生产队集体经营管理，其他生产资料，如牛、马、骡等大牲畜也变为集体公有。

人民公社对生产资料所有权的高度垄断，使得佤族农民离开了公社就无法生存下去，必须彻底依附于公社，这确实有利于国家政权对佤族乡村社会的强制性整合，但却挫伤了佤族农民的生产积极性。农民们只是生产资料名义上的主人，实际上却不能依照自己的意志去管理和使用生产资料。牛是佤族崇拜的图腾，也是佤族的主要生产工具和运输工具。家中没有了牛，不仅失去了精神的寄托，而且也失去可以自由支配的，对生产和生活都极为重要的生产工具和运输工具。这种利益链的断裂，削弱了佤族农民对劳作的积极性和对公社拥有的生产资料的珍惜，最终影响了人民公社的经济发展。采访中，笔者听到老人们说，许多人觉得反正土地不是自己的，不必那么辛苦，干活常常出工不出力。大牲畜归公以后,普遍出现了饲养管理不善的情况。有的生产队将集体的耕牛关在大厩中,却没有人认真清理,雨季时就成了粪水坑;耕牛用完后人,管理人员无心喂养,出现膘水下降和非正常死亡等现象。[23]这些现象的背后潜藏着人民公社刚性整合的脆弱性。

2. 对收益分配权的直接掌控

为了从农村汲取发展重工业所需要的资源,最有效、最快捷的手段之一就是通过人民公社直接掌控农产品的分配权。生产队作为人民公社的基本核算单位,承担着直接组织收益分配的职责。生产队的收益分配主要包括两个层面,一是国家、集体、个人之间的分配;二是生产队内部社员之间的分配。国家、集体、个人之间的分配原则是个体利益服从整体利益。如在粮食分配上,必须首先保证完成国家征购任务,然后留足集体所需的籽种、饲料和储备粮,最后才对个人进行分配。沧源县由于是边疆少数民族地区,1958 年以前没有实行统购统销,公余粮也只是实行协商、动员式征收和征购。1958 年以后,国家开始对沧源采取"自上而下分配任务,自下而上包干完成"的办法,以公社为单位分配公余粮任务。[24]全面公社化以后,公余粮出现了高征高购的势头,严重损害了佤族农民的利益。如原单甲公社的单甲大队,1970 年粮食总产为 332562 斤,人均 339 斤,已没有余粮可卖,但最终还是承担了余粮征购任务。结果,在交售了公余粮 58567 斤(其中余粮 52331斤),留够集体籽种 64597 斤以后,余下的社员口粮只有 209398斤,人均仅为 214 斤,出现了大量缺粮户。据统计,1970 年,全县公余粮征购任务占当年粮食总产的 20.7%;全县社员缺粮面积高达 80%。[25]

生产队内部社员之间的分配,六十条中明确规定了"实行各尽所能、按劳分配、多劳多得、不劳动者不得食"的原则。但是,现实中却演化成为平均主义的分配制度。如实行"死分活评"的工分制。所谓"死分活评"就是根据每个劳动力技术的高低,劳力的强弱,由社员讨论评定出他的劳动级别,即全劳力或半劳力(不分男女),然后定出每个级每个标准劳动日的工分,如全劳力的出工标准为早工3分,白工7分;半劳力早工2分,白工6分。出工时由记分员记下当日每个社员的出勤情况。然后5—10天评工一次。评工时由社员参照每个劳动力的级别和标准劳动日的分值,结合各人实际劳动时的政治思想、劳动态度、劳动数量和质量等评定工分。但是这种工分制在大呼隆集体出工情况下不可能确切地反映出劳动的数量、质量;而政治思想和劳动态度的标准又比较虚;加之佤族群众的人情、面子观较重,觉得同居一寨"抬头不见低头见",只要做得不是太过分,都尽量往高处评。结果,大多数情况下是按照劳动力等级和出勤日来评定工分的。再如口粮的分配,主要是实行"基本口粮和按劳动工分分配粮食相结合的办法"。即基本口粮加工分粮四六开的方式。其中,基本口粮按照人口分配,不搞等级。这一办法基本上能保证烈属、军属和工人家属,以及劳动力少、人口多的农户能够吃到一定标准的口粮。但是,如果出现灾年歉收,连基本口粮都不能保证的情况,工分粮的分配就不可能了。[26]

3.对劳动支配权的高度控制

生产队对生产资料、农产品分配的直接控制,必然要求对生产者劳动行为的高度控制。这种高度控制的有效方法就是将生产者组织起来,进行集体劳作。一些老社队干部向笔者描述了当年的场景:每天早上队长吹哨子喊出工,常常是吹了半天,人们才稀稀拉拉地从家里面出来。干活时,一些人出工不出力;一些人则找各种借口,如要抽烟、要方便、要照顾老人、小孩等,消极怠工。

集体劳作使劳动的属性由私人性转向集体公共性,劳动资源的支配权向集体组织统一集中,劳动不再是农民的自由选择,而是农民个人对集体应尽的义务。这虽然便于人民公社约束和控制人们的劳动行为,但是却违背了佤族乡村的现实生产力水平和佤族农民的现实生存逻辑。一般来讲,劳动的组织化是与生产的专业化和明确分工相适应的。这样,组织化才可能产生效益。佤族农业生产力落后,属于传统的小农经济,没有形成专业化,也没有明确的分工。各种农活之间的数量、质量、技术、轻重、难易、脏净、繁简等不可能均等划分出来,也没有确切的标准加以检验。因此,在集体劳动时,各人(即便是同样劳动级别的人)所干的农活总有差别,付出的劳动成本也有所不同。于是那些自认为比别人干得多,且更苦更累的人在经过理性计算和比较后,就觉得吃亏了。在趋利避害本性的驱使下,人们就会采取"磨洋工"、出工不出力的方式来消除与别人之间存在的差异。而一旦有人磨洋工,就会形成模仿效应,成为集体行为选择,其结果打击了人们的生产积极和主动性,影响了生产的发展,最终损害了广大佤族农民的利益。

人民公社通过政社合一的权力体系将分散于佤族农民手中的生产资料的所有权和使用权、农产品收益的分配权以及生产劳动的支配权集中统合到自身内部,使国家权力如水银泻地一般深入渗透到乡村社会生活,全面而又深刻地建构起农民的国家性,将分散又分割的乡土社会整合到国家体系中。[27]但是,这种刚性整合所形成的以人民公社集体利益为核心的一元化利益格局,却有悖于佤族乡村社会经济发展的内在逻辑和佤族农民基本的生活逻辑。

(三)对文化领域的刚性整合

文化领域的整合主要是指以国家政权为主导的政治社会化过

程。这个过程既是国家政权通过各种政治社会化的手段和途径，在民众中持续不断地宣传、灌输国家的主导政治文化的过程；也是民众通过各种社会化渠道程度不同地接受主导政治文化的过程。通过这一过程，国家政权使民众树立起与国家政治体系一一致的基本思想与价值认同，增强国家政治体系的合法性权威和对民众的向心力与凝聚力，从而有利于国家政治体系的深入和贯彻。

中华人民共和国建立后，为了改造少数民族的传统政治文化，培养和塑造国家政权的主导政治文化，中国共产党就十分重视政治社会化的整合功能，把在少数民族中传播主导政治文化，作为国家政治体系一项重要的政治任务。应该说，建政初期的政治社会化是非常成功的，初步培养了少数民族对国家政权的认同，初步消除了历史上形成的民族隔阂，为新政治体系在少数民族中的贯彻、深入和国家的稳定奠定了社会心理基础。

但是，随着中国共产党在追求社会理想和发展战略上的急躁冒进和阶级斗争观念的急剧膨胀，国家政治体系的政治社会化的内容和功能都发生了重大的变化。在内容方面，一是在思想意识上，表现为平均主义为特征的共产主义理想；二是在政治指导思想上，表现为阶级斗争和无产阶级专政下继续革命的理论；三是在经济分配上，表现为大公无私的价值理想和相应的制度安排。[28]在功能方面，政治社会化的整合功能被推向了极端，形成了强制性的思想文化控制。从沧源县来看，这种刚性整合主要从"破"与"立"两个方面展开。

1. 以"破"的手段实现刚性整合

所谓"破"的手段，是指运用阶级斗争的攻击和批判手段，对与当时党和国家的主导政治文化相左或相悖的思想、行为大加挞伐。其一，对佤族传统文化进行无情批判。"每个民族的成员都是在特定的民族文化的价值偏好、思想方式、风俗习惯、生活方式等诸多因素的影响下形成对现行政治体系的政治过程的主观取向的,这就不可避免地使政治文化打上民族文化的烙印。"[29]在我国少数民族中,信仰宗教是普遍现象。沧源佤族除了信仰原始宗教外,还有一部分人仰佛教和基督教。而宗教信仰对少数民族的政治文化有着潜移默化的深刻影响。佤族群众对宗教教义、宗教组织、宗教权威的信仰和崇拜,对宗教祭祀活动的热衷,会直接、间接影响他们对国家政治体系的主导政治文化的接受,削弱他们对国家政治体系及其政策选择的认知、情感、评价,淡化他们对国家政治体系主导的政治生活的参与热情。尤其是当国家政权体系的政策选择和意识形态不符合佤族群众的利益需要而缺乏吸引力时,佤族群众便可能产生向传统宗教信仰寻求心理安慰和精神寄托的愿望和冲动。这对于国家政治体系来讲,确实是一些离散的因素。在极左思潮之下,宗教信仰被视为异端邪说而受到批判和取缔。据一些老人回忆:缅寺、教堂被捣毁,佛像被砸坏,经书被烧毁,一切宗教活动被禁止。许多老人受不了,想不通,私下纷纷落泪,但敢怒不敢言。一些宗教活动,如叫魂、烧香拜佛等被迫转入地下,偷偷在夜里2—3点钟进行。一旦被发现,就要举行群众大会,对参与叫魂的群众进行批评教育,对主持叫魂人当作坏分子进行揭发批判。这种极端的做法虽然在表面上压制了人们的思想和行为,却严重伤害了佤族群众的民族感情,从而也在一定程度上影响了佤族群众对党和国家及其民族政策的情感、态度和评价。

其二,对历史上的"剥削阶级"进行残酷斗争。"文化大革命"开始后,1958年被划为地主、富农的人被重新揪出来,遭遇了更激烈的批判和斗争。本来,1958年沧源县划分阶级就是一种严重脱离了当时当地实际的极左错误,许多所谓的地主、富农实际上并不具备充分的条件,后来经过建立人民公社,他们已经完全丧失了经济基础和政治基础,可谓是"死老虎"了。"文化大革命"开始后,这些地主、富农和反动头人们遭遇了更激烈的批判和斗争。据原班洪部落最后一位王子胡德胜回忆,1970年,班洪王胡忠华及其家属、胡德胜及其家属、原班老大头人保红忠及其家属被遣返回原籍接受改造和批判(1958年,为了对民族上层实行养起来的政策,这些民族上层被送到昆明居住)。白天他们和农民们一起劳动、干活,晚上常常被押到生产队的批斗会上接受批判。批斗会上,县上或者公社上的工作组发动有觉悟的农民揭发他们的不劳而获和多吃多占的剥削罪行,并要求他们低头认罪、老实交待。其他一些中小头人和地主富农也几乎是惶惶不可终日,一有风吹草动就被揪出来进行批判。

其三,对"阶级斗争"新动向进行不断挞伐。1957年以后,毛泽东提出了一个新的划分阶级的标准,就是用"政治思想"为标准划分阶级。这种政治思想的标准实际上就是以对党的意识形态和现行政策的思想、态度和言行为标准,凡与之相左或相悖的思想、言行均被视作敌对阶级利益的反映,持不同意见者当然也就成了敌对阶级的代表。人民公社时期,这一标准被人为地复杂化和扩大化。诸如投机倒把、偷集体财产、私下买卖粮食、私挖自留地、赌博等不符合党的主流意识形态和人民公社原则和理念的行为大都被视为阶级斗争新动向。对此,人民公社常常以批判会、忆苦思甜大会的方式进行批判、斗争。

阶级斗争手段营造出一种强制性的文化氛围,影响、冲击和改变着佤族农民的思想意识、行为选择。首先,阶级斗争增强了佤族群众对党和国家的认同、服从意识。一方面,阶级斗争扫除了佤族传统权威的残渣余孽,从而增强了国家政权在佤族群众中的权威性。经过合作化和人民公社,那些传统头人、地富分子在经济上和政治上已经是"死老虎",但是在文化上仍然有一定的威望。这种威望必然在一定程度上影响佤族群众对党和国家政权的认同。因此,通过阶级斗争对这些"死老虎"进行无情打击,不仅有效地抑制和打击了这些旧势力中可能滋长的异己力量,而且还表明,这些旧势力是为国家政权所不容的,如果不与他们划清界限,将会自绝于党和国家政权,从而强化了佤族群众对党和国家政权的认同意识;另一方面,阶级斗争强化了佤族群众对党和国家政权的忠诚与服从。阶级斗争以划分阶级为前提,而划分阶级的主导力量是党和国家政权。党和国家制定了划分阶级的游戏规则,规制了各个阶级的地位及其与国家政权之间的关系。大多数未被划入对立阶级的佤族群众由于获得了党和国家赋予的政治、经济和文化等方面的权利而对党和国家产生了一种特殊的阶级感情和归属感,从而巩固了他们对党和国家的忠诚与服从。

其次,阶级斗争扭曲了佤族农民的思想和行动。阶级斗争把一切不符合主导政治文化的思想观念和行动都归入到斗争的对立面,而一旦成为对立面,就会受到国家政权体系的批判、斗争,就会丧失政治权利。这种危险性像一把达摩克利斯剑一样高悬于广大佤族农民的头上,使他们在言行上表现出了多面性。一方面,在公开场合,为了保护自己,以免成为阶级敌人,大多数佤族群众小心谨慎,不敢表现出对现行政策的不满或是反对的言行,有些人还尽量说出一些连自己都不甚了了,但却非常"革命"的言词;面对那些传统头人、地主富农,以及私开自留地、求神拜佛、叫魂的人,为了表明自己的阶级立场和阶级觉悟,一些人横眉冷对,慷慨陈词。另一方面,在私下,一些佤族群众对现行政策仍然会表达自己的不满;对那些受到批判的人表示同情;当家里有人生病时,有些人仍然在深更半夜请老人来家里叫魂祛病。阶级斗争在表面上确实起到了约束大多数农民的行为的作用,这种约束是人民公社制度的正常运作所需要的。

2.通过"立"的途径实现刚性整合

所谓"立"的途径,主要是凭借国家政权组织的强制性手段从正面宣传、灌输主导政治文化,为党和国家的社会理想、发展战略以及人民公社存在的合理性、正当性提供充分的合法性解释,唤起人们强烈的聚合心理、认同心理,并转化为支持和拥护党和国家以及人民公社的统一行动。

在通讯落后,传播媒介匮乏的年代,会议是宣传灌输主导政治文化的基本手段。一般来讲,公社各级召开的会议内容大致分为两大类。一类是生产性的会议,一类是政治性的会议。但是两种类型的会议并不是截然分开的。在当时强调"政治挂帅"、"抓革命促生产"的意识形态氛围中,即便是生产性的会议也具有很浓烈的政治色彩。在布置生产任务之前,社队干部都要先念几段语录,然后传达部署上级交给的各种生产任务,并从政治的高度强调生产任务的重大意义。政治性会议主要是政治任务的传达部署会,按照公社干部——生产大队干部——生产队干部——社员的层次自上而下召开。会议的过程就是接受主导政治文化灌输的过程,无论是社队干部还是普通社员都要求参与其中。如社员大会要求除了老弱、生病等特殊情况外的所有社员参加,无故不参加者要被扣工分。

学习毛主席著作是人民公社时期宣传灌输主导政治文化的一种重要手段,其目的就是"用毛泽东思想去教育人、改造人,用毛泽东思想统一全体人员的思想,统一全体人员的行动。"[30]为了让广大佤族群众普遍掌握毛泽东思想这一强大武器,公社组织了赠送红宝书的活动,除地富、反动头人、坏分子外,每户发一本毛主席语录,两本老三篇。[31]早上出工时,生产队长要带领大家学习几段毛主席语录;晚上,生产队经常组织社员学习毛主席语录。由于许多人不识汉字,不懂汉话,学习时必须由懂汉字的人领读。读一句,翻译一句。有时语义不能直接翻译出来,领读的人就根据自己的理解加以翻译。由于水平有限,有时翻译出来的意思与原著差之千里,甚至还会闹出笑话来。

此外,向公社各级派驻工作队,也是一种有效的宣传教育手段。工作队进驻村寨后,首先组织社队干部进行学习宣传,然后通过各种方式,如召集会议、组织佤族群众学唱革命歌曲、帮助组建文艺宣传队、办黑板报、刷写标语口号等,对佤族群众进行宣传教育。作为国家政权体系的具体代表,工作队所起到的政治社会化作用是无可替代的。一方面,工作队能够及时地将国家政权体系的主导政治文化传达到佤族群众中;另一方面,工作队对公社各级开展的宣传教育活动起到督促和检查,以保证政治宣传按照党和国家的意志顺利开展。

通过各种方式的宣传教育,国家政权体系的主导政治文化的传播达到了前所未有的广度和深度。佤族传统的话语体系中增添了许多当时的政治流行语,如"阶级斗争"、"社会主义好"、"共产主义理想"、"斗私批修"、"阶级敌人""资产阶级"、"资本主义道路""无产阶级专政"等;有关共产主义理想、集体主义精神、党的英明领导、社会主义优越性、人民公社好等为主要内容的主导政治文化高频次地冲击着广大佤族群众,向佤族群众描绘着共产主义的美好未来和人民公社的光明前途,为人民公社的合理性、正当性注入新的诠释,以坚定他们对党的领导、社会主义、人民公社的信念和信心。同时,主导政治文化的价值取向作为统一思想和行动的绝对标准不断地校正、规范着人们的思想和行为。从而在很大程度上消除了可能出现的偏离党和国家社会理想和战略目标和人民公社运行轨道的思想和行动。

国家政权作为政治社会化的核心力量凭借人民公社高度组织化、集权化的体制,通过各种政治社会化手段和途径向佤族乡村社会灌输主导政治文化,试图实现对佤族政治文化的彻底改造和高度统摄,从而保证人民公社的稳步发展和国家政治体系社会理想和发展战略的实现。从某种程度上讲,在人民公社时期,国家政权主导的话语全面进入了佤族乡村社会,实现了国家对佤族乡村社会意识形态领域的占领,并且在佤族群众的心理上深深打上了国家政治的印迹。然而,由于主导政治文化所宣传的某些理念和价值远离佤族群众现实生活利益,甚至伤害了佤族的民族感情,而且还采取了一些强制性的传播和灌输手段。因此,主导政治文化在佤族群众中的内化程度是相当值得怀疑的。非但如此,某些主导政治文化的宣传教育在某种程度上还降低了佤族群众对国家政治体系的认同和信任。这种刚性整合表象之下隐藏的裂痕是国家政权始料不及的。

（四）人民公社的终结

20世纪70年代末,人民公社刚性整合的势头呈强弩之末,政治空气有所淡化。在这种情况下,一些落后地区,如安徽省凤阳县、肥西县的农民迫于生存逻辑,悄悄进行包产到户,向人民公社体制提出了挑战。[32]在十一届三中全会解放思想,实事求是思想路线的指引下,党和国家制定的一系列政策推动了农村的经济改革实践。在中央政策的肯定、支持和指导下,包产到户、包干到户的责任制逐渐蔓延开来。云南省于1980年开始在部分地区实行包产到户。1981 年,沧源县委作出了关于完善生产承包责任制的决定,在部分地区实行土地承包到户的家庭联产承包责任制。1982年,家庭联产承包责任制在全县范围内推行。

家庭联产承包责任制在本质上只是一种土地经营方式。但是,这一制度在农村普遍实行后产生的效果却远远超出了经济上的意义。承包制改变了人民公社对生产资料的占有和垄断;改变了集中经营、集中劳动的经营管理方式;改变了平均主义分配制度。总之,家庭联产承包责任制消解了人民公社各级组织对农业生产、经营、分配的种种职能和强制性管理方式和手段,[33] "标志着人民公社制度的终结。"[34] 1982 年 12 月,新宪法(八二宪法)正式确定设立乡镇人民政府,把原来由人民公社行使的政府职能转移给乡镇政府。1983 年 10 月,中共中央、国务院发出《关于实行政社分开建立乡政府的通知》,规定建立乡镇政府作为基层政权,同时普遍成立村民委员会作为群众性自治组织。政社分设建立乡政权改革的完成,标志着人民公社在制度上的终结。云南省于 1984年进行区乡改革。1984 年 10 月,沧源县正式废除人民公社体制,并进行"大区小乡制"的改革。改革后,将原来的 11 个公社、93 个生产大队,改为 11 个区公所,1 个镇,92 个乡和 1 个农村办事处。[35]

人民公社体制是国家政权为了实现社会主义理想目标、现代化发展战略和国家政权建设而主导建构的一种新型的乡村政治体系。通过人民公社体制,国家政权以前所未有的力量彻底打击和摧毁了佤族传统政治权威,并将国家政权深入到佤族乡村最基层社会,建立起了以经济、社会、文化的政治化和高度集权为特征的政治关系模式,实现了对佤族乡村社会的全面刚性整合,使国家政权体系对佤族乡村社会的统合达到了前所未有的程度,巩固了佤族乡村政治与国家政治之间一体化程度,保证了国家意志的贯彻,促进了农民对国家、民族、集体以及对社会主义的认同。但是,这种刚性整合是以国家政权的意志为主导而脱离佤族乡村社会实际需求的外在力量。它之所以能够实现并在一定时期内持续,在很大程度上是凭借了国家政权的强制力。但是,这种强制力因缺乏内在的持久动力,不可能长期维持下去而达到预期的效果;相反,还由于违背了佤族人民的意愿,迟滞了佤族乡村经济发展,扼杀了佤族乡村社会自身发展的生机、活力,最终导致人民公社陷入困境而被历史抛弃。因而,人民公社时期,国家政权试图通过人民公社体制进行民族国家建设的尝试并不成功。

注　释

1　7　18　20　21　王春光:《中国农村社会变迁》,云南人民出版社1996年版,第13、62—63、64、194页。

2　《毛泽东选集》第3卷,人民出版社1953年,第982页。

3　4　林蕴辉、范守信、张弓著:《凯歌行进的时期》,河南人民出版社1989年版,第405、400、403页。

5　《陈云文选》(一九四九——一九五六),人民出版社1984年版,第27页。

6　徐勇:《政权下乡:现代国家对乡土社会的整合》,人大报刊复印资料《政治学》,2008年第3期。

8　32　34　转引自陈吉元、陈家骥、杨勋主编:《中国农村社会经济变迁》,山西经济出版社1993年版,第302、482、508页。

9　金太军、施从美:《乡村关系与村民自治》,广东人民出版社2002年版,第93页;于建嵘:《岳村政治——转型期中国乡村政治结构的变迁》,商务印书馆2001年版,第259—283页。

10　中共临沧市委党史研究室编:《从社会形态的飞跃到经济社会的发展——临沧"直过区"调研资料汇编》,内部出版,第55页。

11   罗之基:《佤族社会历史与文化》,中央民族大学出版社 1995 年版,第 435 页。

12   14   24   沧源佤族自治县地方志编纂委员会编纂:《沧源佤族自治县志》,云南民族出版社 1998 年版,第 128、26、384 页。

13   沧源县档案馆档案:96—1—53 号:《关于人民公社有关政策执行情况的汇报》。

15   迟福林、田扶主编:《中华人民共和国政治制度史》,中共中央党校出版社 1998 年版,第 270—271 页。

16   17   沧源县档案馆档案:96—3—78:《关于党的建设工作的基本情况》。

19   杨光斌主编:《政治学原理》,中国人民大学出版社 1998 年版,第 53—54 页。

22   徐勇:《现代国家、乡土社会与制度建构》,中国物资出版社 2009 年版,第 238 页。

23   沧源县档案馆档案:96—3—57 号:《几个现行政策的意见》。

25   沧源县档案馆档案:96—3—59 号:《关于粮食征购、分配和保管问题情况及意见》。

26   沧源县档案局档案:96—3—59:《关于人民公社分配问题的调查情况、关于粮食征购、分配和保管的情况》。

27   徐勇:《现代国家、乡土社会与制度建构》,中国物资出版社 2009 年版,第 274—277 页。

28   毛寿龙:《政治社会学》,中国社会科学出版社 2001 版,第 160 页。

29   周平:《中国少数民族政治分析》,云南大学出版社 2000 年版,第 174 页。

30   31   沧源县档案局档案:1—2—338 号:《关于在农村进一步广泛深入开展活学活用毛主席著作群众运动的意见报告》。

33   项继权:《集体经济背景下的乡村治理——南街、向高和方家泉村村治实证研究》,华中师范大学 2002 年版,第 151—154 页。

35   沧源县档案局档案:4—15—57 号:云南省人民政府批复:"关于沧源县区乡镇建置和区域划分的批复",云政函(1984)176 号。

第 四 章

"乡政村治"体制下的乡级政权体系

　　人民公社体制的失败表明,国家政权试图以刚性整合来实现对乡村社会的渗透、控制,最终因为违背了广大农民的利益和乡村社会发展的客观要求而达不到目的。人民公社体制废除以后,国家政权进行了乡村基层政权的重建和基层群众自治的创建,重构了国家政权与乡村社会之间的权力格局,形成了"乡政村治"体制。"乡政"指的是乡(镇)一级政权,是国家依法设在农村最基层一级的政权组织;"村治"指的是村民委员会,是农村基层的群众性自治组织。[1] 作为"乡政村治"体制中的"乡政",是国家政权在农村的基础和末梢,是国家政权与村社权力互为渗透、互为影响的连接点。国家的各项农村政策、工作任务必须通过"乡政"才能贯彻落实。为此,乡级政权建构有一套系统的权力机构,掌握着乡村社会最主要的政治、经济和文化资源,主导着农村的发展。在此,笔者结合沧源县 H 乡的实际[2],对"乡政村治"体制下的沧源佤族乡级政权的组织架构、权力结构及其对乡村社会的现实功能进行描述和分析。

一、"乡政村治"体制建立的宏观背景与微观历程

人民公社体制之后,"乡政村治"体制逐渐成为中国广大乡村社会普遍的政治体系。地处边疆地区的沧源佤族乡村社会也概莫能外。不过,与全国相比,沧源佤族乡村社会"乡政村治"体制的建立相对滞后,是在全国普遍建立之后才建立起来的,有其一定的特殊性。

(一)"乡政村治"体制的民间探索与国家推动

20世纪70年代末,伴随着农村"包产到户"、"分田到户"的出现,人民公社的生产经营方式和管理体制陷入困境,乡村社会出现管理"真空",治安混乱,集体资产流失,农村社会严重"失范"。[3]正如1982年中央1号文件指出的:"最近以来,由于各种原因,农村一部分社队基层组织涣散,甚至陷入瘫痪、半瘫痪状态,致使许多事情无人负责,不良现象在滋长蔓延。"这种状况表明,农村基层管理体制面临着新的调整和改革。于是,基于农民的自发探索和国家政权强力推动的"乡政村治"治理体系应运而生。

"乡政村治"的原始雏形源于农民为了维护乡村社会秩序的自发创造。中国第一个村委会产生于广西宜山县(今为宜州市)屏南乡的合寨村(1984年前为合寨大队)。1979年,合寨村开始搞"分田到户"后,村内出现了社会治安恶化,社会矛盾增多的严重问题。于是,村民们自发召开了全村大会,以无记名投票方式选举出6位村干部组成"村委会",进行村务的民主管理和村民的自我服务。随着生产责任制的逐渐推行,如何解决生产责任制后村社公共事务管理的问题日渐突出。广西的这一做法在全国引起极

大反响,并被许多地方纷纷仿效。[4]

"乡政村治"因适应国家治理农村的需要而得到了国家政权的强力推动。实行农村家庭联产承包责任制后,国家难以再通过直接控制经济社会资源的方式治理农村,而国家有限的财力也不可能使所有的农村基层组织行政化。在此情况下,国家唯有通过下放权力,运用深藏于农村社会中的自组织力量,自己管理自己,调动农民群众的积极性,重建国家在农村社会的权威。[5]1982年7月22日彭真在全国政法工作会议的讲话中谈到:"有些地方村民或乡民委员会搞乡规民约,规定不准偷、不准赌、不许会道门活动、不许游手好闲不务正业等,很解决问题,群众很高兴,"并提出"居民委员会、村民委员会如何搞,包括和基层政权的关系问题,各地可以根据实际情况采取多种形式试验,待经验比较成熟后,再作比较研究,并修改居民委员会条例,制定村民委员会条例"。[6]于是,国家政权决定重建乡村基层政权和创建农村自治组织。1982年12月五届人大五次会议通过的新宪法(八二宪法)正式确定设立乡镇人民政府,把原来由人民公社行使的政府职能转移给乡镇政府;同时明确规定村民委员会为群众自治性组织。1983年10月中共中央、国务院发出《关于实行政社分开建立乡政府的通知》,规定建立乡镇政府作为基层政权,同时普遍成立村民委员会作为群众性自治组织。到1985年春,全国各地基本完成了政社分设,建立了9.1万个乡镇政府,92.6万个村民委员会。[7]

不过,"乡政村治"体制的真正建立是以国家针对村民自治专门制定的法律为标志的。1987年《中华人民共和国村民委员会组织法(试行)》的颁布,使基层群众自治制度有了明确的制度内涵和实际运作的规范依据。从此,村民自治进入制度化运作时期。[8]1998年《中华人民共和国村民委员会组织法》的正式颁布,进一步为村民自治奠定了法律基础。在此基础上,各省区人大常委会制定了《村民委员会组织法实施办法》《村民委员会选举办法》等地方法规,全面推动了村民自治的实施。

(二)沧源县"乡政村治"体制的建立

与全国"乡政村治"建立的进程相比,云南省显得较为特殊。在政社分开及乡镇和村民委员会的建设过程中,云南实行的是"大区小乡制"。这是因为云南省山多坝少,幅员广阔,民族众多,居住分散,交通不便。历史上设过区乡建制。公社是在相当于原来的区的规模上建立的,生产大队是在相当于原来的乡的规模上建立的;另外,多年来,公社、大队所在地,已经基本形成当地的政治、经济、文化中心。在当时来看,设立这样的体制,有利于稳定干部群众的思想,有利于经济的发展,便于群众行使民主权利,不至于增加群众负担。[9]1984 年 10 月 25 日,根据云南省人民政府云政函字(1984)176 号文件《关于沧源县区、乡、镇建置和行政区域划分的批复》,沧源县开始正式废除人民公社体制,并进行"大区小乡制"的改革。改革后,全县在原来人民公社基础上建立了岩帅、团结、勐省、单甲、糯良、勐来、勐角、班洪、班老、南腊、永和等 11 个区公所,作为县的派出机构;在 11 个区之下以原来的生产大队为基础设立了 92 个乡;在乡政府之下以原来生产队为基础建立了 517 个村委会。另外,保留勐董镇的建置和行政区域,原勐董大队改为勐董农村办处。这样,体制改革后,沧源县共设 11 个区公所,1 个镇,辖 92 个乡,1 个农村办事处,1 个居民委员会。[10]

但是,随着农村经济体制改革的进一步深入,区乡体制已经很难适应形势发展的要求,存在和暴露出不少弊病,主要有:(1)区乡两级机构名不符实。作为县的派出机构的区公所,实际上代替了乡政府行使着许多职权,而依法作为基层政权的乡人民政府代表大会和乡人民政府,因辖区小人口少,受到机构和编制的约束,空享其名,很难行使宪法和法律赋予的职权;(2)党政不分。区委和区公所、乡党支部和乡政府难以理顺关系,不仅影响到加强党的自身建设,也有碍于发挥政府职能作用;(3)权力过分集中,条块关系不协调。县级大部分单位在区上都有下属机构,搞垂直管理,使区级很难统一组织和管理本区的各项工作。[11]这种状况不仅有悖于宪法和地方组织法,不利于发扬社会主义民主,健全社会主义法制,而且与农村经济体制改革的新形势不相适应。因此为了完善社会主义民主政治,加强农村基层政权建设,促进生产力的发展,必须对现行区乡体制进行改革。

根据中共中央、国务院《关于加强农村基层政权建设工作的通知》精神(中发(1986)22号文件),中共云南省委、云南省人民政府于1987年12月9日联合发布了《关于改革区乡体制的通知》,要求全省各地结合实际进行改革。[12]据此,中共沧源县委提出了《关于沧源县区乡体制改革的安排意见》,于1987年12月—1988年3月,在全县开展了区乡体制改革的工作。[13]

这次改革原则上对原有行政区划和管理层次没有作大的变动,主要是把原来的区改为乡或镇,建立基层政权组织。乡镇党委设正副书记各1人,党委机关设若干名专职干事,分管组织、宣传、纪检、经年、妇女、武装等工作。乡镇政府设正副乡镇长各1人,政府机关设若干名助理员,分管农业、乡镇企业、财政粮食、文教卫生、民政、土地管理、计划生育、统计、文书档案、机关事务等方面的工作。乡镇人民代表大会主席团,设置专职常务主席。在原来小乡的基础上设立村公所或办事处,作为新设立的乡或镇人民政府的派出机关。小乡改为村公所或办事处以后,其名称统一以原来的乡名为村公所或办事处的名称,并冠以县名和乡名。当时在乡镇下面设立派出机构村公所,并无法律依据,而是从云南省的历史沿革和地广人稀,交通不便,乡镇辖区较大等现实情况考虑设置的。村公所作为乡镇的派出机关,行使乡镇人民政府赋予的职权,其主要工作职责是:宣传贯彻党和国家的方针、政策、法律、法规,执行乡镇人民政府的决定;根据乡人民政府的规划,制定本辖区的经济和社会发展计划;管理本辖区的经济、文化、教育、卫生事业和民政、土地管理、计划生育等行政工作;组织和监督本辖区各种合作经济组织和个体经济的生产建设,保护他们的合法经营;为他们的生产建设事业提供服务;管理本辖区集体所有制的公共财产;指导、支持、帮助村民委员会的工作;协调本辖区各自然村、各经济组织间的关系;办理公共事务,举办公益事业;维护社会治安,调解民间纠纷;向乡人民政府反映群众的意见、要求和建议。[14]在村公所之下,仍然保留了以原来生产队为基础建立的村委会。按照文本制度的规定,村公所、办事处与村民委员会的关系是:村公所对村民委员会的工作给予指导、支持和帮助,村委会协助村公所开展工作。但是在现实中这一关系并未得以体现。经过改革,沧源县在原来 11 个区,1 个镇的基础上改建为 8 个乡 3 个镇。8 个乡是团结乡、单甲乡、糯良乡、勐来乡、班洪乡、南腊乡、班老乡、勐角傣族彝族拉祜族民族乡;3 个镇,即岩帅镇、勐省镇和勐董镇。原来的 92 个乡和 1 个办事处改建为 64 个村公所和 29 个办事处;在村公所、农村办事处下设 517 个村委会。[15]

　　1995 年云南省废除了原来在生产小队及自然村基础上建立的村委会,在村公所一级设立村民委员会,但是,同时又没有撤销原来的村公所,因而一度形成村委会与村公所并存的局面。

　　1999 年 12 月,云南省制定了《云南省实施〈中华人民共和国村民委员会组织法〉办法》和《云南省村民委员会选举办法》,并在全省范围内开展了试点工作。2000年5月,云南省委省政府发布了《关于改革村级体制,实行村民自治的意见》,正式在全省农村开展了村级体制改革、建立村民自治制度的工作。自此,云南省才开始真正建立"乡政村治"体制。

根据云南省委、省政府和临沧地委、行署的安排,沧源县被列为全省"改革村级体制,实行村民自治"的试点工作县(区)之一。在试点工作完成的基础上,全县于2000年7月开始进行全面的村级体制改革。整个过程分为两步:第一步,从7月—9月,每个乡镇选取2个村进行试点;第二步,在试点的基础上,从9月—10月,全县铺开并完成改革工作。[16]

二、乡级政权的权力结构

我国的基本政治制度和政党制度决定了中国共产党是唯一合法的领导党和执政党,在整个国家政治生活中居于领导核心地位。在乡镇一级,党委建有完备的组织机构,是乡镇政权体系中一个最重要的有机组成部分,与乡镇人大和政府构成了乡镇政权完整体系。因此,在此所谓的"乡级政权体系"实际上指的是乡党委、人大和政府组成的政权体系。下面结合H乡的实际分析乡级政权的权力结构。沧源县"乡政村治"体制建立后,乡镇政权机构进行过两次大的改革。第一次是2002年—2003年实行人员分流,精简机构的改革;第二次是2006年以后,作为农村综合改革的重要内容之一而进行的改革。就目前来看,沧源县的改革还处于初级阶段,主要体现在精简乡领导职数,实行乡党委、人大、政府领导交叉任职或兼职;重新设置党政机关的内设机构,适度整合事业单位。

（一）乡党委领导权力趋于集中和扩大

经过 2006 年以来的机构改革，H 乡形成了党委书记、乡长"一肩挑"和党委、政府领导成员交叉任职的权力结构。这一权力结构体现出乡党委领导权的集中化和扩大化特点。

1. 乡党委系统的三级组织架构

乡党委系统的组织架构包括三个层级，即乡党委会、乡党委会下设的职能机构和乡党委的下级组织。

乡党委会由 9 人组成，即党委书记（兼乡长）1 人、党委副书记 2 人（1 名兼常务副乡长、1 名专职副书记）、党委委员 6 人（1 名人大主席、1 名纪委书记、3 名副乡长、1 名边防派出所所长）。在乡党委会下，设置了乡纪委、武装部、乡妇联、共青团团委、宣传、组织、统战等设职能机构。乡党委的下级党组织机构主要包括 12 个党（总）支部，其中，机关党支部 4 个，村党总支 1 个，村党支部 5 个，产业协会党支部 2 个；党支部下设 32 个党小组。全乡党员 395 名，占全乡总人口的 4%。女党员 37 名，占党员总数的 9%；农村党员 301 名，占党员总数的 76%；党员年龄最大的 82 岁，最小的 21 岁，平均年龄 47 岁；60 岁以上党员 77 人，占党员的 19%；70 岁以上的贫困党员 16 名，占党员总数 4%；文化程度大专以上 68 人，占党员总数 17%；高中、中专 40 人，占党员总数 10%；初中以下 287 人，占党员总数 73%。[17]

2. 乡党委和党委书记领导权力趋向集中

实行党委书记和乡长"一肩挑"，党政交叉任职以后，一方面在一定程度上消除了书记、乡长分设情况下产生的"职"分而"权"难分的矛盾，简化了程序，有利于协调工作、提高办事效率；另一方面形成了乡党委和书记权力集中化的特点。其一，重大事项的决策权更加集中于乡党委。在过去尚未实行党政全面交叉任职的情况下,H乡的决策权主要通过党政联席会议体现。参加党政联席会议的人员一般包括党委委员和非党委委员的副乡长。党政联席会议主要讨论决定涉及全乡经济建设和社会发展的重大问题,是乡级政权内部最高决策会议。实行党政交叉任职后,由于乡政府领导成员都成了党委成员,只要召开党委会就行了。这样,决策权完全集中于党委会。如果在决策中党政领导之间产生意见分歧时,乡党委会就可以用党内组织原则来统一党政领导的思想,从而形成集中统一的意志。

其二,"一肩挑"的党委书记手中集中了更多的权力。首先,乡党委书记拥有全权领导和管理全乡行政事务的权力。"一肩挑"后,乡党委书记拥有了乡长全面管理本乡经济、文化和社会事务的职权。据笔者采访的几位"一肩挑"的乡镇党委书记说,他们既要把精力放在谋大局、议大事上,又要全力以赴领导和管理全乡的各项事务,而承担更多的工作和责任不是党务工作,而是经济社会管理工作。一年当中,他们有70%的时间用于招商引资、申请项目资金、发展产业、解决各种社会矛盾和纠纷。其次,乡党委书记掌管着全乡的人事权。乡党委书记对乡党委委员、人大主席和乡人民政府的乡长、副乡长等的人选,有着重要的建议权和话语权。在大多数情况下,出于对乡党委书记的尊重和信任,为了赢得乡级领导人对本级各项工作的支持、配合,上级党委对于乡级领导人的人选问题,往往会听取乡党委书记的意见;对乡党委、政府内设的"五办一部"和乡级直属事业单位的主要领导人的任免,党委书记拥有主导性的权力;对于县级派出机构领导人的任免,则拥有重要的建议权;对于全乡党政机关的工作人员工作分配等拥有决定权。再次,乡党委书记拥有财政权。财政权是乡政府权力运作的核心资源。按照乡镇长负责制的规定,乡镇财政实行乡镇长一支笔签批的制度。在书记、乡长分设的情况下,乡长拥有签批的权力,书记则没有这一权力。但实际上,乡长只是行使形式上的一支笔签批权力,实际的支配权掌握在书记手中。实行"一肩挑"后,乡党委书记以乡长的名义行使一支笔的审批权就成了顺理成章的事情。这不仅解决了原来乡长在财政权上责权不一致的问题,而且消除了原来书记和乡长之间在财政权行使上可能产生的矛盾;更主要的是,这使得乡党委书记拥有了全权行使财政权的权力,从而强化了党委书记的权力。

3. 乡党委领导权进一步扩大

实行党政全面交叉任职,乡政府的乡长和所有副乡长全部进入党委会,实际上是以党委会的组织形式将政府权力整合到党委权力中。由于政治体制赋予乡镇党委领导核心这一权威性资源,[18]从而使得这种权力整合在实际上扩大了乡党委会的决策权和管理权。首先,扩大了乡党委的决策权限。由于党委委员包括了所有的政府领导成员,因而,凡是涉及党政方面的重大事项都是党委会讨论决定的范围,不仅包括全乡经济、政治、文化和社会等方面的重大事项的宏观性的规划决策,而且包括行政事务中的决策,如阶段性的中心工作、产业发展的具体布局、项目资金的具体配置。其次,扩大了乡党委的行政管理权。党政交叉任职将政府领导成员整合进党委会中,实际上也就将政府的管理职能整合进党委会中。这样,党委会通过身兼乡长和副乡长的党委委员的职责分工,在实际上拥有了对本乡的经济、政治、文化、生态、教育、卫生、社会保障、社会治安、民族团结等各种社会事务的管理职权。H乡9名党委委员的职责分工中有一个显著的特点,就是每个党委委员都肩负有经济社会管理的职权,党委和政府在经济社会管理方面体现出一体化运作的特点,正如乡干部们所说的"分工不分家"。

(二)乡人大法定权力有所边缘和虚置

地方组织法规定乡镇人大的主要职权概括起来是"民主选举、民主决策、民主监督",即拥有决策权、人事权和监督权。但是,就目前 H 乡党委、人大和政府间的权力配置状况看,乡人大的职权在一定程度上被边缘化和虚置化了。

1. 乡级人民代表大会的组成

人民代表大会制度是我国的根本政治制度,而乡镇人民代表大会作为其重要组成部分和基础,既是基层国家权力机关,又是人民群众参与农村基层政治、行使当家作主权利的主要形式。一般来讲,乡镇人民代表大会的组织机构由乡人民代表大会、乡人大主席团和乡人大主席组成。

H 乡人民代表大会由 49 名代表组成,分别来自 32 个乡级人大代表选区。按照法律规定,乡人民代表由全乡选民直接选举产生。乡人民代表大会换届选举和每年一次的乡人代会的召开均按照法律规定进行。乡人大主席团成员由 7 人组成。如 2008 年第八届乡人民代表大会选举产生的主席团成员由党委书记、常务副乡长、党委专职副书记、纪委书记、人大秘书、党政综合办干事、一般干事等 7 人组成。由于乡人大主席团不是一个常设性的专门工作机构,而乡级人大闭会期间还有一些经常性、事务性的事情需要办理。因而,H 乡人大根据《中华人民共和国地方各级人民代表大会和地方各级人民政府组织法》设立了专职的"常务主席",以便在人大闭会期间主持主席团的一些日常性事务。目前,H 乡人大设常务主席 1 人,专职人大秘书 1 人。

2. 乡人大权力在乡党委的包办和挤压下被边缘化

从法理上讲,乡人大拥有决策权,享有在职权范围内通过和发布决议的权力;根据国家计划,决定本行政区域内的经济、文化事业和公共事业的建设计划等职权。而乡党委在此方面的领导权,应该体现为党委就本乡的经济社会发展的重大问题提出重大的决策建议,然后经过法定程序,在乡人民代表大会上进行审议通过,变为乡政权法定的政策法规。在笔者看来,这一关系的体现,关键在于一个"变"字。区区一个变字,实际上有着丰富的内涵。要实现真正的"变",一是党委向人大提出的建议必须具有广泛的民意基础。在提出建议之前,党委应该充分发挥其利益表达和利益综合的作用,通过民主参与的渠道,广泛听取村民的意见和建议,在此基础上以一定的方式进行利益综合,转化为一致或较为一致的政策选择,然后在乡人大上提出决策建议。但据了解,乡党委的决策建议在形成过程中并没有这一过程,主要还是由乡党委根据上级党委政府的部署提出决策;二是人代会必须有充分的时间对党委的建议进行讨论、论证,甚至博弈,从而逐步达成共识,形成代表大多数人利益的决策。但是,由于乡人大每年只召开一次会议,而每次会议时间短促,一般就是 2 天时间,真正审议党委的决策建议和各项报告的时间就只有半天,代表们没有充分的时间对各项报告和党委的决策建议深思熟虑、全面商讨和建言献策;三是人大代表必须具备相应的综合素质。由于来自于村社的一部分人大代表的综合素质普遍偏低,而且大多数有"等靠要"的思想,在审议过程中难以提出全面、切实的建议,大多数代表仅只是履行举手通过的权利。因而,乡人大审议决定的全乡经济社会发展规划、重大事项,实际上都是事先经过乡党委讨论决定的,乡人大只不过是按照法律规定走一个程序而已。人代会在很大程度上变成了听政,而不是议政。

宪法、地方各级人民代表大会和地方各级人民政府组织法规定,乡镇人民代表大会有权选举本级人民代表大会的主席、副主席,有权选举乡长、副乡长、镇长、副镇长;同时有权罢免本级人民政府的组成人员。党委的组织领导作用主要体现为党管干部的原则,即培养和发现德才兼备的人才,向人大推荐,但不能以推荐权代替人大的决定权。然而,实际上乡镇政府领导成员的任免调配权集中在上级党委及其组织部门以及乡镇党委。据 H 乡人大主席讲,在乡人大正式换届选举前,县委及组织部都要先征求乡党委书记对候选人的意见。一般情况下,县委会采纳党委书记的意见。在乡人大召开期间,乡党委还通过领导乡人大代表组成的临时党支部统一党员思想,尽量保证党委意图的实现。因此,乡人民代表大会召开的作用主要是以选举形式对人选加以确认。至于乡人大主席,表面上由人代会选举产生,但实际上是由组织部门"安排"退居"二线"的老同志担任。

3. 乡人大对政府的权力被虚置化

按照宪法和地方组织法的规定,乡镇人民代表大会是本地区基层政权的权力机关,乡镇人民政府是乡镇人民代表大会的执行机关,二者之间的关系是:在权力授受关系上,人大授予乡政府正副乡长法定权力,乡长、副乡长必须对人大负责;在决策与执行的关系上,人大作出决策后由政府加以执行;在监督与被监督的关系上,人大对乡政府行使监督权,乡政府则接受人大的监督。但是,现实中,乡人大对乡政府的三种权力都不同程度地虚置化了。首先,由于乡长、副乡长候选人主要是由上级党委和乡党委向乡人大主席团推荐的候选人,正式候选人的确认主要反映的是上级党委和乡党委的意志,人大只是走一个形式上的程序。因此,乡政府主要是对党委负责而不是对人大负责,人大对于乡政府来讲并没有充分的权威性。

其次,现实中全乡的决策权在乡党委,乡人民代表大会只是走一个法律程序;加之乡长同时又是乡党委书记,乡长可以以党委书记的名义影响人大决定的事项。因此,乡党委对决策权的掌控,导致乡人大决策权的边缘化。而这种边缘化又使得乡人大和乡政府之间决策与执行的关系发生了变异和错位,由人大决策,政府执行,变成了党委决策,政府执行,乡人大的决策权被虚置一旁。

再次,乡人大对乡政府的监督作用非常有限。其一,由于实行"一肩挑"和交叉任职,乡党委书记兼乡长,人大主席只是党委委员,这使人大在监督政府时难避监督党委之嫌。因为法律制度没有规定人大有监督党委的权力。因此,人大对政府难以把握好监督的分寸,从而削弱了人大对政府的监督。其二,乡人大对乡政府缺乏经常性、实效性的监督。乡人代会一年只召开一次会议,而且会期只有2天。在每次会议间隔时间长,而会期非常短暂的情况下,代表们对乡政府各项工作的知情权非常有限,无法做到对乡政府经常性、有效性的监督。其三,人大主席团的监督作用受到限制。由于主席团不是一个常设性的工作机构,除了在每年一次的人代会上主席团行使例行的监督权外,闭会期间经常性的监督作用非常有限。一般就是每年召开1—2次主席团会议,组织1—2次专题调研。监督作用主要限于听听汇报,提提意见。至于质询、特定问题调查、罢免、个案监督、撤职等具有威慑力的刚性监督手段极少体现。另外,乡人大主席团成员中党政主要领导占了相当大的比例,[19]主席团无法做到对乡政府领导的监督。其四,人大常务主席地位、职责的局限性制约了监督作用。因为乡长同时又是党委书记,如果人大主席监督乡长的话,容易产生人大主席监督党委书记之嫌。因此,人大主席无法对乡长实行监督。再者,人大主席名义上地位不低,却没有实权。乡人大每次活动所需的经费,都需由人大主席找乡长审批。这种受制于人的境地使人大主席无法行使监督权。此外,人大主席作为党委委员之一,按照党委委员分工,还分管了一部分行政管理工作,如扶贫、世行贷款项目。由于深陷政府工作,人大主席无法以一个裁判员的眼光来客观公正地评判政府工作,难以起到监督作用。

(三)乡政府权力运作的一体化与权责的失衡

在"乡政村治"体制下,乡级人民政府作为最基层的国家行政机关,直接面向农村地区,是国家和政府联系广大农村人民群众的桥梁和纽带,是整个国家行政管理的基础,在国家行政组织体系中占有极为重要的地位,在对农村的经济、政治、文化和社管理方面肩负着重要的职责。通过交叉任职、精简机构的体制改革后,H乡乡政府的权力运行得到了一定的改善,但仍呈现一体化和权责失衡的特点。

1.乡政府的机构设置

乡政府机构大致可分为乡政府领导班子、乡政府直属办公机构和县乡政府双重领导的机构。

乡政府领导班子由乡长(乡党委书记兼)、常务副乡长(由党委副书记兼)和3名副乡长(由3名党委委员兼)组成。其中,乡长主持乡政府全面工作,具体分管财政、人事工作,主抓橡胶产业;常务副乡长主持政府常务工作,具体分管民政、扶贫招商引资、村镇建设、教育,主抓竹子产业;1名副乡长分管外事、民族宗教、乡镇企业、社会治安综合治理、安全生产、司法,主抓矿电产业,协助乡长抓橡胶产业;另一名副乡长(女),负责农村社会事业发展办公室,具体分管文化、卫生、人口与计划生育、旅游、科技、环保、畜牧、食品安全、社保、残联,主抓畜牧产业;还有一名副乡长负责农村事务办公室,具体分管农业、林业、水利、统计、交通工作,主抓木薯、核桃产业。

乡政府与乡党委共同设有"五办一部"的直属办公机构,即党政综合办公室,主要负责办理乡党委、人大、政府的日常内部事务;纪检审计办公室负责纪检监察、信访、执法、行风、审计、案审、宣教、党风等工作;组织人事宣传办公室,负责组织、人事、宣传和群团组织的日常工作;农村发展办公室,负责农林水、扶贫、交通、招商引资、工业等工作;社会事业办公室,负责科教文卫体、人口和计划生育、民政、安全生产等工作。

县乡双重领导的机构分为两类,一类是县级派驻乡里的行政、事业单位。行政机构如司法所、财政所、劳动和社会保障所和边防派出所等;事业单位如卫生院和中心学校。这些部门的干部任免调配、职工工资待遇、办公经费、人员编制以及业务指导等都由县级部门主管负责。但是,在干部的调配、考核、奖惩、任免问题上,乡党委、政府有一定的发言权。这些机构的党群关系则以块为主,实行属地管理。一类是乡直属事业单位,包括即林业站、农业综合服务中心、水土保持站、畜牧兽医站、文体服务中心、和法律服务所。这些站所的干部任免调配、职工工资待遇、办公经费、人员编制等都由乡政府主管,但是业务、项目资金、物资设备由县级主管部门负责。

2.乡政府权力运作的党政一体化

通过"一肩挑"和交叉任职的机构改革,H乡党政之间权力配置呈现出"党政合一"的格局。从乡政府角度看,其权力运作呈现出明显的党政一体化的特点。乡党委9名委员中,都分管不同的行政工作,所谓"分工不分家"。由于几位副乡长同时又是党委委员,因而,他们在指挥和控制这些机构运作时,不仅代表乡政府,同时也代表乡党委。这样,在实际的权力运作中,乡党委通过交叉任职,实际掌握了对全乡经济社会的管理职权,与政府形成了"同下一盘棋"的一体化运作模式。党政一体化运作在一定程度上消除了决策与执行中可能产生的矛盾和扯皮现象,提高了办事效率;但也产生了党政职能不分的问题。其结果,一方面使得乡政府权力运行更难以受到乡人大的有效监督。因为,从法理上讲,乡人大只有监督政府的职责,而没有监督党委的职责。而党政一体化运作后,如果乡人大要监督政府的话,就有监督党委之嫌。因而,乡人大无法行使有效的监督。另一方面使得乡政府权力运作缺乏充分的法理和民意的合法性。从法理上讲,乡政府权力的合法性源自于乡人大的民主授权,是乡人大的执行机关和乡行政管理的唯一主体和具体实施者,其权力运作必须对乡人大负责。但是,在目前实行"一肩挑"和交叉任职所形成的党委权力高度集中的情况下,乡政府更趋于对乡党委负责而不是对乡人大负责;特别是在"一肩挑"和交叉任职缺乏自下而上的授权机制和充分的监督机制的情况下,这种权力关系容易产生一言堂、个人专断和唯上不唯实的现象,从而导致乡政府权力运行中科学性、规范性和民主性的缺失。

3. 县乡条块分割下乡政府职权的失衡

乡镇政府是我国最基层的行政机关,承担着法律规定的各项职责:执行人大的决议和上级政府的决定、命令;办理上级政府交办的其他事项;执行本乡镇内的经济和社会发展计划、预算;管理本乡镇内的经济、教育、科学、文化、卫生、体育和财政、民政、社会综合治理、计划生育等行政工作;制定行政措施,发布决定和命令;

保护社会主义的全民所有的财产和劳动群众集体所有的财产,保护公民个人所有的合法财产,维护社会秩序,保障公民的人身权利、民主权利和其他权利;保护各种经济组织的合法权益等各项权利等。可以说,乡镇政府是一个全责政府。但是,现实中的乡镇政府又是一个责大权小的基层政府,其许多权力被县级政府自上而下地加以分割。

2006年,沧源县加快了对延伸到乡镇的县级社会管理和服务机构的改革,试图通过将一些站所的职权下放到乡镇一级,增强乡镇政府的管理和服务职能。由此H乡设立了6个乡直属事业单位,即林业站、农业综合服务中心、计划生育服务站、水土保持站、畜牧兽医站、文体服务中心,分属于乡政府下的农村发展办公室社会事业办公室。这在一定程度上加强了乡政府"块块"的职权,从而有利于增强乡政府的治理能力。但是,县乡间条块分割造成的乡政府责大权小的问题并未得到根本解决。

尽管上述6个乡直属事业单位的干部任免调配、职工工资待遇、办公经费、人员编制等都由乡政府主管,但是其业务、项目资金、物资设备仍由县级主管部门负责。乡政府仍然缺乏对其财和物的支配权,责大权小的问题仍然影响乡政府的治理能力。而对于县级派驻乡里的行政单位(司法所、财政所、劳动和社会保障所和边防派出所)和事业单位(卫生院和中心学校),县乡权力分割和责大权小的问题更为明显。从条块关系看,这一类机构属于条块结合,以条为主的机构,因而,县级政府拥有更大的职权,应该承担更大的责任。但现实是,作为全责政府的乡政府同样要承担这些机构的职责,而且一旦出事,则要首当其冲承担直接的责任。但是,由于这些部门的干部任免调配、职工工资待遇、办公经费、人员编制以及业务指导等都由县级部门主管负责,乡政府没有支配人、财、物的权力。这种悬殊的责大权小状况更影响了乡政府的治理能力。

总之,2006年以来,H乡通过实行"一肩挑"、交叉任职、精简机构的改革,对党委、人大、政府的权力关系进行了调整和配置。在一定程度上增强了党的领导权力,提高了行政效率,减少工作摩擦。但是,由于这些改革仍处于初始阶段,许多相应的制度、机制还不完备,尤其是自下而上的授权机制和监督机制尚未建立或完善,从而产生了诸如乡党委和党委书记权力过于集中;乡人大权力被边缘和虚置;乡政府权责失衡;缺乏对权力的有效监督等问题。这些问题的解决有待于乡镇体制改革的进一步推进。

三、乡级政权对乡村社会的现实功能

乡级政权作为国家政权体系在广大乡村基层的组织机构,直接面对广大乡村社会,其权力运作与乡村社会发生着直接的关系,权力运作的实际功效对乡村社会产生着深刻的影响。笔者对H乡的调查显示,乡级政权对乡村社会主要具有领导功能、管理功能、服务功能和沟通功能,但这些功能的发挥仍然存在着一定的局限性。

(一)乡党委的全面领导功能

我国的政党制度决定中国共产党是唯一合法的领导党和执政党。《中华人民共和国宪法》和《中国共产党党章》都明确规定,中国共产党是唯一合法的领导党和执政党。在国家政权结构体系中,中国共产党作为核心结构,内在地与国家权力结构有机地结合在一起,表现为特殊的结构性存在。这一地位决定了中国共产党对国家和社会具有自上而下的领导功能。为了充分保证党的领导地位和功能,中国共产党从中央到地方各级和各基层单位,都建立了党的各级组织。在乡镇一级,乡镇党的委员会(以下简称乡镇党委)是党在农村的基层组织,是党在农村全部工作和战斗力的基础和各种组织和各项工作的领导核心。它在政治、思想和组织等方面对乡村社会起着根本的领导作用。从 H 乡的具体情况来看,乡党委在政治、思想和组织等方面对乡村社会起着根本领导作用的同时,也存在着一定的包办性和命令性。

1. 乡党委通过决策权实现对乡村社会的政治领导

政治领导,就是政治方向、政治原则、重大决策的领导,集中体现在党的路线、方针、政策方面。决策权是领导权最显著的体现,对政治生活和社会生活都产生决定性的作用。在 H 乡,这一权力主要体现在乡党委对全乡经济社会发展思路和规划的决策权上。一般来讲,每届乡党委上任后都要根据县委提出的全县经济社会发展思路而提出本乡的发展思路。这一思路对于 H 乡各村具有主导意义。各村"村两委"必须根据乡党委的发展思路,并结合本村实际提出本村发展思路。为了保证各村所提发展思路符合全乡发展思路的要求;同时也由于大多数村支书的文化水平限制,各村的发展思路实际上是在乡驻村工作组和新农村指导员的具体指导下制定的。

作为全乡经济社会发展的中长期规划,也是由乡党委主导决策的。例如,H 乡党委根据全县社会主义新农村建设中长期规划(2007 年—2020 年),制定出本乡的规划,然后要求各村据此制定本村的中长期规划。各村根据乡上的规划,按照统一的规划格式范本制定出本村的规划,然后,各小组又据此制定本小组的规划。发展规划涵盖了经济、政治、文化、社会和生态等诸方面的内容,有总体目标、阶段性目标和具体数据。规划制定后必须交由县乡政府备案,以便今后督促检查。

由此可见,乡党委在对乡村的政治领导方面体现出一定的包办性。相比之下,乡村社会的自主性、主动性则显得非常有限。

2、乡党委通过宣传教育实现对乡村社会的思想领导

政治思想宣传是中国共产党的一大特色和政治优势。通过各种形式的政治思想宣传,中国共产党以马克思主义意识形态的价值观和信仰去教育、引导和说服广大党员和民众,提高思想政治素质,塑造他们的政治人格,赢得他们的对党的领导的广泛认同和积极支持,取得他们的自愿服从和主动配合,从而实现有效的领导。在少数民族乡村地区,乡镇党委领导的政治思想宣传教育对于培养少数民族党员、提高少数民族党员的政治意识,增强少数民族村社基层党组织的纯洁性、凝聚力和战斗力,加强广大少数民族村民对党和国家对党和国家的感情和认同,从而最大限度地动员、组织他们积极支持和参与贯彻党和国家的路线方针政策起到独特的作用。

在 H 乡,乡党委对乡村社会进行宣传教育主要体现在三个方面:一是按照党中央的统一部署开展党的思想理论宣传教育活动。如开展"三个代表"重要思想教育活动,学习贯彻科学发展观活动等。为了保证活动的顺利开展,乡党委成立了以党委书记任组长、党委副书记任副组长,其他党委成员、各村党支部书记等任成员的活动领导小组。根据上级党委的部署,制定了全乡学习宣传教育活动的实施方案,并以党委文件形式下发到每个支部,要求各村党支部根据实施方案并结合本村实际情况制定出各自的实施方案。在此基础上召开由各支部成员参加的动员大会,进行全面部署。为了保证活动的顺利有效地开展,在活动领导小组的领导下,每个村的驻村工作组对各支部每个阶段的活动进行具体指导、督促检查。在活动中,在活动领导小组的具体领导下,开展了多种形式的宣传教育活动。如举办培训班,召集各党支部书记、副书记进行集中培训;党委委员下到各挂钩村对全体党员进行专题授课辅导;到各村要请村社头人等传统权威参加座谈会,向他们宣传活动的目的意义、征求意见,并就他们提出的问题、想法进行交流、探讨;各村支部在驻村工作组的帮助、指导下,利用各种媒体进行宣传,如组织党员观看宣教电视片,在村中显要位置张贴宣传标语,刊出黑板报等,营造浓厚的舆论宣传氛围。

二是在宣传、贯彻党和国家的路线方针政策中宣传、灌输党的意识形态。执政党要行使公共权力,就必须提出自己的一系列施政主张,形成一系列的路线方针政策,而这些路线方针政策都是在党的意识形态的指导下确定的。因此,在宣传贯彻党和国家的路线方针政策的过程中,党的意识形态也就得到了宣传。乡党委作为农村基层党组织,其主要的职责之一就是向乡村宣传贯彻党和国家的路线方针政策,特别是有关于"三农"问题的重大战略决策,如农业税费改革的政策、社会主义新农村建设的重大战略、林权制度改革、新型农村合作医疗等的政策等。H乡党委比较重视对党的路线方针政策的宣传教育,在宣传教育过程中,一般采取两种方式,一是先召集各村党支部书记、副书记到乡上进行传达,再由他们回去后进行宣传贯彻;二是派驻村工作组分赴各村召集村、组干部和村民代表进行学习宣传。在宣传贯彻方针政策的过程中,乡党委将党的意识形态贯穿其中,并将其与涉及广大农民群众切身利益的方针政策结合起来加以宣传,较为有效地达到宣传灌输党的意识形态的目的。

三是通过对党的基础知识的宣传和党性教育等,宣传、灌输党的意识形态。乡镇党委担负着加强村级党组织建设重任。在村级党组织建设中,首要的和关键的环节是思想建设。在思想建设方面,除了上述有计划和有步骤的思想理论教育之外,H乡党委还采取领导干部定期讲党课、村干部培训班和党建推进会等形式。按照规定,乡党委委员必须结合党和国家提出的思想、新精神、新政策以及中心工作,每年到挂钩村为党员至少讲两次党课。为了增强村干部的党性修养、政治意识,提高村干部的政治技能,H乡在每次村两委换届选举后都要举办村干部培训班。在培训班上,乡党委成员围绕党的历史知识、党章的内容和意义、如何加强党性修养、如何当好支部书记和村委会主任等问题,进行专题讲授。为了加强党员发展工作,乡党委每年搞一次党建推进会。由党委委员到挂钩村领导村党支部召开党建推进会,召集入党积极分子参加。在会上,党委委员对党的历史知识、支部如何制定培养计划、如何写入党志愿书和思想汇报、在预备期如何考察党员等问题作专题报告。

3. 乡党委通过组织资源实现对乡村社会的组织领导

组织资源是中国共产党实现全面领导的重要保障。乡镇党委的核心领导地位是由一定的组织机构加以保障而得以实现的。H乡党委对乡村社会的组织领导主要体现在以下几个方面。其一,乡党委对村党组织的领导。党章对党的各级组织之间的关系是这样规定的:党的下级组织必须坚决执行上级组织的决定。下级组织如果认为上级组织的决定不符合本地区、本部门的实际情况,可以请求改变;如果上级组织坚持原决定,下级组织必须执行,并不得公开发表不同意见,但有权向上一级组织报告。因此,乡党委与村党组织之间是一种直接的领导与被领导关系。乡党委通过直接领导村党组织而实现其在组织结构方面的领导功能。H乡党委之下建有12个党组织,其中有6个村党支部(总支)。乡党委通过直接领导村党组织而实现对乡村的领导。

其二，乡党委对村民自治组织的领导。按照《宪法》、《党章》和《村组法》等国家法律制度和党内法规的文本制度规定，乡镇党委与村民自治组织之间不发生直接的领导与被领导关系。因为二者属于不同性质的政治组织。乡镇党委是党的基层组织，村民自治组织属于农村的自治性群众组织，它们在权力授受关系、组织机构、权力运作等方面都没有直接的关系。但是，由于实行村党支部书记和村委会主任"一肩挑"以及村党支部和村委会大部分成员的交叉任职，形成了"村两委"权力结构的高度融合，不仅凸显了村党支部在村社中的领导地位，而且决定了乡党委与村民委员会之间的领导与被领导关系。决定了乡党委与村民委员会之间的存在着直接领导与被领导关系。因为村委会的主要领导和大部分成员同时又是党支部的主要领导和大部分成员。因此，乡党委对村党支部的领导实际上就是对村民委员会的领导。在实际的运作过程中，二者之间体现了"命令——服从"的科层制的基本特征。[20]

其三，乡党委对村干部的领导、管理与监督。一是乡党委对村民委员会选举的领导权。每次村级换届选举前，乡党委都要制定全乡换届选举的实施方案，对选举的目的、要求、原则、步骤、程序等做出明确的规定，甚至是具体细化的规定。如第三次换届选举时，对"一肩挑"和交叉任职的比例都作出具体规定。乡党委制定的实施方案对每个村的选举都具有很强的约束性，各村的实施方案必须以此为基础加以制定。选举中的每个环节，乡上要派出工作组驻村进行具体的领导、指导和监督。二是对村干部的管理和监督权。每年，乡党委对村干部进行考核。考核结果与村干部的津补贴直接挂钩。沧源县村干部的津补贴由县财政拨到乡财政所，由乡财政所按月发放。但乡财政所不是足额发放，而是扣留

30%作为年终考核的奖惩之用。如果被评为优秀,除了返还被扣留部分外,乡上还要额外奖励300元;如果被评为合格,则返还被扣留的补贴;如果被评为不合格,不仅不返还被扣留的补贴,还会受到批评;如果问题严重,乡党委还可能撤销其党内职务,并建议村民代表会议对其进行改选。

其四,乡党委对村妇女组织和共青团的领导。妇女组织和共青团组织名义上属于群众性的政治组织,实际上属于党委系统的组成部分,接受党委领导。因此,H乡妇联和乡共青团团委是乡党委权力系统的一部分,直接接受乡党委的领导。乡妇联和乡团委之下设有村妇委会和村团支部,接受乡妇联和乡团委的领导。村妇委会和村团支部的主要领导在经过村妇女代表大会和共青团代表大会选举产生后要得到乡妇联和乡共青团委的认可和备案;村妇委会和村团支部每年的主要工作、主要任务和主要活动必须服从乡妇联和乡团委的统一部署;村妇女主任和副主任、村团支部书记和副书记每年要接受乡妇联和乡团委的考核。

(二)乡政府管理功能中的干预性、全能性与残缺性

在我国现行政治体制下,乡镇政府作为国家政权体系中最基层的国家行政机关,担负着执行本行政区域内的经济和社会发展计划、预算,管理本行政区域内的经济、教育、科学、文化、卫生、体育和财政、公安、司法行政、计划生育等行政工作。在全面免除农业税之前,在压力型体制[21]和征收农业税费的巨大压力之下,乡镇政府成为了以资源汲取为目标的"管治型"政府,在对乡村经济社会的管理上体现出行政干预与全能政府的特征。全面取消农业税费在很大程度上消除了税费时代作为资源汲取型政权的乡镇政府对乡村社会强制性的管治功能,为乡镇政府从管治型政府向服务

型政府的转变提供了有利的制度环境,从而在一定程度上淡化了行政干预与全能政府的管理特征。但是,由于受到压力型体制、乡村自然与社会生态环境等诸因素的影响,现实中乡镇政府管治型政府的特征并未完全消除。在 H 乡,这一特征主要体现在两个方面。

1. 乡政府在一定程度上仍然以行政管理手段管理经济

沧源县是一个典型的山区农业县,属于国家级贫困县,经济社会发展在全临沧市较为滞后,特别是农业产业结构单一、发展不平衡、分布不合理、生产规模小等现象非常普遍,成为阻碍经济社会发展的主要障碍。因而,发展农业产业成了全县和各乡镇工作的重中之重,县乡党委政府的主要精力和资源都用在这方面。每年,县上要求各乡镇提出本年度产业发展的数量、规模、进度等具体指标,并以此作为年终考核的一项内容。为了完成或超额完成任务,各乡镇又将指标分解到各村,要求各村完成任务。

为了保证产业发展的任务落到实处,乡党委实行分工负责制。党委委员除了分管的党政工作外,都明确承担负责某几项产业发展的职责。乡上还按照"一个产业,一个领导小组"的工作要求,成立了以乡长为组长,副乡长为副组长,挂钩村的副科级领导和工作队为成员的产业发展领导小组。由各党委委员任组长的驻村工作组的主要任务也是完成各村的产业发展任务。从备耕、耕种、中耕管理到收获,每个环节工作组都要下到村上,进行动员、检查、督促,甚至还要直接到地里与村民一起干。因此,乡党委、政府的领导和各部门的大部分精力时间都用在发展产业任务上。笔者在沧源县调查的几个乡镇都遇到同样的情形:农忙季节,除了专职副书记、党政办公室秘书和民政干事等少数工作人员驻守在乡镇外,其他党委委员和部门的工作人员几乎都下到村上,整个乡镇政府一片寂静。据乡党委政府领导们讲,他们大部分时间都是往村上跑,到村上的大部分时间都是为了经济工作。

在边疆少数民族地区,在广大农民既无资金,又无技术,缺乏自主发展能力的情况下,以乡政府为主导发展产业确实有较大的积极作用。近几年,H乡的产业发展取得了前所未有的成效,大多数村民对此是比较认同的。但是,如果采取过分的包办和干预的方式,则会抑制村民的自主发展的需求和能力,使得村民过分依赖政府,普遍产生"等靠要"的思想。

2. 社会管理方面体现了全能政府和残缺政府的特征

处于国家政权体系最末端和与乡村社会交接点的乡镇政府,对上要服从上级政府的命令,完成上级政权下达的任务;下要则要面对乡村社会各种繁杂、具体的社会事务。因此,无论从宪法和地方组织法的制度文本,还是从权力的实际运作来看,乡镇政府都属于"全能型"政府,几乎包揽了所有的社会事务。[22]

随着我国社会主义市场经济体制的建立,建设社会主义新农村战略的推进,少数民族地区的乡镇人民政府承担的农村经济发展和社会文化建设任务日渐繁重,乡村社会需要管理的社会事务、解决的社会矛盾也不断增加。每年,沧源县党委政府要与乡党委政府签订各项目标管理责任书,包括社会治安综合治理、计划生育、安全生产、宗教工作、民族团结、安全生产、退耕还林、农产品质量安全、党建工作、党风廉政建设等各方面的内容。责任书对乡领导干部有着巨大的约束力,其中的一些责任书,如计划生育、社会治安、安全生产等属于一票否决制,具有刚性约束力。责任书一旦签订,乡党委政府就必须担负起责任,每年年末据此向县委县政府作述职报告,并接受县委县政府的考核。为了完成各项职责任务,乡党委政府又与各村两委签订相应的责任书,并据此对村干部进行考核。

此外,由于受到自然、社会生态环境条件以及村民自治组织自身能力等因素的制约,村民自治组织根本没有能力完成大量的自上而下的行政任务和乡村社会各项事务,只能依靠乡政府的资源和力量。如计划生育问题。为了动员地处偏远、交通不便的怀孕妇女到乡卫生院做流产手术,乡上要派车去接送,并为她们提供一些营养费。为了维护村社的社会治安,创建平安乡镇,乡上要求各村成立联防队。但由于各村缺乏相应的资金保证,联防队只能由乡上提供资金和物资。其他如安全生产、自然灾害和动植物疫情等事故,都必须依靠乡政府出动人力、物力、财力才能解决。甚至包括吃菌中毒或妇女生小孩难产等紧急的事情,由于地处偏远,交通不便,村委会和村民无力解决,也常常求助于乡政府。

乡政府一方面是一个全能政府,另一方面却又是一个残缺的政府,是一个责大权小能弱的政府。乡政府承担着管理各种行政、社会事务的责任,但缺乏与之应的财政权、执法权和人事权,因而,对乡村治理的有效功能受到很大的影响。

取消农业税费从根本上减轻了农民的负担,但也致使乡镇财政陷入了困境。为了规范乡镇财政收支、缓解财政困难、巩固农村税费改革成果,国家在全国范围内实行了"乡财县管"的制度。乡财县管确实有利于规范乡镇财政收支、防范财政风险,但却不能解决如何有效加财政收入的问题。在财权不断上收,事权不断下放,而中央和省级财政转移支付力度、补贴数额因国家整体财力有限的情况下,乡镇财政捉襟见肘。H乡每年的财政收入大约20万,而人员工资为130万,完全由县财政拨付,属于典型的补助财政。每年县财政拨付乡上的公务费大约有4万元左右,其中包括每人一年500元的公务费,全乡约3万元,2辆公务车费用1万元。这些费用根本不够维持全乡的正常运转。乡党支部书记向笔者算了一笔账:每年,仅办公所用的油墨、纸张和复印机维修费等就要花费1万左右;每年召开人代会、村干部培训会以及其他会议和活动要花费3万元左右;2辆公务车每年的汽油费、维修费和保险费等要花费8万元左右;每年的接待费至少要花费20万元左右。一年的公务开支30多万元,资金缺口非常大。为此,乡领导们只能各显神通,通过各种渠道向县上、市上领导或职能部门去讨要,或者请辖区内的一些企业支持一些赞助。所以,正如一些研究者所说,乡镇政府由过去的"要钱"、"要粮"变为"跑钱"和借债。[23] H乡共负债400万元,与沧源县负债多达2000万元的乡镇相比只是小巫见大巫。

在乡镇财权上收的同时,事权却并没有相应上收,不仅上级政府的各项行政任务没有减少,而且随着经济社会的发展,乡村社会管理事务日益繁重,特别是教育、医疗卫生、社会治安、安全生产等事务的难度、成本比过去增加,压力比过去加大。乡政府处于"又要马儿跑,又要马儿不吃草"的窘境。随着乡镇机构改革的深入,一些部门相继从乡镇剥离,实行垂直管理,人财物等权力都上收至县,如学校、卫生院、司法所、边防派出所等。但是,由于管理辖区内的教育、卫生和社会治安等仍然是乡政府的职责。因此,尽管乡政府没有财力,仍然要对这些事务负责。例如,"普六"、"普九"中涉及的学校基础设施、校园美化、入学率、巩固率、完学率等问题,乡长和具体分管的副乡长都有直接责任。为此,乡上不仅要抽调人手,还要想办法到处筹集资金,竭尽全力完成达标任务,否则年终考核就不合格,甚至要被问责。此外,对卫生院简陋的基础设施,乡上不能不闻不问,要出资帮助解决;派出所和司法所到村上搞法制宣传活动,处理各种矛盾纠纷、查办案件,乡上都要派车派人甚至出资予以支持、配合。

乡镇机构改革将执法部门上收至县,乡政府没有了执法权,但与之相关的责任、义务并未随之而上收,乡政府仍然承担着相关的监管责任。监管职责与监管的执法权不统一使乡政府面临着责任不断增大,落实责任的行政权力却严重不足的艰难处境。如对矿山安全的监管,乡政府是第一责任人,负有重大的责任,但是,面对村民私自到废弃矿洞检矿、挖矿的行为,乡政府却没有执法权,不能加以处罚,只能进行教育和劝阻,作用非常有限。因此,一段时期内,非法采矿的情况非常严重。再如乡政府承担着维护市场秩序的责任,但由于没有市场监管的执法权,面对市场上扰乱市场的各种违规行为和坑农害农的行为等,乡政府只能是加以教育和严厉制止,却没有处罚权,因而难以完全保证市场的正常秩序。

农村税费改革以来,乡镇政府的机构改革主要围绕撤乡并镇、裁减冗员、人员分流展开。这种"减人减支"的改革在一定程度上减少了乡镇政府的财政支出,但在一定程度上也造成了人手紧张的窘境。由于产业发展任务重,乡政府要管理的各种行政事务和社会事务十分繁杂,对人手的需求量大。H乡编制50人,不能完全满足各种事务对人手的需求,许多岗位实行兼职,如乡团委书记兼任组织干事,人大秘书兼任扶贫干事,党政办秘书兼任宣传干事。即便如此,县党委政府的一些部门还常常为了自己的工作需要,从乡上抽调他们认为工作能力强的工作人员。对此,乡党委政府没有任何自主权,显得非常无奈,只能积极加以支持配合。这种情形笔者在其他乡镇搞调研都普遍看到过。

(三)乡政府服务功能中的代理性与低效性

社会管理与社会服务是现代国家政府职能的重心,而社会服务则是其中核心职能。尤其是在现代文明社会中,政府对社会的控制能力事实上在相当程度上取决于政府公共产品的供给能力及其满足社会公共需求的能力。能否为社会提供充分的公共产品和公共服务,不仅是实行有效的社会管理的基础,也是政治稳定和社会发展的基础。在边疆民族地区,乡镇政府作为最低层次,最接近广大少数民族村民的基层政权,一方面最能够了解少数民族的需求;另一方面,也是国家政权体系为少数民族农村社会提供服务产品的最直接、最便利的机构。因此,乡镇政府在为少数民族乡村社会提供公共服务方面具有不可替代的作用。

取消农业税费改变了乡镇政权原来向乡村汲取资源的功能,为乡镇政府实现从以资源汲取为目标的管治型政府向以资源供给为目标的服务型政府转变提供了前提条件;在此基础上,国家实施了以工补农、以城带乡、城乡统筹、协调发展的社会主义新农村建设发展战略,从中央到地方各级政府加大了对广大农村,特别是少数民族地区的财政转移支付和各种资源的投入的力度,在很大程度上增强了乡政府的公共服务功能,为广大农村和少数民族乡村提供了较过去更多的公共产品。近几年,H乡党委政府在中央和各级政府的扶持下,为乡村社会服务方面做了大量的工作,如实施农田水利基本建设和通路、通水、通电等基础设施建设,进行茅草房改造和易地扶贫搬迁,解决人畜饮水困难,为产业发展提供服务,为教育、卫生、社会救济与保障事业提供服务。但是,总体看来,H乡政府在社会服务方面所起的作用仍然有很大的局限性。

1.乡政府主要发挥着代理服务的功能

取消农业税费和实行"乡财县管"后,乡政府的收入来源基本丧失,尽管通过上级转移支付等一些措施可在一定程度上得到弥补,但不能从根本上解决乡政府财政困境;加之H乡经济社会发展相对滞后,财政收入捉襟见肘,属于典型的吃饭财政。因此,乡政府缺乏为乡村社会提供服务的充足财力,这在很大程度上削弱了乡政府的公共服务能力。例如,H 乡人大第七届六次会议共收到各代表团提出的各项建议、议案 39 件,其中有 29 件议案涉及公共服务,但乡政府有能力解决的只有 5 件。[24]

面对众多公共服务的需求,乡政府自身无力解决,主要是依托从中央到县级各级政府提供的各种资源,实际上发挥着代理服务的功能,其自主式服务仅仅起到一种有限补充的作用。近年来,H乡实施的较大项目主要是依靠上级拨付的项目资金完成的。如通过申请国债易地扶贫搬迁工程项目,争取到 310.8 万元,其中国家补助 273.2 万元,群众自筹 37.6 万元(群众自筹资金主要是以群众投工投料折资的形式进行);通过争取整村推进扶贫开发项目,争取到 125.5 万元,其中中央财政资金补助 75 万元,市级配套资金 20 万元,群众自筹 30.5 万元,为部分村社实施了基础设施、产业建设、公益事业和技能培训四个方面的建设项目;通过争取边境民族贫困乡扶贫项目争取到总投资 212.9755 万元,其中申请国家以工代赈资金 200 万元,地方自筹 12.9755 万元,解决农田基本建设、修建沟渠、人畜饮水等方面的问题;通过争取世行项目,得到总投资 516.9216 万元的贷款,在 5 年时间里(2005 年—2010 年)完成农村基础教育、农村公共卫生卫、农业基础设施、农业产业、社区能力等项目建设。[25]

但是,这种代理服务的功能远远不能满足需要。目前,制约 H乡经济社会发展的最大障碍是基础设施薄弱问题。林权改制以后,农民们享有了大片林地,有些农户一家就享有 200 多亩林地。但是,农民们白白守着绿色银行却换不来金钱。由于山高林远,没有通达的道路,砍伐的树木无法运下山来。一些公司老板到 H 乡来意欲开发山林,但怯于这里交通状况只好作罢。H 乡至今没有一座水库,水利设施主要是各村开挖的几条沟渠,其中一些因年久失修,不能充分发挥功效。因此,全乡有 80% 是雷响田,逢遇干旱就无法耕种。

2. 乡政府公共服务部门的服务效能低下

乡镇机构改革将具有事业单位性质的站所变成了乡镇直属机构,其目的在于从体制结构上增强这些部门的公共服务效能,增强乡镇政府在公共服务上的自主能力。但是,现实中,这些部门的服务功能却非常有限。首先,由于乡政府担负着复杂繁重的经济管理和社会管理任务,但又缺乏人力、财力,因而,为了完成各项任务,乡政府只好动用各站所的人手,将其编入各驻村工作组,参与完成乡政府的各项任务,一旦有什么中心工作任务,产业发展任务,或者是天灾人祸,工作组成员都要下到村组,不完成任务不能回来。因此,各站所的工作人员一年当中有一半的时间是在做分外的事情。在此情况下,乡政府下属的各站所不仅承担着各自分内的工作职责,还要完成乡政府分派的各项经济、行政管理事务。这势必影响各站所的服务功能。

其次,县乡政府缺乏充足的财力来支撑这些站所的服务功能。这些站所划为乡政府直属机构以后,乡政府拥有了对这些站所的人事权和部分财权。但项目资金和物资设备的配置权仍然在县级职能部门。由于全县财力有限,县政府对这些站所的项目资金和物资配备的支持力度非常有限。在此情况下,各站所的服务功能必然受到严重制约。

再次,这些直属站所自身存在的问题制约了服务功能的发挥。目前,各站所普遍存在着人手少、设备差、技术弱等问题。各站所中,人员最多的农综站总共 9 人。其他站所一般 2—5 人,技术人

员只有 1—2 名,特别缺乏高素质的产业、技术推广员。如此少的
人手,要为全乡 6 个行政村、56 个自然村,9000 多村民提供技术指
导和其他方面的服务显然是不可能的。如林业站,总共 4 人,只有
摩托车作为交通工具,面对广阔、遥远的山林,连日常的森林管护
都难以做到,更遑论为每户农户提供相应的服务。

(四)乡级政权政治沟通功能中的不平衡性

就一般意义而言,政治沟通是政治生活中信息的传递、传播、
传送的过程。政治沟通是政治体系和政治生活的神经,是政治生
活形成和运作的前提,也是政治问题得以产生和解决的关键。[26]如
果从少数民族政治关系的角度来看,政治沟通就是构成少数民族
政治关系的各个主体之间的政治信息的流动和传输过程。这种政
治沟通是多层次、多向度、全方位的,涉及少数民族政治生活的每
个方面。其中,最突出和最有意义的政治沟通主要包括少数民族
与政治体系之间的沟通,少数民族政治体系内各机构之间的沟通,
少数民族与汉族之间的沟通,少数民族之间的沟通和少数民族内
部的沟通。[27]本章讨论的是乡级政权的权力结构及其功能。因此,
在此主要探讨乡级政权与少数民族之间的政治沟通功能。

乡级政权与少数民族之间的沟通属于国家政治体系与少数民
族乡村社会之间的沟通,具体通过乡级政权的输入和输出功能表
现出来。政治学的系统理论认为,政治体系与环境处于相互作用
之中,并且将政治体系与环境之间的相互作用分成输入、转换和输
出三个阶段。其中,输入和输出是体系同环境之间的交换。政治
系统的运作过程就是政治系统与环境的相互作用过程,也就是输
入、转换和输出过程。卡尔·W·多依奇在政治沟通分析的名著
《政府的神经》一书中,就是将政治系统看做是借助信息的获取、

传送、处理、利用而实现其自我维持之目标的。由此形成了狭义的政治沟通概念:"政治沟通指的是政治系统进行输入——输出的工具。"[28]乡级政权与少数民族之间的政治沟通,就是乡级政权与少数民族之间进行政治信息的输入和输出的互动过程。乡级政权是我国国家政权体系中最基层政权,由于距离乡村社会公众生活最近,直接面对和接触广大村民,既是宣传贯彻党和国家意志的最直接桥梁;又是最经常、最直接、最广泛地获取广大村民的利益诉求的渠道。因此,乡级政权在与乡村社会之间进行政治沟通方面,起着不可替代的作用。但是,在现实中,乡级政权政治沟通功能中的输入、输出功能却存在着不平衡性。

1. 对乡村社会的政治输入功能

以政治输入表现出来的乡级政权与佤族乡村社会之间的沟通,包括佤族村民向乡级政权表达要求和愿望等信息,以及乡级政权主动从佤族村民那里收集和获取信息两方面。佤族村民向乡级政权的政治输入具体通过制度化和非制度化两种渠道加以实现。大多数情况下,村干部和村民们是通过制度化渠道来表达利益的。如通过乡人代会向乡人大提交建议和议案;村干部通过乡党委、政府召集的会议,向乡级政权反映问题,提出要求。少数村民偶尔也会通过向乡人大代表反映情况,希望人大代表在人代会上表达自己的要求等。还有极少数村民会通过信访的形式向乡级政权反映问题。此外,村组干部和少数村民也通过一些非制度化渠道向乡政权表达利益诉求。如私下找乡党委政府领导反映村上、组上或自家生产、生活的问题,要求乡上帮助解决。

乡级政权主动从佤族村民中收集和获取信息的具体方式主要有:一是乡级政权向各村派驻工作组。驻村工作组是我党长期以来坚持群众路线而创造的一种工作方式,在革命和建设过程中具有重要的作用。但是,近年来这一方式受到了许多研究者的诟病,认为是一种以国家意志压制村社和村民意志,削弱村民自治的工具。但是笔者在调查中发现,这一工作方式在少数民族地区仍然具有一定的积极的意义。在 H 乡,从乡领导班子成员到一般的工作人员,每个人都被编入到一个驻村工作组中,每个工作组的成员又具体负责一个村民小组。一般工作组由乡领导任组长。每年,工作组围绕中心工作、产业发展、农忙季节等都要驻到村上,少则1—2 天,多则7—8 天,10 来天。驻村工作组除了宣传贯彻党和国家的路线方针政策、法律法规,指导、帮助甚至直接参与生产管理和生产劳动外,还向村干部和村民了解情况,收集和获取有关社情民意的信息。二是乡党委、人大和政府针对某些问题专门深入到到村社进行调查研究,从中获取村社和村民的相关利益需求。三是通过下派到各村的新农村建设指导员了解情况,反映社情民情。新农村指导员是云南省在社会主义新农村建设中独创的一种形式。按照要求,每年从省、市、县、乡各级党政机关事业单位抽调大批新农村指导员组成新农村指导工作组深入农村,保证每一个行政村有一名新农村指导员。新农村指导员必须住在村上,指导和参与村支两委的工作。他们在上情下达,下情上传方面起到重要的作用。据乡上的领导说,下到各村的新农村指导员大多数工作都比较认真。由于他们大部分时间住在村上,能够了解到村上的许多情况,会定期不定期地向乡党委政府反映情况,有些指导员还根据调查研究的情况向县、乡党委政府写出调查报告,提出对策措施。通过新农村指导员这一形式,乡党委政府能够获知大量的实际情况和利益诉求。

2. 对乡村社会的政治输出功能

以政治输出表现出来的乡级政权与佤族乡村社会之间的沟

通,主要是指乡级政权向佤族乡村社会输出政治产品。主要形式有:一是乡级政权向各村派驻工作组。在广大农村,特别是地处偏远、交通通讯不变的边疆少数民族地区,驻村工作组是基层政权实现政治贯彻的有效途径。相对政治输入而言,驻村工作组更具政治输出的功能。通过驻村工作组,国家政权体系能够将政治体系的指导思想、基本的价值观念和行动准则等,传输给广大佤族群众;向他们宣传、贯彻党和国家的路线方针政策以及民族宗教政策;贯彻、执行、检查和督促各项工作部署和任务;具体解决村社和村民的实际问题。二是乡党委政府召集村干部召开的各种会议。每年,乡党委政府都要召集各村支书、主任到乡上来开十多次会议。主要内容是宣传中央的最新精神;宣传贯彻执行上级党委政府布置的各项工作;布置、落实和检查乡党委政府部署的各项工作。三是乡人代会。每年一次的乡人代会虽然具有政治输入的功能,但在政治输出方面具有更大的作用。通过乡人代会,乡党委的决策、意图得以通过制度化的渠道传达、贯彻到各村社。四是对村干部进行培训。通过培训,对村干部进行政治知识技能的培训;进行党的思想理论、党和国家路线方针政策的教育;进行乡党委政府重大决策和工作部署的宣传。五是新农村建设指导员的宣传贯彻和检查督促。新农村指导员作为政权体系自上而下派来的工作人员,其主要的职责之一是贯彻上级意图,保证其顺利贯彻实施。

总的来看,在少数民族乡村,乡级政权作为最基层的国家政权,在实现与乡村社会的政治沟通方面具有不可替代的作用。这种政治沟通功能犹如少数民族政治有机体的神经,对国家政权体系、对少数民族政治生活起着至关重要的作用。首先,政治沟通能够建构、维持和巩固和少数民族对基层政治体系和国家政治体系的合法性认同。"政治合法性是一个政治体系存在、持续、稳定和发展的前提"[29]对于我国这样一个多民族国家来讲,得到少数民族的承认、接受和尊重,是国家政权得以巩固和稳定运行的根本性条件。在这方面,政治沟通能够发挥重要的作用。通过政治输出的途径,国家政权向少数民族宣传灌输政治体系的主流意识形态,宣传党和国家的各项路线方针政策,宣传有利于少数民族经济社会发展的民族宗教政策,能够增强少数民族对主流意识形态的认同,强化少数民族的国家意识,从而保证国家政权在边疆的稳定、巩固,保证边防安全,保证社会稳定和民族团结。通过政治输入途径,乡政权能够了解少数民族的利益诉求,然后进行利益综合和政策制定,在通过政治输出途径加以宣传、贯彻落实,以促进少数民的经济社会发展,从而赢得少数民族的合法性认同。

其次,政治沟通能够为少数民族的政治参与提供必要的条件,提升少数民族政治参与水平和效果。政治沟通能够使村民获得对政治的认知和参与的技能,从而提高他们的参政能力和水平;政治沟通还能够为村民的合法参与提供有效途径,从而减少非法参与带来的不稳定;政治沟通还能够使少数民族的利益诉求传达到政权体系,从而影响政策制定或者达到有效的利益综合,使其成为政治选择。

再次,政治沟通能够提高政策过程的有效性。通过政治沟通,乡级政权能够在获取的大量政治信息中确定最适合通过政策来加以解决的政策问题;在此基础上,通过大量的信息沟通,在充分掌握情况的基础上深入挖掘出可资利用的政策资源,寻找到最有效的政策手段和政策措施,设计出切实可行的政策方案;在政策方案通过法定程序成为正式的政策以后,通过政治沟通,特别是通过政治输出的各种渠道,将政策贯彻执行下去。

但是,乡级政权的政治沟通功能也存在着一些问题。一是在整个政治沟通中,政治输出的功能强于政治输入功能。这是因为乡政权提供的有效的制度化的利益表达渠道有限,沟通机制不健全,缺乏制度化、长效化的信息收集、存贮机制;而广大村民的沟通意识不强、自觉性程度低也是一个重要的原因。二是强大的输出功能在一定程度上抑制了村社和村民们自主意识。乡政权所具有的强大输出功能,在很大程度上是凭借既有政治体制的权威性资源,特别是压力型体制的压力而产生的。作为最低层次的国家政权体系,乡级政权必须完成上级布置的各项任务,特别是经济发展方面的任务,如发展农业产业的任务。乡级政权为了完成上级布置的各项任务,只能强化政治输出功能,利用各种政治输出手段和途径全力贯彻、执行、落实、督促、检查上级党委政府的各项任务。在此情况下,村社和村民们自主意识和自主发展能力受到抑制,从而产生较为严重的"等靠要"思想。

"乡政村治"体制是基于农民自发探索之上的一次国家政权强力推动的乡村政治体系的重构。它改变了人民公社体制刚性整合下的乡村政治体系的面貌,将国家政权体系从农村最基层上收至乡镇一级,并建立了一套完整的乡镇政权体系。在后税费时代和社会主义新农村建设的宏观背景下,面对自然环境恶劣、地广人稀、居住分散、交通通讯不便、经济发展滞后、农民缺乏自主发展能力的少数民族乡村社会,乡镇政权体系具有不可替代的作用。从班洪乡现实状况来看,乡级政权对佤族乡村社会主要发挥着领导、管理、服务和沟通的功能。当然,时至今日,乡级政权体系的结构仍然还不完善,权力关系仍然受到多方掣肘;乡级政权体系的功能发挥仍然存在着诸多局限性,如对乡村社会发挥领导功能时表现出一定的包办性;以行政管理手段直接管理、干预管理经济,体现出全能政府和残缺政府的特征；在服务功能方面自主服务功能弱化，公共服务部门的服务效能低下；在与乡村社会进行的政治沟通中，输出功能强而输入功能弱等。因此，要建立结构合理、管理科学、运转协调、服务到位、行为规范的乡镇行政管理体制和运行机制，不仅仅是一种乡镇机构的改革，也不仅只是乡级政治权力结构的调整，更是一场循序渐进、全面系统的乡村政治、经济、文化和社会的综合改革。

注　释

1　张厚安：《中国特色的农村政治——"乡政村治"的模式》，载徐勇、徐增阳主编：《乡土民主的成长——村民自治 20 年研究集萃》，华中师范大学出版社，2007 年版，第 400 页。

2　H 乡位于沧源县西南部，乡政府驻地距县城 48 千米，西南与缅甸佤邦接壤，国境线长 6.665 千米（160 界桩地带），全乡国土面积 332.8 平方千米，山区面积占全乡国土总面积的 99%。全乡下辖 6 个村委会，58 个自然村，2009 年总人口 10312 人，其中非农业人口 525 人，占总人口 5.09%；佤族人口 9567 人，占总人口的 92.78%，汉族人口 383 人，占 2.74%；傣族人口 339 人，占 3.29%，其他民族 123 人，占 1.19%。2009 年末，全乡农村经济总收入 1989 万元，农民人均纯收入 1949 元，是典型的山区农业贫困乡。（沧源佤族自治县地方志办公室编：《沧源佤族自治县年鉴 2010 年》，2011 年内部出版，第 40 页。）

3　5　徐勇：《中国农村村民自治》，华中师范大学出版社 1997 年版，第 26、159—160 页。

4　8　徐勇：《乡村治理与中国政治》，中国社会科学出版社 2003 年版，第 5—10、33 页。

6　《彭真文选》，人民出版社 1991 年版，第 430—431 页。

7　迟福林、田扶主编：《中华人民共和国政治制度史》，中共中央党校出版社 1998 年版，第 438 页。

9　沧源县档案馆档案：1—13—79：关于改革我省农村政社合一体制的意见。

10　沧源县档案局档案：4—15—57：云南省人民政府批复：关于沧源县区乡镇建置和

区域划分的批复,云政函(1984)176 号。

11 13 15 沧源县档案局档案:1—1—99:中共沧源县关于沧源县区乡体制改革的安排意见。

12 沧源县档案局档案:1—2—115:中共云南省委、云南省人民政府关于改革区乡体制的通知(1987 年 12 月 9 日)

14 沧源县档案局档案:1—2—150:云南省关于规范乡镇党政机关人员设置和加强村公所建设的通知(1988 年 11 月 15 日)

16 中共沧源县委村级体制改革领导小组文件,沧村改字(2000)22 号:《沧源佤族自治县村级体制改革工作总结》。

17 H 乡党政综合办公室提供:《2009 年 H 乡基层党组织建设工作情况》。

18 吉登斯把权力资源划分为配置性资源和权威性资源。配置性资源主要是指经济资源;权威性资源包括监控、组织、制裁、意识形态等。[英]吉登斯著,王铭铭译:《民族——国家与暴力》,三联书店 1998 年版,第 8—9 页。

19 乡人大主席团成员由党委书记、常务副乡长、党委专职副书记、纪委书记、人大秘书、党政综合办干事、一般干事等 7 人组成。

20 于建嵘:《岳村政治——转型期中国乡村政治结构的变迁》,商务印书馆 2001 年版,第 356 页。

21 压力型体制是指一级政治组织(如县、乡)为了实现经济赶超,完成上级下达的各项指标,而采取的数量化任务分解的管理方式和物质化的评价体系。为了完成经济赶超任务和各项指标,该政治组织(以党委政府为核心)把这些任务和指标层层量化分解,下派给下级组织和个人,责令其在规定时间完成,然后根据完成情况进行政治和经济方面的奖罚。各级组织实际上是在这种评价体系的压力下运行的。(荣敬本等:《从压力型体制向民主合作体制的转变——县乡两级政治体制改革》,中央编译出版社 1998 年版,第 28 页。)

22 吴理财:《从"管治"到"服务"——乡镇政府职能转变研究》,中国社会科学出版社 2009 年版,第 94 页。

23 周飞舟:《从汲取型政权到悬浮型政权——税费改革对国家与农民关系之影响》,《社会学研究》2006 年第 3 期。

24 H 乡党政综合办提供:《H 乡第七届人民代表大会第六次会议建议案政府受理办复情况报告》。

25　H 乡党政综合办公室提供:《2005—2009 年 H 乡扶贫资料》。

26　27　周平:《中国少数民族政治分析》,云南大学出版社 2000 年版,第 117、121—130 页。

28　俞可平:《西方政治分析新方法论》,人民出版社 1989 年版,第 78 页。

29　胡伟:《合法性问题研究:政治学研究的新视角》,《政治学研究》,1996 年第 1 期。

第 五 章
"乡政村治"格局下的村社政治体系

佤族村社是指以佤族为主体组成的、富有佤族特色的村落社会。它既是佤族村民经济活动和社会生活的主要空间,也是佤族乡村基层社会的一层组织或一个组织层面,具有村庄共同体的意义。在"乡政村治"体制下,其具体的实体形态就是村委会管辖下的佤族行政村社。在这样一个村社中,仍然存在着一个由一定政治权力、政治角色和政治关系构成的较为稳定的,具有一定独立性的政治体系。这个民族村社政治体系,作为"乡政村治"体制中的次级政治体系,既是佤族村社内部政治生活的主导力量;又是国家基层政权实现对佤族乡村社会控制和治理的中介力量,不仅影响着佤族村社的全局发展,而且制约着国家政权对佤族乡村社会控制与治理的有效性。

为了全面深入地描述和分析佤族村社政治体系,笔者选取了H乡的G村作为研究样本。[1]自从"乡政村治"体制建立后,G村政治体系发生了前所未有的变化,从人民公社体制下高度集权的一元化体系变为了多元化的政治体系。在这个体系中,既有治理权威,又有非治理权威;既存在着治理权威之间、治理权威与非治理

权威之间的权力关系;又形成了村社治理权威与乡级政权之间的
权力互动关系。

一、村社的政治权力架构

改革开放以后,随着农村生产经营方式的变革,村民自治制度
的导入,社会主义市场经济的逐步发展以及国家政权体系对农村
的放权让利,佤族村社的经济、政治、文化和社会呈现出多元化的
发展趋势。其中,村社政治权力架构也由过去高度集中统一的党
政一元化权力架构变成了多元化的权力架构。

(一)村社治理权威的二元构成

所谓村社治理权威,是指得到国家政权认可,对村社具有合法
性治理资格和权力的政治权威。村民自治实施后,村社治理权威
的权力结构发生了前所未有的变化,由原来的党组织一元化权力
结构变成了党组织和村民自治组织并存的二元权力结构。[2] 由于
中国特殊的政治体制,村社共青团和妇女组织虽然名义上属于群
众组织,但实质上直接隶属于党的组织。因此,在权力构成上,它
们也应属于党组织系列。这种二元权力结构体现在 G 村,形成了
以党支部为领导核心,以村民自治组织为权力运作载体,以共青
团、妇女组织为辅助的治理权威体系。

1.村党组织的基本构成

G 村的党组织包括 1 个村党支部和 6 个党小组。村党支部委
员会由 7 人组成,其中支部书记 1 人,副书记 1 人,支委 5 人。
2007 年,G 村党支部的选举与全县一样,实行"一肩挑"、"村两
委"交叉任职和"两选联动"机制的改革。"一肩挑"是指村党支部
书记兼任村委会主任。"村两委"交叉任职是指村党支部委员和

村委会委员相互兼任。"两选联动"机制是为了实现"一肩挑"和交叉任职而采取的选举方式和程序,就是把党支部和村委会的选举联系起来,通盘考虑,在先进行村委会换届选举时,同时考虑下一步村党支部的选举。[3]G村村委会第三届换届选举结束后,党支部紧接着召开党员大会,以新选出的村委会委员为主要候选人,选举党支部委员会委员,然后再由支部委员会选举产生支部书记和副书记。最后,选举结果实现了"一肩挑"和大多数委员的交叉任职,即村委会主任刀XX(他也是上一届党支部书记)被选为党支部书记,实现"一肩挑",村委会副主任田XX和另外3名村委会委员被选为党支部委员,实现了村两委的大部分交叉任职。[4]

表一:G村党员基本情况(一)

	党员总数		男		女			平均年龄	
	总数	增减	总数	增减	总数	增减	比例	总数	增减
2006年	39		38		1		2.6%	47	
2010年	47	+20.5%	45	+18.4%	2	+1倍	4.3%	45	-4.3%

资料来源:根据G村提供的党员花名册整理

表二:G村党员基本情况(二)

	党员总数	大专		高中、中专		初中		小学	
		总数	比例	总数	比例	总数	比例	总数	比例
2006年	39	0	0	3	7.7%	9	23.1%	27	69.2%
2010年	47	1	2.1%	4	8.5%	11	23.4%	31	66%

资料来源:根据G村提供的党员花名册整理

G村党支部下设6个党小组,即每个村民小组设一个党小组,2010年,共有党员47人,其中,女党员2人,占党员总数4.3%,;

大专文凭 1 人,占党员总数 2.1%;高中中专 4 人,占党员总数8.5%;初中文凭 11 人,占党员总数 23.4%;小学文凭 31 人,占党员总数 66%。

2.村民自治组织的法定机构

村民自治属于基层人民群众自治,自治主体是村民群众。村民群众以各种组织作为依托进行自治活动,行使自治权。[5] 村民自治的组织机构主要由村民会议、村民代表会议、村民委员会会和村民小组构成。按照法律制度的文本规定,这四种组织可分为权力机构和工作机构两类。前两者为权力机构,后两者为工作机构。[6]

(1)村民自治组织中的权力机构:村民会议和村民代表会议

《中华人民共和国村民委员会组织法》规定,村民会议是村民自治组织体系中的最高权力机构,村民自治的其他组织机构都必须对全体村民组成的村民会议负责,并服从村民会议的决定。村民会议拥有以下基本权力:①创制权,即根据国家有关法律精神讨论、审定、修改和通过本村村民自治活动的基本章程和规则。②选举权,即选举村民委员会,撤换和补选村民委员会成员。③决策权,包括审议和通过村的经济和社会发展规划、年度工作计划,并作出相应的决议;讨论、决定涉及全体村民利益的重大问题。④监督权,包括监督、审查村财务,监督自治组织工作机构和人员。⑤否决权,即否决和修改村民委员会不适当的决议和决定。[7]

但是,由于我国广大农村居住分散,交通不便,加之农民家庭生产经营活动分散,时间难以统一,无法定期、经常召开村民会议,上述权力无法真正落实。现实中,各地往往以村民代表会议代行村民会议的部分职权。《村组法》对于村民代表会议的形式加以了肯定。如第二十五条规定,人数较多或居住分散的村,可以设立村民代表会议,讨论决定村民会议授权的事项。《云南省实施＜中华人民共和国村民委员会组织法＞办法》则对村民代表会议的运作和职权做出了更为详细的规定。第九条规定:村民代表由村民小组依法推选产生,每届任期 3 年。村民代表名额由村民会议决定。村民代表会议至少每 6 个月召开一次。有三分之一的村民代表提议,应当召集村民代表会议。召开村民代表会议需有本村过半数的村民代表出席,始得举行。村民代表会议决议,以全体村民代表的过半数通过。不是村民代表的村民小组成员、居住在本村的各级人大代表和政协委员可以列席村民代表会议。第十条规定:人数较多或者居住分散的村的村民委员会,可以授权村民代表会议行使除本办法第八条第(一)、(二)、(七)项规定以外的其他职权。第八条是对村民会议主要职权的规定,其中第一项是选举、罢免、撤换、补选村民委员会成员;第二项是依法制定和修改村民自治章程、村规民约;第三项是审议和决定本村的建设和发展规划;第四项是听取和审议村民委员会的工作报告和财务收支情况报告;第五项是评议村民委员会成员的工作;第六项是改变或者撤销村民代表会议、村民委员会不适当的决定;第七项是讨论决定《中华人民共和国村民组织法》第十九条规定的涉及村民利益的事项。也就是说,村民代表会议具有除了选举权、创制权和部分决策权(第七项)以外的部分决策权(第三项)、监督权(第四项、第五项)和否决权(第六项)。

沧源县从一开始实行村民自治就普遍采取了村民代表会议的形式。村民代表一般由新一届村民委员会主持村民民主推选产生。各村按 5 户—15 户农户为单位推选出 1 名村民代表,或者由村民小组推选出若干人。G 村共有 309 户,按照每 10 户选举一名村民代表的比例,共有 30 名村民代表名额。村委会将名额分配到各个村民小组,由村民小组召集户代表采取无记名投票的方式产生,以得票多者当选。

在实际运作过程中,G村村民代表会议主要行使了下列职权:
一是创制权。即修改和通过村民自治章程、村规民约;二是议事
权。即讨论由"村两委"提出的涉及全村发展或全村利益的重大
事项,如通过新一届村委会提出的全村发展规划、涉及全村范围的
产业发展或者是公益事业项目、林权制度改革中具体的承包方式
等。三是监督权。每年年末,村民代表对村干部进行一次民主评
议。但是,G村村民代表会议召开的形式,有时采取所谓的变通形
式——以村民小组为单位召开村民代表会议。这种会议形式存在
一定的缺陷。一是在一定程度上分割了全村村民代表作为一个整
体的聚合力量,使得他们在某些情况下难以形成较为一致的意志
和意愿,或者是较为一致的意愿容易被瓦解;二是增加了利益表达
的层级,容易使政治信息在上下传输的过程中产生变形、流失、偏
误和不对称等情况,从而削弱村民代表会议的权力。

(2)村民自治组织的工作机构:村民委员会和村民小组

村民自治属于基层直接民主。但是,直接民主并不意味着每
个人都是具体事务的管理者,村民会议和村民代表会议也不可能
每天开。因此,村民自治必须有常设性的工作机构处理大量日常
具体事务。村民自治权通过常设性的工作机构的日常工作加以具
体体现。在村民自治组织体系中,常设性的工作机构主要有村民
委员会及其下属的专门委员会和村民小组。[8]

《村组法》规定,村民委员会是村民自我管理、自我教育、自我
服务的基层群众性自治组织。村民委员会主任、副主任和委员由
村民直接选举产生。任何组织或个人不得指定、委派或者撤换村
民委员会成员。G村村民委员会的主任、副主任和委员通过全体
有选举权的村民直接采取"海选"的方式选举产生,主要采取以下

几个步骤：

第一步，推选并培训村民选举委员会成员。召开村民小组会议，推选产生由村党支部书记、党支部成员代表、村民小组长代表和有威望的村民代表9人组成的村民选举委员会。选举委员会设主任1人，副主任1人。村民选举委员会在乡"两委"换届选举工作领导小组指导下，主持本村村民委员会换届选举工作。村民选举委员会成员被依法确定为村民委员会成员候选人时，即失去其在村民选举委员会中的任职资格，村民选举委员会所缺名额从原推选的候选人中以得票多少依次递补。在驻村工作组的指导帮助下，村民选举委员会抓好对村民选举委员会成员和选举工作人员的培训，使他们熟悉、掌握法律法规以及选举工作的具体程序和操作方法，提高他们指导换届选举工作的能力，并熟悉掌握换届选举各个环节的操作程序。

第二步，依法进行选民登记。明确登记对象，填写选民登记名册。选民名单在选举日前20日公布，并发给选民证。选民对公布的选民名单有异议的，可在选民名单公布后，选举日的7日前向村民选举委员会提出意见。村民选举委员会在选举日的3日前作出纠正或解释，做到不漏登、不重登、不错登。

第三步，依法提名候选人。村民选举委员会在各村民小组分别设立了投票站，组织有选举权村民进行投票选举候选人。候选人以"海选"的方式产生，由本村有选举权的村民直接提名，其他任何个人、组织都不能指定、委派或提示。提名按照主任、副主任、委员三种职务分别提名，每一选民提名的候选人人数不得超过应选人数。提名后按照得票多少张榜公布。如选民对候选人名单有异议，有权要求选举委员会作出解释。正式候选人的确定按照差额原则，主任、副主任和委员三种职务各差额一人，采取"简单多数"的办法,在半数以上有选举权的村民参与投票的前提下,得票多者为正式候选人,并按照得票多少顺序排列,在选举日 7 日前张榜公布。

第四步,依法召开选举大会。在正式选举之前,村民选举委员会将具体的投票方式、投票时间、投票地点向村民公布,同时报乡换届选举领导小组备案。村民委员会选举大会正式召开时,县上的换届选举督导组和乡党委书记、乡长等领导都来进行具体指导和督导。由于 G 村自然村分布较为分散,选举委员会设了 1 个主会场和 3 个分会场。主会场设在村委会所在的丙美组,这个点包括丙美、丙叶、芒弄等 3 个村民小组;另外在芒公、芒弄、南洪等 3 个组各设一个分会场。各会场设投票站、秘密写票处,并由村选举委员会指派公道正派,有文化水平的人为不识字的选民代划选票。对于老弱病残或其他原因不能到会场参加投票的选民,采取了"流动票箱"的形式上门接受投票。投票站的投票和流动票箱的投票都在 2 名监票人和 1 名乡驻村工作组成员的监督下进行。不能参加正式投票的选民可以委托他人代投,但每一个人代投的人数不得超过 3 人。正式投票前,候选人发表竞选演说。投票结束后,各投票站票箱和流动票箱在村民代表和监票员的监督下及时统一集中到选举大会主会场,当众开箱验票,然后由乡驻村工作组成员、村民选举委员会推选出来的计票员、监票员进行计票,县上派来的督导组成员进行现场巡视和督导。计票结束后,进行汇总,按照"两个过半"原则,即有选举权的村民过半数参加投票,选举方为有效;候选人获得参加投票村民过半数的选票,始得当选,当场宣布选举结果,当即颁发当选证书。

G 村村民委员会由 7 人组成,上一届党支部书记刀 XX 当选为主任,上一届村委会主任田 XX 当选为副主任,另外 3 名村民小组长、1名小组保管员和1名妇女委员会副主任当选为村委会委员,其中党员5人(党支部委员),占村民委员会委员总数的71.4%。村委会下设人民调解、治安保卫、公共卫生、文化教育、计划生育等工作委员会。各工作委员会主任由党支部书记兼村委会主任刀XX担任,副主任由村委会副主任田XX和支部副书记王XX担任,各工作委员会委员由各组组长、"村两委"委员、少数村民和个别有专长的人(计划生育委员会中包括村卫生员)组成。村委会下辖6个村民小组:丙美组(村委会所在地)、丙叶组、公顶组、芒公组、南洪组和芒弄组,其中,丙叶组、芒弄组设1个组长和2名副组长;其他小组各设一个小组长和一个副组长。

3. 妇女、共青团组织的构成

G村设有妇代会及其下的妇代会执委会。妇代会的换届选举与村委会换届选举大致同步。一般在村委会选举结束后紧接着进行妇代会换届选举。妇代会的代表按照6个村民小组和茶场各1名的名额,由各村民小组长推荐产生。妇代会执委会有5名成员,由妇女代表以无记名差额投票方式选举产生,再由5名妇委会委员以等额方式选举产生1名主任、1名副主任。妇委会下设7个妇女小组长,实际由7名妇女代表担任。

G村有团员100人,设有1个团支部。支部委员会有1名书记、1名副书记和3名委员。团支部下设6个团小组,每个团小组设团小组长1人(其中由3名团支部委员兼任)。据团支部书记王XX介绍,由于团组织资金匮乏和近几年外出打工者增多(70余个外出打工者中,有60多人属于14岁—28岁这一年龄段的)等原因,团支部各项工作难以开展。

（二）村社非治理权威的多元构成

所谓非治理权威是指没有得到国家政权认可，不具有法定的执掌村内正式权力资格，但却为村民所接受的权威人物，主要包括村社传统政治权威、宗教权威和退位的老社队干部等。

1. 村社传统政治权威

新中国建立以后，随着国家政权对村社的深入，佤族村社传统政治权威的统治地位逐渐被新的正式权威所取代。随后而来的各种运动在不断巩固国家正式权威的同时，也冲击和荡涤着传统政治权威，以至于佤族村社传统政治权威在一段时期内销声匿迹。家庭联产承包责任制实施后，原来高度集权的人民公社体制无法维系而被废除，一度出现国家政权对佤族乡村社会控制力弱化的状况，为村社传统政治权威的恢复提供了适应的政治环境。十一届三中全会后，我党的民族宗教政策在少数民族地区得以逐渐恢复和落实，为佤族恢复传统习俗、宗教信仰和传统政治权威等提供了宽松的政策环境。但是，由于历史和现实的种种原因，佤族传统政治权威主要只是作为一种非治理权威对村社政治产生着一定的影响。

佤族传统的村寨管理者统称为"头人"。G村的传统村社头人主要有：达该、达完和安章。"达该"是村寨的最高头人，每个自然村寨都有一个。其中，G村丙美大寨的"达该"既是本寨的"达该"，也是全G村的"达该"，为G村的大头人。在传统社会，"达该"实行世袭制，掌管全寨的全部内外事务，也是整个村寨利益共同体的权威象征。现在，"达该"仍然实行世袭制，仍然是整个村寨利益共同体的权威象征，但已没有掌管全寨事务的职权了。据笔者对丙美寨、丙叶寨和芒弄寨"达该"的调查了解，他们在村寨中传统习俗、宗教活动方面仍具有最高权威。G村绝大多数村民信奉小乘佛教。在小乘佛教每年的三个重大节日(泼水节、关门节和开门节)中,"达该"是最主要的权威。每次节日举行之前,具体操办者"安章"都要向"达该"请示汇报,并共同商讨相关事宜。然后几位头人集中在"达该"家中,召集人们制作仪式所需的物品;节日开始后,"达该"要亲临现场主持仪式。此外,G村村民还普遍信奉原始宗教,相关的祭祀活动也由"达该"主持。如全寨性的祭奠寨魂、谷魂和山神,都是在"达该"的带领和主持下进行。村民日常生活中的许多活动也要请"达该"主持或坐镇。例如婚丧嫁娶、建新房等,是佤族生活中的重大事件,全寨人和其他寨子的亲朋好友都要参加。"达该"作为最尊者必须被邀请到场,或者主持仪式,或者作为权威人物为其祈祷、祝福。平时如果遇到不顺心的事、病痛、出远门等要叫魂时,村民也常常请"达该"主持。笔者在G村调研时有幸参加了村党支部副书记王XX的婚礼。婚礼举行得异常隆重。在男方到女方家接亲的现场和女方被接到男方家拜堂的现场,笔者看到,"达该"和其他传统权威以及几位有威望的老人被邀请坐在最重要的位置。其中,"达该"居中坐在平日只有家中最年长的男性老人才能坐的位子上。新人上来后,首先向这些尊者、长者跪拜,接受他们的祝福,然后才向长辈跪拜。

"达完"地位仅次于"达该",相当于副寨主。在传统社会,"达完"实行世袭制,主要协助寨主办理村寨的各项事务;掌管全村的山神、树神、谷神,负责管理和从事村寨中的所有原始宗教的祭祀活动。现在,"达完"仍然实行世袭制,但职责只有负责管理和从事村寨中原始宗教活动事务一项了。全村举行的祭奠寨魂、谷魂和山神的祭祀活动;村寨遇到水灾、旱灾、虫灾或人畜感染疫病等天灾人祸时进行的祭祀、叫魂等仪式都由"达完"具体操办,并由他操作具体的祭祀、祈福等仪式和程序。村民在日常生活中的婚丧嫁娶、建新房等大事，以及遇到不顺心的事、生病、出远门或拿不准的事都来请他占卜、算卦、叫魂。

"安章"在传统社会主要掌管全寨的佛教事务，协助佛寺的长老、佛爷举行宗教仪式活动，是俗人与长老、佛爷之间的桥梁，现在亦然。担任"安章"的人，必须进过缅寺当过和尚或佛爷，学过傣文，会诵经文，懂风俗，会占卜、算卦。还俗后，人们认为他具备了相应的能力才推荐他为"安章"。因此，"安章"不实行世袭制。村寨中每年的重大节日如泼水节、关门节、开门节等佛事活动和重大的赕佛活动以及初一、十五的拜佛活动，必须由"安章"出面与缅寺的长老联系、接洽，然后由他具体安排、操办。逢重大节日、修缮缅寺等需要捐钱物时，由他与"达该"商量，定出标准，然后由他组织人去征收。遇到婚丧嫁娶、建新房，或大病大灾，人们要请长老到家中念经，也必须请他出面与长老接洽、安排。每逢这种时候，人们往往要请他按照经书算日子，确定叫魂的日子，并请他参加仪式，念经祝福、祈祷。

由于传统文化的影响，传统政治权威在村民有较高的认同度，从而也使他们在村社的公共事务和公共秩序的管理和维护方面具有一定的权威性。凡是有关村寨利益的事情，如发展产业、修路挖沟架桥，整治村容村貌等，村组干部都要主动征求头人们，特别是"达该"的意见和建议。如果发生矛盾纠纷，如村与村之间，或组与组之间因水源、土地、山林等地解不清而引发的纠纷；邻里之间因为牲畜践踏别人家的庄稼而引起的纠纷；小偷小摸、吵架斗殴或男女不正当关系等事情，村组干部也要请头人们参与解决。头人们会用传统道德和习惯法进行教育和处罚。有时，村民们也会请头人们出面向村组干部反映情况。

2. 宗教权威

沧源佤族主要信奉原始宗教、佛教(小乘佛教、大乘佛教)和基督教。G村绝大多数佤族信奉原始宗教和小乘佛教,丙叶小寨十几户40余人信奉基督教。原始宗教权威主要分为两类,一类属于管理全寨原始宗教事务的公共权威。如前所述的"达完";另一类是被称为"召毕"的人,他们专事念咒、送鬼、叫魂,是原始宗教专门的神职人员,但不负有管理全寨宗教活动的职责。由于他们懂得占卜算卦、也懂得一些历史传说和传统习惯法,算得上佤族中的知识分子,在寨子中具有较高的威信。在G村,每个寨子(除信奉基督教的丙叶小寨)都有"召毕"。一般来讲,涉及全寨的祭祀活动,如播种节、新米节,或是遇到全寨性的天灾、疫病,他们都要参与念咒、叫魂等活动。个人或者家庭在生产生活中的许多活动和矛盾,如结婚生子、生老病死、生产劳动、建新房、外出以及矛盾纠纷等都会请"召毕"进行占卜看卦,预测吉凶、祈福免灾。

自从公元1880年左右,小乘佛教从南洪传入G村后,G村的佤族就开始信仰小乘佛教。新中国成立后,小乘佛教虽然历经各种政治运动,特别是"文化大革命"的冲击甚至取缔,但仍然为G村的绝大多数人所信仰。现在,G村除了丙叶小寨以外(该小寨的佤族信奉基督教),其他寨子都建有一座缅寺。其中,丙美寨的缅寺是全村各寨中最大、建设得最好的一个,具有总缅寺的含义。缅寺现有一位长老,一位和尚。长老每年要主持许多佛事活动,如每年的泼水节、关门节和开门节;要为信徒们讲经说法;每月阴历的初一、初八、十五、二十三、三十,要做"贺信",即祭祀祖先,超度亡灵;平时,寨子中有人遇到麻烦或不顺心的事,也请长老算命、叫魂。但他叫魂的方式与"达完"和"召毕"不同,主要是用经书叫魂。这似乎是佤族原始宗教与小乘佛教的一种融合方式。除了主持本寨的宗教活动外，长老还被邀主持其他寨的宗教活动。此外，长老还要到县里参加县民宗局组织的宗教人士会议，参加县佛教协会组织的活动，如外出参观考察，参加座谈会，与其他长老佛爷沟通交流。

　　基督教传入 G 村的具体时间已无法考证。但根据前述历史脉络推算，大约是在 20 世纪 30 年代。[9] 最初，G 村只有丙叶寨的少数人信仰基督教。改革开放前，因受到历次政治运动的冲击，基督教表面上销声匿迹了，改革开放以后，又重新恢复和发展起来。随着不断发展，丙叶寨信奉基督教的村民与信奉小乘佛教的村民逐渐产生了矛盾，相互之间不理解、不信任甚至相互歧视。1983 年，为了减少矛盾，信仰基督教的村民从丙叶寨搬出来，建立了丙叶小寨。分寨以后，双方之间的矛盾减少了，彼此之间关系比过去和谐了。村委会副主任田 XX 是丙叶大寨人，他说："尽管信仰不同，但毕竟都是佤族嘛。"可见，虽然宗教信仰不同，但民族的认同感仍然产生着重要的影响。

　　目前，丙叶小寨的十几户人家 40 余人信奉基督教。寨内建有一座面积为 40㎡—50㎡ 砖木结构的教堂。教职人员包括传道员 2人（佤族称为"撒拉"）、执事 2 人、礼拜长 1 人。传道员是未受神职而在牧师指导下传道或向尚未领洗的新入教者讲解经文教义的人，负责主持宗教仪式和管理宗教教务，并担负传教经文，领唱赞美诗的职责。执事由一般信徒中推选出来协助传道员工作，操持有关教堂和教务方面的行政事务，如管理教徒、教徒送来的物品和教堂里的设施，负责教务工作的执行和来客的安排等。礼拜长则主要是在做礼拜的时候负责与礼拜有关的事务。

　　每逢星期天，全寨的信徒到教堂做礼拜，佤族称为"茸布尔"，由传道员先为信徒祷告，然后领众信徒读《圣经》（佤族称"恩咱木扎"),再唱赞美诗(佤族称"阿来华特"),最后,又为大家祈祷,祝大家生活美满、平安无事、吉祥安康。基督教的重大节日,如圣诞节、复活节等也是教职人员们忙于传经布道的日子。平时如果信徒生病、分娩、结婚、请客、死人等都要请传道员来祷告。

3. 退位的老村社干部

退位的老村社干部是指实行村民自治以前,曾经担任过村社干部,后来因年纪大了退下来的原村社干部。目前,G村比较有威望而且身体尚健的老村社干部主要有7位。笔者到G村调研时,有幸采访了其中3位。这3位老村社干部由于过去担任职务时受到过政治社会化熏陶和训练,不仅有较强烈的责任感、义务感和使命感,而且积累了一定的参政技能和经验;同时,由于为人正派、能说会道、办事能力强,在村民中树立了较高的威信,有比较好的人脉关系。因此,退下来以后他们仍然在村社公共事务管理发挥着重要作用。现任的村组干部们都非常尊重他们。逢年过节,村组干部们都要登门拜望他们;涉及村组上的重大决策、重大事务、矛盾纠纷等,村组干部都会主动找他们商量,或请他们出面参与解决。老支书田XX(G村第一任党支部书记)向笔者讲述了一件事。2006年,公顶组和芒公组发生土地纠纷,村组干部和村寨的头人出面调解,但当事双方仍然各执一词,纷争不休。后来村干部请他出面调解。他听完事情原委后,当场就对当事双方发了一通火:"这个事情我最清楚。我当领导时,你们还没有生呢。不要再争了!"于是大家都静下来听他讲清来龙去脉。最后,在他的调解下双方达成了一致协议。平时,村民们遇到邻里纠纷、家庭矛盾等矛盾纠纷,或者是对现任村组干部有什么意见、建议又不愿意直接面对面提出来,也会找他们帮解决和反映。他们本人也比较乐于承担村民利益代言人,会比较主动地找村组干部反映情况、提出意见或者是建议。

二、村社多元权力的互动关系

在村社场域内,围绕着政治权力形成了治理权威之间,治理权威与非治理权威之间多元权力的互动关系。

(一)治理权威之间的非均衡权力关系

治理权威之间的权力关系主要体现为村党支部与村委会的关系,村民会议、村民代表会议与"村两委"的关系,村民委员会与村民小组的关系,妇委会、共青团与村党支部的关系。这些权力关系间体现出非均衡互动的特点。

1.党支部与村委会权力交叉中的集中化与一体化

实行村民自治前,我国农村村社的权力结构呈现出党组织一元化领导的权力结构特征。在这一格局中,党组织牢牢控制了农村的各种经济资源和政治资源,并实现了对农村的经济、政治、文化各领域的绝对领导。与全国的情况一样,G 村自从 20 世纪 60 年代建立村社党支部以后直到实行村民自治以前,党组织一元化领导的权力结构也是村社权力结构的主要特征。

村民自治实施后,形成了"乡政村治"格局,这不仅改变了以往的乡村之间的权力关系,而且也改变了以往村社内部的政治结构及其功能。村社权力结构发生了前所未有的变化,治理权威由原来的党组织一元化权力结构变成了党组织和村民自治组织并存的二元权力结构。[10]村党组织和村民自治组织是两种性质不同的组织。村党组织是中国共产党在农村的基层组织,承担着对农村社区的政治领导职责。村民自治组织是村民的群众性自治组织,实行自我管理、自我教育和自我服务。二者之间的关系实质上是党对农村的政治领导权与村级社区自治权之间的关系。村社权力结构主要就是指这两个组织之间的权力配置格局。二者的关系直接表现为村党支部和村委会之间的关系。抓住了"村两委"的权力关系,也就抓住了中国农村权力结构甚至农村政治的关键和实质。[11]

由于党支部和村委会两种权力在性质、特点、职权、合法性来源、运行机制等方面的殊异性,以及受国家权力和村社社会生态环境等因素的影响,在实践中,二者关系呈现出复杂的样态。有学者把"村两委"关系划分为五种类型:协调型、包揽型、游离型、对立型、一体型。[12]还有学者提出了四种经验分析模型:党强村强、党弱村强、党强村弱、党弱村弱。[13]从全国来看,比较普遍的情况是村党支部处于领导核心地位,是农村最高领导者,又是农村最高管理者,而村委会实际上只是村党支部的执行机构。[14]

为了解决"村两委"矛盾,各地纷纷进行各种尝试,其中实行"一肩挑"和"村两委"交叉任职等逐渐成为一种较为普遍的做法。[15]沧源县从2007年第三届换届选举开始,全面实行"一肩挑"和大部分"村两委"交叉任职。

实行"一肩挑"和"村两委"交叉任职确实对"村两委"的关系产生了重要影响。首先,在村务决策权上,形成了"村两委"共同决策,但最终权力集中于党支部的状况。实行"一肩挑"和"村两委"交叉任职后,G村形成了"村两委"联席会议的决策机制,有关全村经济社会发展的重大决策,都由"村两委"联席会议进行初步讨论,然后征求党员和村民代表的意见,经过补充完善后,以"村两委"的名义正式公布和实施。从表面看,整个决策都由"村两委"成员共同参与完成,但实际上支部书记和党支部在其中起着核心的作用。其一,村党支部书记兼村主任是本着党支部书记的角色意识来思考问题,并在其中起着主导作用。在访谈中,笔者感到村支书兼村主任刀 XX 有着很强的支部书记自我意识。他说："我首先是支书,然后才是主任,因为党支部对村民委员会实行领导,所以,我说话做事首先要从党支部书记的角度出发。"本着这种意识,他先与驻村工作组组长和新农村指导员商量提出初步意见,然后再拿到"村两委"联席会议上讨论;其二,由于实行两委交叉任职,村委会委员中有 5 人是支部委员。因此,"村两委"联席会议相当于是党支部会议的扩大会议。讨论中,如果有较大的意见分歧,党支部可以用党内组织原则来统一"村两委"中大多数人的思想;其三,村党支部拥有村委会所没有的自上而下的权威性资源。党支部的权力最终必须得到乡党委的批准,得到自上而下的赋权才具有根本的合法性。因此,一方面乡党委一般都倾向于支持党组织,为其提供支持性、信任性资源;另一方面,党支部由于要对乡党委负责,在决策中必须首先贯彻上级党委的意图。加之,在经济社会发展滞后、社会资源相对匮乏的佤族乡村,人们对于自上而下赋予的权威性资源是非常看重的。这从人们对村支部书记兼村委会主任刀 XX 的称呼上就可见一斑,无论是村民还是村干部,都称其为"支书"而不是"主任"。可见,在大家的心目中,村支书的地位和权威比村主任的地位和权威要高。因此,在村务决策中,党支部书记和村党支部具有更强的权威性。

其次,在村务管理权上体现了"村两委"共同管理、一体化运作的关系。从法理上讲,村委会是法定的村社公共权力,是村民自治组织体系中的管理机构、执行机构,担负着对全村经济政治文化社会等的管理职责。而村党支部是政党组织,实行政治思想领导,不具备对全村公共事务管理的职能。但是,由于实行"一肩挑"和"村两委"交叉任职,党支部能够通过制度化渠道嵌入到村委会组织体系中去,使其对村务的管理权得到了体制性的支持和制度性的保障,从而在村务管理上与村委会形成协同合作关系。这从两反面反映出来。一是党支部主要成员的职责分工。村支书兼村主任刀 XX 的职责主要是负责全村的支部工作和全村的全面工作。村副主任兼党支部委员田 XX 的职责是主抓农业、农村工作。党支部副书记王 XX 的主要职责是分管妇女组织和共青团工作,同时负责文书工作。可见,3 位党支部主要成员都承担着全村公共事务管理的职责;其二,村委会下属各委员会的职务配置。村委会下设的 5 个委员会的主任均由刀 XX 担任,副主任均由田 XX 担任,王 XX 担任人民调解、治保、文教等三个委员会委员,另外 4 个党支部委员分别在 5 个委员会中担任委员。由于党支部委员会成员身兼村委会中的职务,将在党支部和村委会中承担的两方面职责集于一身,形成交叉,这样,就自然而然地赋予村党支部委员会的成员管理村中各项事务的职权,实现了党支部对村务的管理权,从而在村务管理上形成了两委之间的协同合作。

应该看到,"一肩挑"和"村两委"交叉任职的权力结构与历史上形成一元化权力结构有着本质的不同。不同之处就在于党支部权力的合法性来源发生了变化。过去,党支部的权力主要是由上级党委赋予的。现在,党支部书记和身兼两委的其他支部委员,都是经过村民的推荐,并通过全体村民以海选方式将其选为村委会主任和村委会委员之后,才在党内选举出来的,具有自下而上的广泛的信任资源和民意基础。这表明,"随着村民自治制度的引入,党组织不可能再以超越于群众之上的权力组织进行治理,而需要将自己纳入村民自治框架获得和证明自己的先进性,并发挥其政治整合功能。"从而有利于实现党的领导与村民自治的有机统一,促进村民自治的健康发展。[16]在"一肩挑"和"村两委"交叉任职格局下形成的"村两委"关系,一方面强化了党支部对村委会的领导作用,一方面又减少了"村两委"在决策权、管理权上相互扯皮、相互掣肘的矛盾、冲突,在一定程度上有利于构建"村两委"之间的和谐关系。但是,尽管经过两选联动形成的"一肩挑"和"村两委"交叉任职权力格局具有较为广泛的民意基础,但毕竟这是一种较为集中的权力结构,如果缺乏有效的监督,就容易出现"一把手"滥用职权。因而,如何进一步完善村民自治中的各项监督制约机制和制度,从根本上解决监督"一把手"的问题,是村民自治制度发展中亟待探索的重大问题。

2. 村民会议、村民代表会议与"村两委"间交错的权力关系

从法理上讲,作为村民自治组织的村民会议、村民代表会议、村民委员会与村党组织属于两种不同性质的政治组织,二者之间没有直接的法律关系,只是存在着政治、思想上的领导与被领导关系。但是,由于实行了"一肩挑"和"村两委"交叉任职,不仅村民会议、村民代表会议与村委会之间的关系与法律制度文本的规范有所不同,而且与党组织之间产生了制度性、结构性的内在联系。

首先,从权力授受关系上来看。无论是从法律文本还是从实际运作来看,村民会议作为村民自治体系中的最高权力机关,是村民委员会唯一合法的权力来源。村委会成员的撤换、免职等,必须经过召开村民会议才能实现。实行"两选联动"机制后,村民会议对村党支部权力具有了间接赋权的意义。G村实行的是先进行村民委员会选举,再进行村党支部选举的两选程序。也就是说,在第二个选举程序即党支部选举中实现"一肩挑"的党支部书记和身兼两委的支部委员,实际上必须首先经过第一个选举程序即村民大会选举,获得村民的广泛认同。这一程序虽然选举的是村民委员会成员,但实际上也赋予了他们作为党员进入到第二个选举程序的广泛的合法性基础,为他们进入第二个选举程序提供了必备

条件。因此,从这一角度来看,村民会议选举对于"一肩挑"和交叉任职的党支部成员来讲,具有间接赋权的意义。

其次,从决策权的实际运作来看。从制度文本的规定来看,村民会议或村民代表会议属于权力机构,行使决策权。村民委员会作为执行机构,执行村民会议或村民代表会议的决策。村民会议或村民代表会议与村委会之间主要要是决策与执行的关系。但是,现实中,G村的村民代表会议与村民委员会、村党支部之间却形成了较为复杂的关系。由于实行"一肩挑"、"村两委"交叉任职以及"村两委"联席会议,"村两委"在村务决策中处于主导地位,比村民代表会议具有更大的权威性。而村民代表会议实际上主要行使的是民主议事权。[17]这使得村民代表会议和村委会之间决策与执行的关系发生了一定程度的错位,从而影响了村民代表会议的权威性和权力机构的作用。

再次,从监督权的实际运作来看。村民群众对村委会及其成员进行监督的一种有效途径就是村民代表会议。由于实行"一肩挑"和"村两委"交叉任职,村民代表会议对村干部行使的监督权就不仅仅局限于村委会干部,而是包括了党支部成员中的大多数。因此,村民代表会议与"村两委"之间都形成了监督与被监督的关系。村民代表会议履行的监督权主要体现在两个方面,一是每年年末各组召集村民代表对村干部进行评议;二是每年年中和年末,各组召集村民代表通报村委会工作情况和财务收支情况。G村的村务财务公开主要采取各组召开民代表会议,由组长在会议上进行口头传达、通报的方式,没有建立正式的公开栏进行定期公布。

最后,从创制权的实际运行来看。按照法律文本的规定,村民自治章程和村规民约的创制权属于村民会议或村民代表会议。但在实际上,这一职权主要由"村两委"行使。"村两委"首先制定出村民自治章程和村规民约的讨论稿,然后提交给各组村民代表进行讨论和审议,在此基础上再由"村两委"进行综合,制定出正式的章程和村规民约,以村民代表会议的名义公布。在这一过程中,真正的创制权是由"村两委"来行使的。在此情形下,村民会议或村民会议通过行使创制权而对村民自治组织进行制约的作用就受到了限制。

综上所述,由于实行"一肩挑"和交叉任职,村民会议、村民代表会议与"村两委"的权力关系呈现出超越法律文本制度的交错关系。其中,虽然村民会议和村民代表会议在权力授予和监督上对"村两委"拥有了一定的权力,但是总体而言,其权力呈现弱势状态,"村两委"明显居于主导地位,村民自治实际上成为村干部自治,显现出一种政治精英治理的特征。如此看来,在实行"一肩挑"和交叉任职的情况下,如何以科学合理的制度设计来规范和界定村民代表会议和"村两委"之间的职权关系还是一个亟待解决的问题。

3. 村民小组在村委会领导下的相对自主性与配合性

村委会面对分布较为分散的各自然村寨,不可能都管理到位,因而,其工作任务最终要靠村民小组来完成。村民小组一般以自然村寨为基础组成,是村民生活和生产的最基本的组织载体和生存空间;是村民直接行使自治权的最基层的组织机构;也是贯彻落实"乡政村治"中各项事务的最基层的工作机构。在村民自治组织体系中,村委会与村民小组之间的关系是最直接和最显在的关系。它直接影响到整个村社的政治运行状态。从 G 村的实际看,二者之间的关系体现在以下三个方面。

首先,村委会与村民小组与之间存在着领导与被领导关系。作为村委会下设的最基层的工作机构,村民小组附属于村委会的管辖区域和管辖权之下,必须接受村委会的领导。从 G 村规定的村民小组长的工作职责可以看出,村委会承担的各项政务和村务最终都具体化为村民小组长的职责,即小组长在村委会的领导下宣传和贯彻党的政策和国家法律法规,执行和落实村民会议、村民代表会议和村民委员会的决定,完成各项工作任务,负责经营、管理本村民小组的集体土地、财产,组织本组村民参与村委会开展的自治活动,并及时和反映本组村民的意见和建议。据 G 村的小组长说,一年当中,他们到村上开会的次数达十几、二十次,大多数是接受村委会对各项工作的部署、检查和落实。如果任务完不成,在年终考核时,就要受到批评,或者被考核不合格而被扣发补贴。

其次,村委会与村民小组之间并不是科层制意义上的上下级关系。相对来讲,村民小组也是一个自治组织。村民小组长由村民小组的村民民主选举产生或者撤换,村委会无权任命或罢免小组长。对于只关涉到本组利益,而且经过本组村民同意,本组又有能力解决的小组内部事务,如修建本小组内部公益事业、本小组内部的生产协作等,小组长也有决定权和处置权,只需向村委会报告备案即可。因此,他们之间不是绝对的命令服从关系,村民小组具有相对的自主性。

再次,村委会与村民小组之间还存在着以人情关系维系的合作关系。村干部要圆满地完成各项政务和村务,必须得到各村民小组长的大力支持和配合。因此,村干部除了运用组织手段来影响和控制小组长外,还很注重以民间的礼尚习俗增进和加强他们与各小组长之间私人交往和感情沟通,以获得小组长的配合与支持。据村干部讲,他们到各组了解情况,商讨、检查和督促工作,都要带上烟酒,一边抽烟喝酒,一边与组干部商议工作。这种做法在很大程度上赢得了小组长们的支持与配合。据笔者调查,大多数小组长从内心讲都不愿意干下去。因为他们觉得小组长工作任务重、压力大、报酬低。但是,大多数小组长出于村民的信任和村干部的信任和关心,还是坚持干下来。丙美组的小组长已近60岁,实行村民自治以来,一直担任丙美组的小组长。他对笔者说:"唉,没有办法。当组长以来,支书和副主任都比较支持关心我的工作,我们工作一直配合得很好,如果不干了,太对不起他们了。"

4.党支部与妇女组织、共青团之间的领导与辅助关系

在G村,党支部与妇委会、共青团之间领导与辅助关系主要体现在:首先,妇委会和共青团直接受党支部的领导。在党支部委员会成员的分工中,党支部副书记王XX兼任共青团支部书记,并分管村妇代会和青年团的工作。因此,他对妇代会和共青团的所有工作负有直接的领导责任。当然,涉及妇委会和共青团组织的重大活动,最终还必须经由他向党支部书记请示汇报。妇委会和共青团接受乡上的工作任务,或者要自行组织活动,都必须向党支部书记和副书记请示、汇报,得到同意后方能实施。妇代会和共青团的换届选举必须在村民委员会的主持下进行。

其次,村党支部对妇委会和共青团领导成员的人事安排起着主导作用。对于妇代会代表、妇委会成员和共青团支部委员的人选,党支部必须把关。一般是党支部要求"村两委"成员和各村小组长在全村范围进行宣传、动员和物色。有了意向性的人选后,就采取一定的方式进行考察。如果是原任人员,就在一定范围内征求妇女和青年人对其以往工作的评价;如果是新人,平时就有意识安排他们去做一些村上的工作,以此作为考察。然后在换届选举前,由村组干部推荐候选人,最后选举结果基本都能实现党支部的意图。

再次,妇委会和共青团在村党支部的领导下配合"村两委"的工作。沧源县有关文件规定,原则上村级妇委会主任由"村两委"

班子中的女干部兼任,妇代会代表可兼任各村民小组长或副组长及村民委员会下属各工作委员会成员;团总支(支部)书记进村"两委"班子。G村的妇委会副主任是村委会委员,同时,她和妇委会主任还是村委会下设计划生育委员会的委员;团支部书记王同时也是村党支部副书记。这种兼职,有利于提高妇代会和共青团主要领导成员在村级组织中的地位和作用,也为他们动员妇女、团员青年参与和配合村务工作,比如计划生育、开展公益活动、扶贫济困等提供了途径和渠道。

(二)治理权威与非治理权威之间的多重互动关系

1.治理权威与传统政治权威之间的主导与协助关系

在G村,"村两委"作为治理权威,处于村庄公共权力的核心主导地位;传统政治权威作为非治理权威,对村庄公共权力起到一定的协助作用,并依凭传统文化资源对传统文化生活起着主导作用。总地来讲,两种权威在村社场域内处于一种和谐共生的状态。

第一,双方对于自身及对方权力定位达成共识。首先,对于传统政治权威在传统习俗和宗教活动中的主导地位,双方都予以承认和遵从。G村属于佤族聚居村寨,村民们在生产方式、生活习俗、社会规范、宗教信仰等方面深受本民族传统文化的影响。这为传统政治权威的合法性提供了深厚的文化土壤。凭借着传统文化为传统权威们提供的传统性身份、地位和威望以及他们自身的人格魅力等资源,传统政治权威们在生活习俗和传统文化活动中具有不可替代的权威性。丙美寨的"达该"说:"村寨中的重大节日、祭拜活动和村民日常生活中的风俗、迷信活动,都必须由我们主持操办,其他人没有资格和能力来搞。"村组干部们作为佤族的一员,本身也受到佤族传统文化的浸润和约束。因此,对于传统文化他们也要顺应和遵从。另外,作为治理权威,为了维护村寨的社会稳定,赢得村民们广泛的合法性认同,他们也必须遵从传统文化习俗和传统权威。村支书兼主任刀 XX 说,对于村寨头人们搞的活动,只要不违反法律政策,他们都予以支持和配合,而且很多活动他们都要亲自参与。2007 年 6 月,笔者在 G 村调研时参加了村党支部副书记王 XX 的婚礼。在婚礼上,三位头人和几位有威望的老人被安排在最尊贵的位子就座;村支书兼村主任刀 XX、村副主任田 XX、几位组长和笔者被安排在另一桌。相对来讲,我们的位置就没有那么显要了。酒席间,一对新人首先向几位头人和老人敬酒,然后才过来向我们这一桌敬酒。由此可见两种权威在传统习俗中的不同地位和关系。

其次,对于"村两委"在村社公共权力方面的绝对权威和地位,双方的也有共识。权力的大小强弱取决于对权力资源的占有状况。G 村传统政治权威所占有的资源主要源自于传统文化赋予他们的地位、声望、身份等传统的权威性资源。这些资源对于一个民族村寨,特别是单一民族聚居的村寨来讲,具有强大的凝聚力、整合力,对于村寨的和谐、稳定、有序产生着重要的作用,传统政治权威们因此而获得了广泛的合法性认同。但是,对于一个生存于现代社会的少数民族村社来讲,其发展还要依靠更多的现代性社会资源。在这方面,"村两委"占有明显的优势。"村两委"不仅能够得到县、乡政府提供的项目资金,获得配置性资源,而且还具有国家政权赋予的权威性资源:村党支部的领导权和村委会的自治权。这两种资源使"村两委"获得了绝对的权威。对此,村干部们有着强烈的自我意识。支书兼主任刀 XX 说:"在村寨中,我们"村两委"是党和国家承认的正式权力,村寨的头人虽然在老百姓中有很高的威信,但他们也是村民,也要服从我们的管理。他们在村中要搞重大的活动都要向我们请示、汇报。我们对他们搞的活动负有管理和监督的责任。如果违反国家法律制度，或者是违背党和国家的民族宗教政策，我们要坚决制止。"而村寨的头人们对此也普遍予以认可："村寨中的规矩主要由村干部来定，大事也由他们管。需要我们协助的时候，我们也会尽力而为的。"笔者在 G 村调查时碰到的一件事很能说明问题。村支书兼主任刀 XX 为了便于工作，要求从芒弄组搬到丙美组（村委会）所在地，经"村两委"商议后，大家都同意，并经过相关部门的批准。但是按照传统的做法，凡涉及到有人要迁入或迁出村寨，都必须经过村寨头人们商议。于是，头人们择日聚集在一起，专门对刀 XX 的迁入问题进行了讨论和商议，结果是同意他迁入丙美寨。如果在传统社会，头人们对此问题具有绝对权威。他们同意就行，不同意就不行。现在，头人们仍然要按照习惯法进行商议，但却没有了绝对权威。他们的结论对于"村两委"来讲具有一定的参考价值，"村两委"可以采纳，也可以不采纳。如果"村两委"不同意迁入或迁出，那么，就不存在让头人们商议的问题。

第二，将传统政治权威整合到村社民间组织中，既发挥了传统权威的作用，又将其置于村社治理权威的领导之下。为加快基层组织建设步伐，推进社会主义新农村建设健康发展，为全县经济社会又好又快发展提供强有力的组织保证，沧源县于 2007 年以第三届"村两委"换届为契机，在全县范围内建立了"一体两会"联动运作机制。所谓"一体两会"是指党群致富联合体和产业协会、新农村理事会，即以乡（镇）为单位建立党群致富联合体，以建制村或产业区域建立产业协会，以自然村为单位建立新农村建设理事会，通过党组织和党员这条主线，形成以党群致富联合体为统领，产业协会和新农村建设理事会为支撑，上下联动、相互衔接、相互促进、互为补充的联动运行机制。[18]在建立新农村理事会的过程中,G村的三个村民小组将本寨的"达该"吸收为本小组新农村理事会的成员。这一方面有利于以制度化渠道发挥传统政治权威们在村社公共事务管理中的作用。进入理事会以后,传统政治权威们的参与行为就不仅仅是体制外的个人行为了。这无疑增强了他们在管理村社事务方面的权威性,从而调动了他们参与村社社管理的积极性主动性,使他们在村社管理方面能够充分发挥其积极作用;另一方面,还有利于实现村社治理权威对传统政治权威们的领导。新农村理事会作为村社民间组织,必须接受村社治理权威的领导。传统政治权威们参与到理事会中,成为其中一员,自然必须接受"村两委"的领导。另外,新农村理事会的会长、副会长都由村民小组组长和副组长兼任。他们既是理事会的领导者,又是村社治理权威组织体系的成员。而传统政治权威们在理事会中作为一般的成员自然要服从理事长和副理事长的领导,实际上也就是要服从村民小组长和"村两委"的领导。因此,将传统权威们整合进理事会,就自然而然地以组织化的渠道将传统权威置于村社体制内权威的领导之下。

2. 治理权威与老村社干部之间的领导和支持关系

老村社干部们从村社领导职位上退下来之后,就没有法定的村社正式权力,对村社公共事务的管理权已经不再是他们法定的职权(正是在此意义上,我们把老村社干部界定为非治理权威);而且,一旦他们从职位上退下来,其身份就与其他普通村民一样,必须服从村社治理权威的领导和管理。因此,村社治理权威与老村社干部们之间存在着领导与被领导的关系。不过,老村社干部们又与普通村民不一样。他们毕竟曾经担任过村社干部的职务,曾受到过主导政治文化的熏陶,具有较为强烈的政治意识、政治觉悟,积累了较为丰富的政治技能、政治经验和政治资历;加之他们为人比较正派,办事公道,在担任职务期间得到了大多数村民的认同,后来虽然退位了,但过去作为村社干部积累下来的地位、身份、威望、资历、经验等资源对于村社公共事务管理仍然具有一定的影响力,对他们参与村社公共事务的管理仍具有一定的作用。因而,无论是现任的村社干部还是普通村民,对于他们的这种权威仍然有着较高的认同。在涉及村社公共事务或者村民生活中的困难矛盾等,村社干部和村民都愿意找他们出主意、想办法,并参与解决。从这一角度来看,在村社公共事务管理方面,老村社干部们对"村两委"又起到协助、支持的作用。

3. 治理权威与宗教权威之间直接管理、监督与间接影响的关系

宗教权威主要在宗教信仰和宗教活动中起到主导作用,他们并不主动、直接干预村寨世俗的公共事务,但对村寨的公共事务仍然产生一定的影响;作为 G 村村民的一员,他们必须接受"村两委"的管理;同时,由于他们是具有特殊权威的人物,他们还必须受到"村两委"的监督。

在 G 村,三种宗教权威通过传播宗教观念、意识,举行各种宗教意识和活动,深刻地影响着信徒们的精神世界和生活方式,在宗教信仰和宗教活动中起着主导和引领的作用。不过,他们对于村寨的公共事务并不主动、直接地进行干预。丙美寨的"召毕"说:"村民找我主要是为了占卜算卦。有时他们在我这里也会讲一些村上和组上的事情。这些是村组干部管的事情,我不好插嘴。除非村组干部主动问我,我会说上几句。"缅寺的长老也说,村组上的世俗之事,他不会主动过问和干预。基督教的传道员也表示,他们的职责就是传经布道,他们不会对村上的事务指手画脚。

但是,这并不意味着宗教权威们对村社治理权威没有任何影响。一方面,宗教权威们从间接的角度协助与配合了"村两委"的村社管理工作。宗教的基本特性实质上就在于它构成了一套道德规范。这些道德规范通过宗教权威们宣传和灌输宗教教义和教规,对教徒们的思维方式、生活方式、行为方式等产生一定的积极影响。如原始宗教借助鬼神崇拜和祖先崇拜,教育人们要遵守家庭、婚姻伦理道德;要团结互助、同甘共苦、勤劳善良;告诫人们防范偷盗、欺骗等不良行为等,否则就要受到神灵的惩罚;小乘佛教中宣扬的慈悲为怀、互助互济,信奉善恶行为,轮回报应,严谨偷盗、行凶、赌博、嫖娼等;基督教的十条戒律,虽然其中不乏唯心主义的观念,但其中的孝敬父母、不许杀人、不许奸淫、不许偷盗、不需作假见证害人、不许贪恋他人妻子一切所有等。这些教义、戒律既对人们恶的行为起到警示和惩戒的作用;又激励着人们的善行,净化人们的心灵,提升人们的精神境界,对构建宽松、和谐和平安的人际关系和社会环境起到一定得积极作用。正如法国宗教社会学的创始人杜尔克姆所言:宗教"从人心里唤起值得崇拜的道德力量,因此,社会之所以能控制我们,主要不是依仗物质霸权,而是借助它被赋予的道德权威。"[19]佤族村社中家庭暴力极为罕见,离婚率也非常低,小偷小摸、打架吵架的事情很少发生,邻里关系也比较和睦。这无不与宗教的教化作用有着直接的关系。这种教化作用实际上间接地协助和支持了村两委的村社管理工作。

另一方面,宗教权威及其所宣扬的教义在一定程度上影响了"村两委"的影响力和权威性。宗教权威们因为信教群众对宗教的信仰和崇拜而获得了强大的权威性。这种权威对信教群众产生巨大的亲和力、感召力、凝聚力和动员力,使他们从思想到行为上更趋向于贴近和服从宗教权威,相应地,在一定程度上则削弱了信教群众对村寨正式权威的情感、信任与服从,从而削弱了正式权威的影响力和权威性。另外,宗教信仰为信徒提供最基本的价值观念,这些观念成为信徒们判断政治体系和政治过程的基本标准和行为选择的标准。宗教的本质是唯心主义,它将信徒对利益的诉求引向虚无缥缈的神灵而不是现世中的治理权威,从而抑制了信徒们主动参与政治生活的意识、愿望和行为。面对村社治理权威领导的政治生活,他们表现出事不关己的漠然态度。这种被动消极的思想行为,对于村社治理权威的动员力、感召力是一种销蚀的力量,无形中削弱了村社正式权威的影响力和权威性。

此外,宗教权威们一方面受到"村两委"的尊重和保护;另一方面则必须接受"村两委"的管理和监督。G村村民委员会与乡政府签订的《宗教工作目标管理责任书》中明确规定,村委会必须全面正确贯彻执行党的宗教信仰自由政策,依法保护公民信仰宗教和不信仰宗教的自由,保护宗教团体和教职工人员的合法权益。同时还规定了村委会对宗教工作管理、监督职责。据支记刀XX介绍,G村宗教信仰比较复杂,因而"村两委"非常重视宗教工作。凡是党和国家在宗教方面有什么新的精神、政策和法律,他们都会及时向宗教权威们进行宣传;村委会民族宗教委员会的成员也随时关注宗教活动的动向,特别是对境外宗教势力的渗透活动和非法宗教活动保持着高度的警惕。总的来看,G村的宗教权威们还是比较遵纪守法,也服从"村两委"的管理和监督。多年来,没有因为宗教信仰、宗教活动发生过重大问题。

三、乡村关系视野中的村社治理权威

前面,我们主要从村社内向角度考察了村社内部的权力关系。此外,村社权力体系还存在着外向权力结构。自从实行村民自治制度并形成了"乡政村治"体制以后,"乡政"与"村治"之间就产

生了较为复杂的互动关系。这一互动关系从村社政治体系的角度看，主要体现在村社治理权威的"代理人"与"当家人"双重角色与功能上。因而，在此试图从村社治理权威的角色与功能中来考察村社权力的外向结构。

（一）双重角色：乡村关系的结构性体现

"乡政村治"体制使国家政权与乡村社会之间的关系发生了前所未有的变化，从过去单一的政府行政管理与被管理的关系结构向多重关系结构转型。伴随着"乡"、"村"之间多重关系的形成，村社治理权威的"代理人"与"当家人"的双重角色被型塑出来。

1. 双重角色是乡村关系的微观折射

社会学认为，社会角色"是指与人们的某种社会地位、身份相一致的一套权利义务的规范与行为模式，它是人们对具有特定身份的人的行为期望，它构成社会群体或组织的基础。"[20] 把角色理论引入政治学研究的海因兹认为："政治行为……永远是政治角色所表现的行为。"[21] 所谓政治角色，就是被社会公认为按照某种特定行为模式进行政治活动的人。

社会角色是社会地位外在的动态的表现形式，社会地位则是社会角色的内在依据。[22] 社会地位是人们在社会关系体系中所处的位置。因而，社会角色也就是社会关系的外在体现。村干部处于国家政权与乡村社会之间的中介地位，其所扮演的角色就是"乡"与"村"之间关系的微观折射，其本质是国家政权与乡村社会之间关系的反映。从对村干部角色的考察中，我们能够窥视国家与乡村社会之间的关系状况。

自从"乡政村治"体制形成后，学术界就对村民自治制度中的村干部角色展开了讨论。如徐勇提出"双重角色"说,即村干部既是国家利益的代理人又是村庄利益的当家人。[23]唐晓腾则认为村干部扮演着"双重代理人"角色。[24]吴毅则提出了村干部角色"双重边缘化"的观点。[25]申静、陈静则对欠发达地区的村干部角色提出了"弱监护人"的观点。[26]沈延生则融合了美国学者杜赞奇的"保护型国家经纪"、"赢利型国家经济"的观点和徐勇的"双重角色"观点,提出"保护型经纪"偏重于村社当家人,"赢利型经纪"则更加忠于国家代理人的职责。[27]其中,徐勇的"双重角色"观点较为准确地把握了农村村干部在国家与村庄社会关系中的地位与角色。

2. 乡村之间三重关系型塑村社治理权威的双重角色

由于现实中影响乡村关系的社会生态环境的复杂性和多样性,以及研究者们考察问题的视角和使用方法的殊异性,对乡村关系的研究产生了纷繁的观点和诸多的争论。[28]笔者认为,郭正林所提出的乡村"三重关系论"具有较强的解释力。

所谓"三重关系",是指乡镇党委与村党支部之间存在着领导与被领导关系;乡镇政府与村委会在村民自治事务范围内存在着指导与被指导关系;乡镇政府与村级组织在行政事务管理上存在着依法管理与接受管理的关系。[29]首先,乡镇党委与村党支部之间存在着领导与被领导关系。党章对各级党组织之间的关系是这样规定的:党的下级组织必须坚决执行上级组织的决定。下级组织如果认为上级组织的决定不符合本地区、本部门的实际情况,可以请求改变;如果上级组织坚持原决定,下级组织必须执行,并不得公开发表不同意见,但有权向上一级组织报告。由此可见,乡镇党委与村级党组织之间构成了领导与被领导的关系。

其次,乡镇政府与村级组织在行政事务管理上存在着依法管理与接受管理的关系。在"乡政村治"格局下,乡镇政府是国家在农村地方的基层政权,国家主要通过乡镇政府对农村社会进行行政管理。《宪法》明确规定,乡人民政府有执行本级人民代表大会的决议和上级国家行政机关的决定和命令,管理本行政区域内的行政工作的职权。《地方组织法》则具体规定了乡政府拥有管理本行政区域内的经济、政治、文化与社会的职权。乡镇以下建立的村委会在性质上尽管属于群众性自治组织,却仍然属于乡镇管辖下的行政村,乡镇政府对其所管辖的所在村庄,都有法定的管辖权和行政权。这就是说,国家的体制性权力虽然上收至乡镇,但功能性权力仍然会下沉到村。[30] 乡镇只是改变了对农村基层社会的管理方式、管理手段与和农民之间的联系方式,将政府的直接管理转变为依托自治组织协助完成。为此,《中华人民共和国村民委员会组织法》第四条明确规定了村民委员会协助乡、民族乡、镇的人民政府开展工作的职责义务。

再次,乡镇政府与村委会在村民自治事务范围内存在着指导与被指导关系。村民委员会作为基层群众性自治组织,有权对依法属于村民自治范围内的事务进行自我管理、自我教育和自我服务;而乡镇政权对村民自治范围内的事务则不能再像过去那样行使行政命令权,进行直接干预,而只能进行指导、支持和帮助。也就是说,乡镇政权与村委会之间在村民自治事务范围内存在着指导与被指导关系。所谓村民自治范围内的事务,一是看其是否属于村民委员会管辖范围内的村社自身内部的事务,如本村社内的公共事务和公益事业;二是看兴办这些事务的财力主要来源如何。如果财力主要来源于村集体经济收入或者农民集资兴办,那么,所兴办的事务就是村民自治范围的事项,否则就不属于村民自治范围内的事务。

三重关系集中体现在以乡镇党委为核心的乡镇政权和以村党

组织为核心的村社治理权威之间的关系中。其中,领导与被领导关系和管理与被管理的两重关系具体作用于"村两委",就塑造了"村两委"作为乡镇政权"代理人"的角色。因为乡镇政权领导和管理的事务最终要落实到村社,委托"村两委"来贯彻、落实,这就要求"村两委"扮演代理人的角色;而指导与被指导的关系则决定了村委会"当家人"的角色特征。根据上述对村民自治范围内的事务的界定,只要村民委员会有自主财力解决的,属于村民委员会管辖范围内的村社自身内部的事务,就属于村民委员会自治权限范围内的事务,村委会就应当履行当家人的职责,而乡镇政权对此则只能加以指导,不能进行干预和命令。

(二)双重角色的现实表现

以上主要从法理上对三重关系及其塑造的双重角色进行分析。在现实中,乡村之间的三重关系呈现出非均衡发展的状态。取消农业税费前,由于受到过去乡镇政权与村公所之间的命令与服从的权力运行惯性的影响,以及计划生产、税费征收和计划生育任务(人称"要粮、要钱、要命")等刚性任务的压力,乡村三重关系中的领导与被领导关系和管理与被管理关系被强化,而指导与被指导关系被弱化,"村两委"突出体现了"代理人"的角色特征。随着农业税费的取消、社会主义新农村建设的推进、村民自治制度的不断创新,乡镇政权与"村两委"之间三重关系的互动格局和村两委的双重角色发生了一些变化。

1. "当家人"角色的增强

取消农业税费和社会主义新农村建设战略的实施,为村社治理权威"当家人"角色的体现创造了有利的环境和条件。取消农业税费,消除了"村两委"作为"代理人"必须完成的征收税费的压力,减少了作为"代理人"必须承担的任务,有助于他们从繁重的税费征收任务中解放出来;同时,取消税费也切断了国家权力凭借征收税费向乡村进行干预的路径,在客观上为"村两委"履行"当家人"的角色创造了较为宽松的外部环境。社会主义新农村建设为村社治理权威提供了前所未有的配置性资源,为其减少对国家政权的依附性,增强"当家人"角色的地位奠定了经济基础。

村民自治制度的不断改进和加强,也有利于塑造"村两委"的"当家人"角色。"两选联动"机制让村民在事实上拥有了选举村支书的权利,扩大了村支书权力的民意基础。这有利于强化村支书兼主任的"当家人"角色意识和行为,按照村民对他作为"当家人"的角色期待去调整自己的行为,越来越多地关注和维护村民的利益,而不再仅仅满足于完成乡镇政府所布置的任务。

G村治理权威的"当家人"角色主要体现在以下几个方面:其一,做村民的代言人。村支书兼主任和副主任利用参加县乡党委政府召开的各种会议和参加县乡人大会议,以及各种非正式场合的个别接触,向县乡政权反映村社和群众的困难,争取援助。

其二,为村社提供有限的公共服务。G村缺乏集体经济,"村两委"为村社公益事业服务的能力非常有限。他们凭自身能力所能做的公益事业主要就是组织和动员村民投工投劳对一些年久失修的塘坝、沟渠、路桥进行一定程度的翻修。此外,就是通过借鸡生蛋的方式修建了村中一条长达8公里的弹石路。2005年,某矿业公司来到G村所辖的深山里开采铅锌矿。"村两委"和该公司达成协议,公司为村里修建一条约8公里的道路作为补偿。道路基本开挖出来后,该公司由于各种原因面临倒闭撤出G村。据村干部说,该公司为开挖此路投入了近100万元。对于此条路的修建,村民们都普遍给予赞誉,认为"村两委"为大家办了一件大好事、大实事。

其三,解决村社内部矛盾纠纷。G村一年中偶尔会发生几起起矛盾纠纷。如因放养的猪和牛践踏了别人家的庄稼引起纠纷;少数年轻人因喝酒斗嘴引发的打架斗殴;两个村民小组间因争山林、水源而引发的矛盾纠纷。一般情况下,对于只是涉及村社内部的矛盾纠纷,"村两委"召集村中传统权威,依据村规民约或者习惯法就能够加以妥善处理。

2."代理人"角色的体现

取消农业税费为村社治理权威履行"当家人"角色创造了条件,但同时又使得村级组织失去了自治的经济资源。过去实行"三提五统"时,村级组织尚有一定的、基本满足其日常事务需要的资金。取消税费后,这些有限的资金没有了,而村社又没有集体经济,属于空壳村,缺乏获取自给资金的渠道。面对村社公共事务,特别是公益性事业,"村两委"没有经济实力来解决,只能依赖乡级政权提供资源。这在一定程度上加剧了"村两委"对乡级政权的依附性,强化了"代理人"角色。其一,村社治理权威根据乡党委政府的意图和规划设计本村发展规划。"村两委"的任期目标规划和新农村建设中长期规划都不是由村两委独立自主提出来的,而是根据乡党委政府的任期目标规划、新农村建设中长期规划,在驻村工作组和新农村指导员的帮助下制定的,"村两委"的自主性、主动性非常有限。

其二,"村两委"主要依靠县乡党委政府发展农业产业。根据乡上的规划和目标任务,"村两委"确定了种植业以木薯、茶叶、核桃为主,养殖业以养殖能繁母猪为主的产业发展规划。但是,G村是一个空壳村,而农户们的生活也比较贫困,拿不出钱来搞产业发展,因此只能依靠县乡党委政府来发展产业。一是依托县政府引进的外地公司,实行订单农业,发展木薯产业;二是由乡政府作为法人代表向世界银行申请世行项目贷款,发展高优茶;三是由乡政府通过申请财政转移支付资金和自筹资金购置原材料赊供给农户,来发展核桃产业和能繁母猪养殖业等项目。由此看出,在发展农业产业的过程中,县乡政府,特别是乡政府一直扮演着一个积极政府的角色;而"村两委"则成为完成上级任务的"代理人",没有充分体现出"当家人"的地位和作用。

其三,乡级政权为了保证对农村社区的社会管理和社会保障,也需要委托"村两委"做大量的工作。在新农村建设中,国家不断加大对农村社会特别是少数民族地区社会管理和服务的扶持力度。因此,乡级政权除了承担繁重的农业产业发展任务外,还担负着社会管理和社会保障的任务。在社会管理方面,乡政府主要负责对农村社区内计划生育、社会治安、文化教育卫生、生态保护和利用、民族宗教事务以及全乡范围内的公共工程、公益事业等的管理和服务。社会保障方面主要包括对五保户和贫困户的救济、救灾物资的分配、农村最低生活保障等级的确定和保障金的发放、良种补贴的确认和发放等。由于边疆民族地区交通不便、贫困面广,社会管理和社会保障工作的任务重,难度大,单靠乡政府无法完成,只有依托各村的"村两委"来承担。因此,"村两委"不可避免地成为了乡政府进行社会管理和社会保障工作的"代理人"。在G村,乡政府与村委会签订了包括计划生育、民族宗教团结、社会治安、安全生产、消防安全、森林防火、教育等多项目标管理责任书。这些目标管理责任书规定了乡党委政府对"村两委"的领导、指导、督促和检查的职责和"村两委"担负的贯彻、执行、反映和协助的义务。

(三)影响双重角色冲突与调适的主要因素

双重角色是"乡政村治"体制下乡村关系的结构性体现。但这种结构性的型塑,并不意味着必然导致双重角色的冲突。村干部处于国家政权与乡村社会的中介位置,既是二者利益的结合点,又是二者利益冲突的触发点。因而,双重角色在一定的条件下可能是协调的,也可能发生冲突。双重角色的协调与冲突主要取决于三个方面的因素。

1.**国家政策的目标取向与村民利益取向之间的关系**

从法理上讲,"乡政"与"村治"两种权力的最终归属和目标是一致。国家政权是代表包括农民在内的全体人民的利益,对社会实施领导和管理的人民政权;村民自治权是国家法律制度规定的、农村村民自主管理基层社会事务的权力。二者具有共同的利益基础。这一基础能够将二者的权力有机地结合在一起。但是,"乡政"与"村治"毕竟是两种性质不同的权力,"乡政"管理主要代表国家利益或以国家名义运用其权力;村民自治主要反映和表达村社和村民的意愿和要求。在现实中,国家和村社、村民之间的具体利益发展是不平衡的,其间的利益取向有时是不一致的。当国家关于农村宏观政策目标取向与村民利益目标取向不一致时,"乡政"与"村治"之间的关系就会产生矛盾甚至相冲突,从而导致"村两委"的双重角色发生矛盾和冲突;反之,国家的农村宏观政策目标取向与村民利益目标取向一致,"乡政"和"村治"关系就和谐,"村两委"的双重角色就有可能趋于协调。这突出体现在国家对农村的税费政策和新农村建设战略上。

由于中国是一个农业型的现代化后发式国家,发展现代化的任务非常艰巨和紧迫,而发展现代化所需的社会资源却非常有限。

为了尽快实现现代化,国家政权不得不采取以牺牲"三农"为代价的优先发展城市现代化的发展战略,对农村实行多取少与、以农补工的政策。进入20世纪90年代中后期以后,随着国家城市现代化步伐的加快,社会主义市场经济体制的建立,财政包干制度的实施,收取税费成为政府发展经济和维持公共管理的主要任务。在农业税费时代,乡村关系主要体现为一种乡对村的资源汲取和村对乡的税费上缴,在一定程度上损害了农民的利益,激化了国家政权与农民之间的矛盾,最终导致村干部陷入角色冲突中:如果倾向于"乡政"一方,村干部们便会和村民发生尖锐的对立;如果倾向于村民一方,便会与"乡政"产生尖锐的矛盾。大多数情况下,村干部迫于乡镇政权的行政压力,会选择"代理人"的角色,这样必然引发村民对乡镇政权和"村两委"的严重不满,甚至发生对抗性的群体性事件,以及村党支部书记辞职事件和自杀事件。[31]在边疆民族地区,各级政府出于民族团结和边疆稳定的考虑,税费征收的任务并不像内地那样繁重,因税费征收而引发的矛盾冲突也不象内地那样剧烈。但是,对于"三提五统"和其他各种费用的征收,村民们仍然有较大的意见。这些费用不仅名目繁多,而且随意性大。在县乡政权的压力下,"村两委"不得不扮演乡政府向村社汲取资源的"代理人"角色,从而在一定程度上引发村民对"村两委"的不满。对此,村干部既感到无奈,又感到冤枉。取消农业税费,改变了乡对村的资源汲取和村对乡的税费上缴关系,不仅为农民减轻了负担,也为村民自治减轻了行政压力,促进村民自治由行政化向自治性的"本我"复归。[32]从而消除了引发"村两委"双重角色冲突的一个重要因素。

　　新农村建设是一场以国家为主导的规划性的社会变迁,因而,对于各级政权来讲,这是一项艰巨的任务。对于边疆民族地区的县乡政权来讲,这更是一项艰巨、复杂而紧迫的任务。因为边疆民族地区的农村,经济社会发展滞后,生产经营方式落后,农民自组织能力低下,村社治理权威组织的自治能力薄弱,新农村建设所需的绝大部分资源依靠县乡政府提供。因而,取消税费后,乡政权的工作任务并未减轻,与村社之间的联系并未减少,并不像有些地方那样,表现出松散的状态,从过去的"汲取型"政府变为了"悬浮型"政府。在沧源县,自开展新农村建设以来,大力调整、发展农业产业结构、加大农生产基础设施建设力度、加强对农村各项社会事业的管理、建立和完善农村社会保障制度等成为沧源县和各乡镇政权的主要工作任务,而且这些任务主要依靠县乡政权提供资源来完成。为了完成这一系列繁重任务,乡政权必然要加强对村社的领导和管理,必然要将这一系列的任务贯彻落实到各村社,由各"村两委"来具体实施。因此,"村两委"在新农村建设中仍然扮演着乡政权"代理人"的角色。但是,由于新农村建设是国家政权实施的一项符合广大农民利益的战略举措,因而,这时的"代理人"角色与税费时代的"代理人"角色的性质和任务是完全不同的。税费时代的村干部主要承担乡镇政权向农村汲取资源的"代理人";而这时的村干部主要承担乡镇政权向农村输入资源的"代理人"。其所承担的任务从以国家、城市、工业利益为主,转变为以社会、农村、农业、农民利益为主。在这个过程中,村干部作为"代理人"所完成的国家任务,实际上也就是村民和村社的利益需求。这种目标取向的一致性,消除了"代理人"与"当家人"之间的矛盾冲突,使二者达到了统一。因为当"村两委"在执行乡镇布置的发展产业、进行社会管理、实施社会保障的任务的同时,也就是在为村社和村民利益服务,在一定意义上体现了"当家人"的角色。

2. 压力型体制的影响

压力型体制的压力是导致双重角色冲突的根本原因。在压力型体制下,乡镇政权为了完成上级政权下达的各项任务,必然要向下释放体制压力,将所承担的任务层层分解、层层下放到村社一级,向村委会部署任务。这些自上而下的任务,有些可能符合村社和村民的利益,有些却并不完全为村民理解和接受,有些甚至与村社和村民的利益相悖。当自上而下的任务不完全为村民理解和接受,甚至与村社和村民的利益相悖时,"村两委"所扮演的双重角色必然发生冲突。这突出体现在农业产业发展上。

农业产业发展问题是制约沧源县经济发展的瓶颈,因而成为县乡新农村建设任务的重中之重。近几年,沧源县各乡镇大力发展农业产业,确实对经济社会发展和农民生活水平的提高起到了极大的促进作用。但是,在压力型体制下,产业发展的任务往往被自上而下地层层加码、层层分解到乡镇政权,并且作为检验乡镇党委政府政绩的重要标准。为了完成任务,释放压力,保证自己的政治前途,乡镇政权必然将这些任务分解到各村社加以具体落实。这样,"村两委"实际上成为乡镇政权完成产业发展任务的"代理人"。当然,如果这些任务符合村社利益,为村民拥护支持,那么,"村两委"在贯彻落实任务时的角色扮演上不会发展生冲突,因为其行为实际上既符合代理人的角色期待,也符合当家人的角色期待。不过,在压力型体制的压力下,乡镇政权容易产生脱离农村和农民实际的超额完成产业发展任务的冲动,并将其转移给村干部。在这种情况下,村干部们就可能面临着角色的冲突。"在只对上级负责不对下级负责的体制下面,很难想象有这样的好人:他违背上级的意愿为村民做令上级不满意的事情,或同情村民而不完成上级交办的任务"[33]迫于政治体制的压力,出于对乡镇府的依赖,大多数村社的村干部会选择"代理人"的角色。

3."乡"、"村"之间权力资源配置状况

"乡政"和"村治"间权力资源配置的不平衡性导致二者之间权力关系的不均衡性,并投射到村干部身上,从而引致村干部双重角色间的冲突。

从"乡"与"村"之间配置性资源的对比来看,"乡"占据着明显的优势。这是大多数村干部在发生角色冲突时选择"代理人"角色的主要原因之一。尽管与其他地方的乡镇相比,少数民族地区的乡镇所占有和支配的配置性资源非常有限,但是,相对于村社来讲,仍然居于优势地位。尤其是随着新农村建设的发展,国家加大了对少数民族地区的财政转移支付力度和各种方式扶持的力度,少数民族乡镇依托国家政权,掌握着一定的配置性资源。他们有权决定所争取到的项目资金在各村的分配。相对而言,少数民族地区的村社大多数普遍缺乏经济发展所需的配置性资源。沧源县有70%的空壳村,"村两委"没有能力独立自主地为村社的公益事业提供服务,绝大多数是靠县乡政府提供的项目资金才得以实施的。据笔者调查,G村直到2009年初,村内才修了第一条长约450米的硬板路。修路所需的水泥、沙子是靠从县上下派到村上的新农村指导员通过个人的各种社会资源筹集来的,石头是由村民上山采来的,最后由"村两委"动员组织村民投工投劳将路修起来。此外,村中的人畜饮水工程、产业发展项目、广播电视村村通工程、厕所改造工程、"村两委"办公楼修建等,都是靠县乡政府提供的资源才得以实施的。村级组织由于缺乏配置性资源,无法实现对村内公共事务和公共产品的自我管理,自我服务,必须依靠上级组织的支持。不仅如此,村组干部的补贴也是依靠国家财政拨付的。在此情况下,当面对乡政权下达的任务时,"村两委"成员

就会从理性计算的角度做出权衡：如果不承担任务，不仅工作补贴就会受影响，而且今后就可能难以得到乡政权的资金项目支持，自己这个村干部就不好当了。乡政权正是靠这样一些诱致性因素强化了村干部对其依附性，从而使村干部在一般情况下选择"代理人"的角色。

再从"乡"与"村"之间权威性资源的配置情况来看，乡镇政权仍占据优势。首先，乡镇政权具有党组织系统的组织资源。它可以通过党组织自上而下的领导与被领导组织原则调动、组织村社的党组织资源，并通过村党组织实现对村委会的领导，从而实现自己的意图。在此情况下，"村两委"自然而然成为了乡镇政权的"代理人"。其次，乡镇政权还有着行政组织资源。它所拥有的行政管理体制不仅拥有较强的动员能力，而且这种行政管理模式被长期地，自然而然地递延至村社场域。最为典型的就是乡镇将压力型体制中上级行政机构对下级行政机构进行监督、控制和考核的工作目标责任制运用于村社权力组织。通过目标责任书的签订、落实、考核、兑现等程序规定村干部的工作内容，加强对村干部的监督和控制。

当然，随着村民自治制度的改革、完善，"村两委"也获得了一些新的权威性资源。"两选联动"机制使"村两委"的权力获得了较为充分的民意基础，增强了村干部的荣誉感、责任感和使命感，使他们在村社利益受到损害时能够有充分的底气站出来扮演当家人的角色，承担当家人的责任。村干部获得的这一民意基础还在一定程度上制约了以乡镇政权为代表的国家政权对村社干部的控制。毕竟，村支书、主任是经过村民广泛选举而产生出来的，其权力主要源于村民的民主选举，而不是靠乡镇单方面的授权，乡镇政权要想以授权来控制村干部不仅失去了合法性，而且也难以操作。

因此,村干部之所以选择当家人的角色,很大程度上也是基于对这一权力授受关系的考虑的。因为如果在全村利益受到损害的时候作为村支书、主任不站出来说话,将会丧失民心,今后在选举中要想再获得大多数村民的认同就非常困难了。

村民自治制度的导入及其不断发展,是一次以国家主导的民族国家建设中乡村社会的重大变迁,改变了国家与乡村社会之间的组织边界和权力授受关系,导致原来国家与乡村社会互动方式的解体和新的互动关系的重构。其结果彻底改变了佤族村社在人民公社体制下形成的行政化和一元化的权力结构,逐渐构建了民主化取向的具有双向度、多元化特征的权力结构。在村社内部,形成了治理权威与非治理权威并存,以治理权威为主导的权力格局。但是要看到,治理权威的自治能力存在着诸多局限性。一是治理权威虽然通过"两选联动"机制获得了较大的民意基础,但仍然存在着权力集中和监督制约机制不健全的问题;二是权力资源的配置主要是依靠国家政权支撑,缺乏充分的自致性的内生权力资源,从而削弱了自治能力。

在中国宏观政治体制、政党制度和"乡政村治"体制之下,乡村之间的三重关系是必然存在的,双重角色也是不可避免的。事实证明,村干部扮演何种角色,双重角色之间是协调一致还是矛盾冲突,主要取决于三个方面的因素。对于"代理人"角色,不能从应然的角度来评判,似乎"代理人"角色只会产生负面作用,而应该客观地看待。不可否认,在压力型体制之下,"代理人"角色确实会产生负面的作用,但是,当村社缺乏充分的自治资源和能力,而国家宏观政策取向又与村民利益取向相一致时,村社干部所扮演的"代理人"角色不仅是必须的,而且具有积极的作用。村民自治发展的方向并非在于消除"代理人"角色,而是在于实现双重角色的协调一致,实现国家与社会互动的有机统一,实现二者的和谐和良性互动。

注　释

1　G村是H乡的一个行政村,位于乡政府驻地的北面,距乡政府所在地6.2公里,距县城55公里,全村国土面积54.47平方公里。G村为佤族聚居村,全村辖7个自然村6个村民小组,共有309户1439人。全村有一个自然村40余人信奉基督教,其余信仰原始宗教和小乘佛教。2010年,全村农村经济总收入387万元,人均纯收入1978元。

2　姚锐敏、汪青松、易凤兰:《乡村治理中的村级党组织领导》,中国社会科学出版社2004年版,第128页。

3　11　13　15　29　郭正林:《中国农村权力结构》,中国社会科学出版社2005年版,第61、45、51、59、152页。

4　H乡党政综合办提供:《H乡村党组织和第三届村民委员会换届选举工作总结》。

5　6　7　8　17　23　30　31　32　徐勇:《中国农村村民自治》,华中师范大学出版社1997年版,第78、78、89、94、82、89、117、387、203—218、64、71、73页。

9　中国人民政治协商会议沧源佤族自治县委员会编印:《沧源文史资料》,第三辑,内部出版,第78—83页。

10　姚锐敏、汪青松、易凤兰:《乡村治理中的村级党组织领导》,中国社会科学出版社2004年版,第128页。

12　徐学通:《村民自治中的村民委员会与村党支部关系研究述评》,湖北社会科学,2005年第11期。

14　金太军:《村庄治理中三重权力互动的政治社会学分析》,三农中国网,2005-12-9 13:08:24?,来源:中国研究服务中心。

16　徐勇、徐增阳主编:《乡土民主的成长》,华中师范大学出版社2007年版,第30—31页。

18　《沧源县一体两会实施意见》,沧政发(2007)15号文件。

19　张志刚:《宗教学是什么》,北京大学出版社2002年版,第42页。

20 22 郑杭生主编:《社会学概论新修》(第三版),中国人民大学出版社2003年版,第107、108页。

21 艾伦·C·艾萨克:《政治学:范围与方法》,浙江人民出版社1987年版,第302页。

24 唐晓腾:《村干部的"角色冲突"——乡村社会的需求倾向与利益矛盾的分析》,《中国农村观察》,2002年第4期。

25 吴毅:《双重边缘化:村干部角色与行为的类型学分析》,《管理世界》,2002年11期。

26 27 张文君、李秉文:《改革开放以来村干部角色研究综述》,《山东省农业管理干部学院学报》2008年第1期。

28 谭同学:《"村民自治进程中的乡村关系学术研讨会"综述》,《开放时代》,2002年1期。

33 贺雪峰:《论社会关联与乡村治理》,《社会学研究》2002年第2期。

第 六 章

"乡政村治"体系中的村民
政治参与和政治文化

　　政治体系是由一定的政治角色围绕一定的政治权力在实际的政治生活中所形成的政治关系结构。其中,政治角色是政治体系的主体。这一主体既包括机构政治角色,也包括个人政治角色。它们围绕着政治权力开展政治活动。[1] "乡政村治"作为乡村社会的政治体系,其政治主体包括乡镇政权组织、村社党组织和自治组织以及村民。其中,村民是乡村政治体系中最小的政治角色,也是不可或缺的政治角色。他们都有自己特殊的利益动机、利益愿望和利益诉求。当他们为争取、实现和维护自己的利益而参与政治生活后,就产生了相应的政治关系,从而构成了乡村政治生活的重要内容。而作为政治行为的政治参与又不可避免地要受到构成村民们政治行为模式的政治文化的影响。因而,要全面深入地研究"乡政村治"格局下的少数民族乡村政治体系,就必须对少数民族村民的政治参与和政治文化进行描述和分析。本章仍然以 H 乡的 G 村为研究样本,试图通过对村社中各个社会群体的政治参与及其政治文化的描述分析,从微观层面呈现"乡政村治"格局下少数民族乡村政治体系的样态。

一、村社经济社会发展与社会分化

改革开放以来,随着农村经济体制改革和村民自治的实施,特别是随着社会主义市场经济的发展和社会主义新农村建设战略的推进,G村经济社会发生了前所未有的深刻变化,产生了新的社会分化,出现了新的社会利益群体。但是,由于经济社会发展的有限性以及民族传统文化的影响,G村的社会分化又具有一定的局限性和特殊性。

(一)相对滞后的经济社会发展水平

G村是H乡自然条件最差,经济发展最落后的一个村。近年来,在社会主义新农村建设中,县、乡政府加大了对G村的扶持力度,促进了G村经济社会的发展。据统计,G村全村经济总收入从2006年的97.64万元增长到2010年的387万元,增幅为2.96倍;年人均纯收入由2006年的733元增长到2010年的1978元,增幅为1.69倍;粮食总产量从2006年的35.8万斤增长到2010年的44万斤,增幅为22%;年人均有粮从2006年的243公斤增至2010年的280公斤,增幅为15%。但是,与其他村相比,G村经济发展仍然处于低水平,其人均纯收入处于全乡最低水平。目前,仍有689人处于贫困线以下;还有100户左右的缺粮户;农业产业结构调整刚刚起步,农业产业发展效益才初见成效,农民增收致富的来源仍然非常有限。[2]

从2006年—2009年,全村生产资料和生活资料增幅突出。2007年增幅最大的为电话座机,比2006年增22.3倍;增幅最小的是电视机,比2006年增50%。2008—2009年,尽管经济收入增幅有所减小,但经济不景气导致部分生产资料和家庭耐用消费品价格下跌,无形中降低了农民的消费水平,提高了他们的购买力。因而,2008 年—2009 年全村主要生产资料和生活资料仍有较大增长。其中,增幅最大的是电冰箱,增长 2 倍;增幅最小的是电视机,为 10%(因为电视机 2006 年的基数大,其后增长的空间自然就小。2009 年电视机数量已经占全村户数的 97%)。2006 年与2009 年相比,拖拉机数量增长 1 倍,摩托车增长 6.1 倍,电视机增长 66.7%;手机增长 15.7 倍;电话座机增长 49 倍;电冰箱增长 14倍。目前,G 村已完成矛草房改造工程,绝大多数房屋为杆栏式竹木结构,有十余户为砖瓦房;全村有 187 户通自来水,尚有 122 户存在饮水困难(占农户总数的 39.5%);全村基本实现广播电视村村通;各组之间已有土路相通;有四所三年制小学校,适龄儿童166 名,入学率分别为 100%;有村级卫生室 1 个,卫生员 2 名;有文化室 1 个;全村合作医疗参合率为 95%。[3]

表三:G 村 2006 年—2010 年经济收益状况 单位:万元、元、万公斤、公斤

	经济总收入 (万元)		人均纯收入 (元)		粮食总产量 (万公斤)		人均有粮 (公斤)	
	数量	增减	数量	比上年 增减	数量	比上年 增减	数量	比上年 增减
2006 年	97.64		733		35.8		243	
2007 年	166.22	+70.2%	1101	+50.2%	34	−5.2%	209	−13.9%
2008 年	178.09	+7.1%	1287	+16.8%	30	−11.7%	200	−4.3%
2009 年	249.03	+39.8%	1692	+31.4%	37.3	+24.3%	262	+31%
2010 年	387	+55.4%	1978	+16.9%	44	+17.9%	280	+6.8%

资料来源:根据 H 乡农业综合站提供的农村经济收益分配统计年表整理。

表四:2008 年 H 乡各村经济人均纯收入状况　　　　单位:元

	M 村	K 村	H 村	G 村	B 村	N 村
2006 年	1048	1255	1230	733	825	864
2007 年	1733	1123	1356	1101	1193	1260
2008 年	1824	1514	1652	1247	1693	1924
2009 年	2059	1835	2116	1692	1866	2109
2010 年	3183	1993	2523	1978	2108	2069

资料来源:根据 H 乡农业综合站提供的农村经济收益分配统计年表整理。

表五:G 村 2006—2009 年上半年主要生产、生活资料状况　单位:辆、台、部

	2006 年	2007 年		2009 年	
	数量	数量	比上年增减	数量	比 2007 年增减
拖拉机	4	7	+75%	8	+14.2%
摩托车	14	50	+2.6 倍	100	+1 倍
电视机	180	270	+50%	300	+11.1%
手机	12	79	+5.6 倍	200	+1.5 倍
电话座机	3	70	+22.3 倍	150	+1.1 倍
电冰箱	2	10	+4 倍	30	+2 倍

资料来源:主要根据笔者 2006 年、2007 和 2009 年在 G 村采访村干部谈话内容整理。

　　上述统计数字表明,近几年 G 村的经济社会发展确实较为显著,农民群众的生活水平有了较大提高,可以说达到了空前的水平。这一点笔者在几次调研中也亲身感受到。2006 年 1 月,笔者第一次到富公村。当时,村民的生活普遍都比较穷困,大多数家庭一个月吃不上几次肉,偶尔吃点肉,大多是腌腊肉。一般在逢年过

节、婚丧嫁娶或是有贵客的时候才舍得杀猪、杀鸡,吃点新鲜肉或者煮鸡肉烂饭。平时下饭的菜主要就是用洋瓜、白菜、山药等煮的一锅杂菜和盐巴辣子拌的咸菜。2009 年笔者再来 G 村,看到村民家中饭桌上发生了变化。菜肴的品种也有所增加,吃肉的次数特别是吃新鲜肉的次数多了,大多数家庭两三天吃一次肉不成问题。

但是,如果从横向比较和整体水平来看,G 村经济发展水平仍然处于较低层次。首先,村民的经济收入仍然比较低下。相对于H 乡其他村来讲,G 村的人均纯收入是最低的(详见表四);其次,农业产业结构调整刚刚起步,农业产业发展效益才初见成效。目前,高优茶、木薯、核桃、竹子、仔猪养殖等种养殖业中,高优茶有1143 亩可以采摘,有较大收益;木薯属于当年种植当年收成的作物,现有 768 亩均有收成,但是由于 2009 年收购价格不好,一些农户并未出售,而是用来喂猪,其经济效益受到一定的影响。其余如核桃、新植竹子和仔猪繁殖等均尚未见效益。因此,G 村农民增收致富的来源仍然非常有限。

(二)较为特殊的社会分化

社会结构的不断分化和形成各种各样的社会群体,是传统社会向现代社会转变中的必然现象。[4] 自从农村经济体制改革拉开了我国农村经济社会向现代化变迁的序幕以来,中国广大农村发生了前所未有的四大变化,即土地等财产制度的变革、农村产业结构的调整、农民就业系统与择业行为的变化和分配制度的变革。[5]相应地,中国农民也发生了深刻的变化出现了明显的社会分化。

针对农村社会结构的变化,学术界对衡量农村社会成员分化的标准提出了不同的观点。一种观点运用职业标准将农村社会成员划分为 7 个阶层:农业劳动者、农民工阶层、智力型职业、乡村个体工商业劳动者阶层、私营企业主阶层、乡村企业管理者阶层、乡村管理者阶层。[6]再一种观点以经济收入为标准,将我国农村居民划分为三个基本的社会阶层:新富阶层、中等收入者阶层和贫困者阶层。[7]第三种观点依据职业、使用生产资料的方式和对所使用生产资料的权力、经济收入等综合因素将中国农民划分为八个阶层:农业劳动者、农民工、雇工、农民知识分子、个体劳动者和个体工商户、私营企业主、乡镇企业管理者、农村管理者等八个阶层。[8]

G村在经济社会发展和人民生活水平提高的同时,社会结构和利益格局也发生了巨大的变化。但是,作为少数民族村社,由于受社会发育先天不足、生产力发展长期滞后等因素的制约,G村社会的现代转型相对迟缓,社会分化机制还相当不成熟,社会成员的分化程度与全国相比相对较低。如果从陆学艺对"农民"定义的两个基本要素(是否直接从事农业生产劳动;是否属于农村户口)[9]来看的话,G村除了两名小学教师以外,其余的人都属于农民。村组干部虽然是村社的管理者,但他们的户口在农村,承包着土地。他们从事村组事务管理并不是一种职业,所得到的报酬并不是工资而是补贴。村中10余个从事小商店经营和8个从事运输的人,户口也在农村,也承包着土地,农忙时以农业生产为主,农闲时才从事商店经营和运输,并不属于真正的个体工商业者。至于"私营企业主"、"乡村企业管理者"等,G村就根本没有。村中70多个农民工,尽管从事的工作已经不是农业劳动了,但他们仍然属于农村户口,身份仍然是农民。此外,G村社会成员的分化还具有民族文化特色。党的十一届三中全会后,随着我党的民族宗教政策在少数民族地区的逐渐落实以及民族传统文化的复苏,佤族的传统村社政治权威——头人和宗教权威等特殊的群体又逐渐恢复起来,形成新的、特殊的社会阶层。

鉴于此,本章根据 G 村的实际,综合考虑了经济、政治和民族传统文化习俗方面的因素,确定了社会分层的综合性标准,即综合权力、经济收入、职业和社会声望等因素来作为划分社会利益群体的标准。据此将 G 村的社会阶层大致分为治理权威(村组干部)、非治理权威(村社传统权威和老村社干部)、文化能人、兼业小商贩、农民工和普通农民等阶层。

二、村民政治参与的现状与特点

政治参与是公民对政治过程的介入,是以公民为主体的政治行为。少数民族政治参与是我国公民政治参与中按参与主体的民族成分划分出来的一种类型,既具有公民政治参与的基本内涵,又具有其自身的特点。因此,少数民族的政治参与是我国以少数民族公民为主体的政治参与,它具有明显的少数民族社会的特征,是我国政治参与的一种较为特殊的类型。[10]少数民族的政治参与是少数民族政治生活的重要内容,是实现少数民族及其成员在政治关系中享有的政治权力的重要形式,从根本上影响着少数民族的整个政治生活。由于受生活环境、分布状况、民族文化等方面因素的影响,少数民族政治参与有其自身的特点,并对少数民族自身和政治体系产生深远的影响。根据 G 村的实际情况,从以下几个方面描述和分析佤族村民政治参与的现状与特点。

(一)政治参与的基本状况

1.政治参与的几种主要形式

政治参与的形式是指参与主体介入政治过程的方式和途径,主要包括选举、集会、个别接触、参加社团组织、游行示威、暴力活动。[11]G 村村民政治参与的形式主要包括参与选举、参与政治性会议、个别接触、参加社团组织等形式,没有发生过游行示威、暴力活动等形式的政治参与。

(1)参与直接选举

G村村民参与的选举主要包括参与县、乡人民代表大会代表的选举和村民委员会的换届选举。县、乡两级人大代表是由全体选民直接选举产生。G村选民每次参加县、乡换届选举的参选率都比较高。据乡、村干部讲,一般参选率都在80以上%。村民委员会换届选举的参选率更高。每届以"海选"方式选举村委会主任、副主任和委员候选人的参选率都在90%以上;每届参加村民委员会正式选举的参选率在99.5%以上,其中委托投票占参选人数的27%左右。

表六:G村三届换届选举参选情况

	正式选民	参选选民		委托投票	
		人数	占参选人数比例	人数	占参选人数比例
第一届	822	820	99.75%		
第二届	913	912	99.89%		
第三届	935	925	98.93%	254	27.45%

资料来源:根据G村三届换届选举总结材料整理(其中第一届和第二届材料中没有委托投票的具体人数)。据几位乡村干部说与第三届大体一致。

(2)参与政权组织和村社自治组织的政治性会议

参与政治性会议主要包括两个层面,一是参与国家基层政权体系的会议,如乡党代会、人代会和乡党委政府召开的日常会议;二是参与村民自治组织的会议,如村民代表会议、村民小组会议。

相对而言,参与国家基层政权体系会议的主要是村组干部,尤其是村干部。如G村6名乡人大代表中,只有1名普通村民,其余是村党支部书记兼村委会主任、妇女主任、3 名组长。乡党代会 5 名代表中，有 1 名普通党员，其余为支书、2 名为组长、1 名为妇女主任。村组干部占代表人数的六分之五和五分之四。

乡党委、政府召开的日常会议则是村干部参与最多的会议。据村干部讲，每年乡党委、政府都要召集他们召开十余次会议，主要有几种类型：一是宣传贯彻学习党的重大理论路线方针政策；二是围绕中心工作进行部署和督促检查；三是应对突发性公共事件；四是年末召开村干部座谈会。这些会议大多属于政治过程中的政策实施环节，[12]主要体现了乡党委、政府的主导地位和意志。通过这些会议，乡党委、政府把自己的意图、要求传达给各村，并对各村贯彻落实政策的情况进行控制和监督。而对于村干部们来讲，他们参会主要是接受和完成上级部署的任务，履行对乡党委、政府负责的义务。因此，在这些会议过程中，村干部向乡党委、政府进行利益表达的机会相对较少。当然也不是绝对没有。在会上村干部们也会提出一些要求，但最终仍然要以完成任务为限度。

村民代表会议是村民参与政治性会议的一种方式。G 村按照每 10 户选举 1 名村民代表的比例，共产生 30 名村民代表。代表们参与会议的内容主要涉及三个方面：一是参与讨论修改村规民约；二是参与讨论"村两委"提出的有关全村经济社会发展的重大事项。大多数情况下，村民代表对于讨论的事项都会投赞成票，很少行使否决权。因为大多数村民代表认为"村两委"提出的重大事项，特别是有关全村的发展规划、公益事业和某项产业的发展，其实不仅仅是"村两委"的想法，好些是在乡党委、政府的指导、帮助下，甚至是规定下形成的，"不这样干，我们也没有其他的能耐和路子"，几个村民代表如是说；三是对村干部进行民主评议。每年，村民代表会议都要对村干部进行评议。出于感情、面子和乡亲关系,许多村民代表在评议村干部时,抱着没有大错就不要过分为难的思想,大多数都给予村干部肯定的评价。

村民小组会议是村民参与人数和频次最多的会议。按照要求,村民小组会议应该是全体村民参加,但事实上做不到。村委会要求以户主(并非户口簿意义上的户主,而是在家庭中能够当家作主的人)为户代表参加。如果无故不参加会议,则要扣误工费(一个工15元,一次会议按一个工计算)。据笔者亲自参与观察,村民小组会的到会率最多达到70%;而且还一个有趣的现象:是否以户主参与为主,与会议的内容有很大的关系。如果是一些与个人、家庭利益关系密切,而且需要拿主意的会议,来参会的户主就会多一些;如果只是一般通报、宣传、检查的会议,来参会的人就少些,而且不一定是户主。

村民小组会议的内容主要包括:其一,向村民宣传与党和国家制定的与"三农"有关的重大方针政策,如新型农村合作医疗政策、农村低保政策、林权制度改革政策、养老保险政策等;其二,围绕中心工作向村民部署、检查县乡政府分配的任务,如发展某项农业产业的任务,或者是实施某项扶贫项目的任务;其三,宣布、通报村组的重大决定、规定、规章制度,如宣布修改后的村规民约、新一届"村两委"的发展规划、享受救济粮款的人员、集体土地转让情况;其四,选举小组长、副组长和村民代表,推荐享受低保的人员;其五,讨论决定本组内的公共事务,如公益事业项目,村民小组的财务收支和结余情况(一般是年中和年末在会上口头通报一次)。村民小组会议为村民实现政治参与提供了一个较为有效的平台,在一定程度上保证了村民的知情权、表达权、选举权、监督权。

总的来讲,村民小组会议的参与率是比较高的。究其原因:一是村民小组会议涉及的内容大多与村民个人、家庭和本组内的直

接利益相关；二是在现有"乡政村治"体制下，村民小组会议成为
乡和村两级权力组织实现政治意图的最基础环节。为了达到目
标、完成任务，乡上的工作组和村干部尽量利用村民小组会议进行
宣传、动员和部署；其三，有一定的惩罚措施。如村委会规定，无故
不参加会议的要受到扣误工费的处罚。

（3）参加各种社团组织

村民参加的社团组织主要包括共产党、共青团、妇女组织、新
农村理事会、各种产业协会等。

2006年，笔者第一次到 G 村调研时，支部书记总结党员队伍
建设的问题主要是："一高三低"（年龄高、入党积极性低、文化素
质低、女性党员比例低）。当时，G 村共有党员 39 名，其中女党员
1 名，占党员总数的 2.6%；最大年龄为 73 岁，最小为 23 岁，平均
年龄 47 岁；高中中专文化 3 人（其中中专 1 人），占党员总数的
7.7%；初中文化 9 人，占党员总数的 23.1%；小学文化 27 人，占
党员总数 69.2%。2010 年，笔者再次来到 G 村调研得知，这一状
况有所改善。党员由 39 人增至 47 名，比 2006 年增长 20.5%，平
均每年增长 2 人；平均年龄从 47 岁减至 45 岁，减少 4.3%；女党员
2 名，比 2006 年增长 1 倍，占党员总数的 4.3%；大专增加 1 人，占
党员总数的 2.1%；高中及中专 4 人，占党员总数的 8.5%；初中 11
人，占党员总数的 23.4%；小学 31 人，占党员总数的 66%。[13]对于
村民入党积极性有所提高的原因，笔者曾与一些乡干部和村支书
进行过分析，概括起来，主要是因为：一是近年来加大了培养党员
的力度。如以云岭先锋工程为载体，实行"三培养"，即把致富能
手培养成党员、在党员中培养致富能手，把党员中的致富能手培养
成村干部。再如，乡党委要求每个支部必须制定 1—3 年的党员发
展规划，每年最少必须确定 1—2 名发展对象；[14]二是党的十七大

以来,党和国家的支农、惠农、强农的政策越来越好,边疆民族地区的农民得到了越来越多的实惠。这不仅增强了他们对党和国家的感激之情和认同意识,而且也增强了其中一些人入党的愿望和要求;三是近几年 G 村党支部依托各级政府的扶贫项目,带领大家在发展产业、公益事业等方面取得了较大的成绩,得到了大多数村民的肯定;同时,随着近两年农村基层党组织建设的力度加大,G村党支部的地位和作用得到提高和增强,从而在一定程度上也激发了一些村民入党的信心。

G 村的妇女组织机构比较健全,但其作用比较有限,妇女参与妇女组织活动的积极性也不高。大多数妇女缺乏参与妇委会活动的积极性。每年,妇委会的活动主要按照乡妇联的安排来进行。比如,乡上结合"美在家庭"活动、禁毒防艾活动、普法活动、家庭理财活动、计划生育宣传等,一年当中可能会到村上组织 1—2 次活动。每次活动,妇委会成员必须做大量的说服动员工作,才能将部分妇女动员到活动现场。活动一开始秩序还好,但逐渐便有人说笑、打闹、出出进进。据分管群团组织的党支部副书记说,村妇委会近几年内自行组织的活动很少,一般就是在三八节搞点文体活动或者开个纪念会。

近年来,年轻人参加共青团组织的积极性明显下降。据团支部书记说,前几年村上还有人向支部申请入团,近二三年已无人申请了。因为大多数人在读书期间就入团了,少数在学校没有入团的,从学校出来也不会提出申请;另外,近几年外出打工者增多。村上 70 余个外出打工者中,有 60 多人属于 14 岁—28 岁这一年龄段的。这些人外出,无形当中使得团组织丧失了一部分潜在的力量。团支部的活动主要围绕乡团委部署的工作来进行,但有些活动由于没有经费,无力开展,最后只好交个书面材料敷衍了事。

支部自行搞的活动很少,一般就是结合"五四"组织些文体活动,或者帮助贫困户做些义务劳动。无论是乡团委还是村团支部组织的活动,参与的团员人数都非常有限,能达到30%就很不错了。

G村的民间组织主要有以行政村为单位建立的1个茶叶协会、1个核桃协会、1个养猪协会等产业协会,以及以自然村为单位建立的6个新农村建设理事会。几个产业协会实际是几块牌子、一套班子。协会的会长和副会长分别由村党支部书记(村委会主任)和村委会副主任兼任,成员为各组组长及几位普通村民。新农村理事会的会长和副会长分别由各小组长和副组长兼任,成员由部分村两委委员和组干部、部分退休老社干(7人)、村寨头人"达该"(3人)、有威望的老人(6人)和个别普通村民(1人)组成。

产业协会和新农村理事会的建立在一定程度上为村民实现利益表达和参与决策提供了新的制度化渠道。尽管"两会"的主要领导成员以村组干部为主,但是,毕竟吸纳了少数普通村民和传统权威、退休老村组干部以及有威望的老人参加。这些人的参与在一定程度上扩大了"两会"的代表性。但是,由于处于初创时期,"两会"还存在着很大的局限性。首先,"两会"的建立在很大程度上体现的是政府行为,而非广大村民的自主意识和自发行为。从建立"两会"的初始动议到建立"两会"的宣传发动,再到建立"两会"的部署、对"两会"的组织结构、协会领导成员的规制等都是县乡政府在起主导作用。而广大村民由于受生产规模、产业状况、生产水平、家庭生产经营方式以及他们的知识、眼界所限,并没有建立"两会"的自觉意识和内在冲动,而是抱着既不反对也不积极主动的态度。在与乡上的领导谈及此问题时,他们也感到要得到广大村民的积极支持还有一定的难度,但他们认为一定要坚持下去。其次,普通村民的参与度不高,缺乏充分的民意基础。"两会"的参与主体中村组干部占了很大的比例,而且占据着主要领导的位置。在产业协会中,村组干部占了成员的90%;在理事会中,村组干部占了45%,而且是主要领导者。这在很大程度上会削弱两会作为体现"群众自主"和"群众自治"的民间组织的功能。

(4)非制度性的个别接触

个别接触是指公民为解决个别政治问题而与政府官员接触,既有普通群众为个人的利益和愿望而进行的接触,也有精英人物为民族的某些带有普遍性的问题而进行的接触。[15]

村组干部作为村民中具有特殊身份的群体,在个别接触中表现出积极主动的特点。在调查采访中,笔者曾不止一次听到乡上的领导说,现在的村干部不像过去的村干部那样老实了,他们敢于主动找乡干部叫穷,要资金、要项目。笔者在G村调查中了解到,利用到县上、乡上开会或办事的机会,私下找到县乡领导反映情况,是村干部进行个人接触的一种方式。利用县乡领导深入到村寨的机会进行接触和沟通,则是村干部们使用更为普遍的方式。每年,县上负责G村扶贫的挂钩单位会到村上来慰问、调研,村干部们就会紧紧抓住这一机会讨要项目、资金。另外,村干部们还尽量利用驻村干部到村上的机会,向工作组汇报工作、摆困难、提要求。

老村社干部普遍比较关心村寨的事务,对村寨的发展都有些思考和想法。在参与新农村理事会前,他们有时会主动找乡村干部反映情况、说说想法。特别是如果有村民向他们反映情况,希望他们向村组干部反应时,他们会比较主动地找村组干部进行沟通。参加新农村理事会以后,由于理事会在一定程度上赋予了他们准治理权威的身份,增强了他们政治参与的效能感和自信心,使他们感到即便私下经常找村干部反映情况也是名正言顺的,因而,在各种非正式场合与乡村干部沟通交流、反映情况,提出意见和建议的积极性、主动性也提高了。

普通村民在个别接触方面则表现出更多的被动性。在问卷中问到"你是否主动找县上的领导反映过情况?",有 105 人回答"否",占参与问卷调查的 107 人中的98.1%;有 3 人回答"是",占2.8%。当问及"你是否主动找乡上领导反映过情况"? 有 98 人回答"否",占总人数的 91.6%,有 9 人回答"是",占总人数的8.4%。这说明平均有 90% 以上的村民不会主动找县乡领导干部进行主动接触。至于极少数村民主动找县乡领导干部反映情况,也主要是为了个人或家庭的利益,很少有人会为了村上和组上的公共事务去找县乡领导干部,属于一种手段性参与,而非目标性参与。[16]在与部分村民的座谈中,笔者问及个中原因,一些人说,我们是老百姓,跟县乡领导说不上话;一些人说,大头百姓,说了也不起作用;还有人说,管好自家的事就不错了,其他事情有村干部操心。由此看出,村民们普遍缺乏强烈的政治效能感,对自己的政治活动能否有效影响政府官员缺乏充分的信心。

表七:G 村村民政治参与情况(部分)

	问题	选项	人数	百分比
1	您是否主动找过县上领导反映情况	是	3	2.8%
		否	105	98.1%
2	您是否主动找过乡上领导反映情况	是	9	8.4%
		否	98	91.6%

资料来源:问卷调查结果。

2. 政治参与的群体分布状况

政治参与群体分布是指政治参与在少数民族各社会群体中的

分布状况。"由于受利益要求的强度、在社会结构中的地位、可资支配和利用的政治资源、政治意识的强弱等因素的影响,各个群体在政治参与中所扮演的角色有着明显的差异。"[17]下面具体对 G 村的治理权威、非治理权威、文化能人、兼业小商贩、农民工和普通农民等群体的政治参与状况进行分析。

(1)治理权威们积极主动的政治参与

治理权威主要包括村党支部、村委会的成员和村民小组长。他们掌握着国家认可的正式组织,拥有着管理村社公共事务的正式权力,在政治参与方面比其他群体更具主动性、广泛性和频繁性。由于在村社权力体系中所处的地位和拥有的政治资源的不同,其中村两委主要成员和村民小组长在政治参与上表现得最为突出。

"村两委"主要成员包括村党支部书记兼村主任、副书记和副主任。由于实行"一肩挑"和"村两委"交叉任职,"村两委"的主要领导实际就是 3 个人:支书兼主任刀 XX、村副主任兼支部委员田 XX、副书记兼文书王 XX。他们是村民的"当家人",处于村社政治权力体系的核心层,是村社重大事务的决策者、执行者和监督者。凡是有关村社的重大事项的最终决策都由他们拍板;决策的执行和检查督促也是以他们为主导来完成的。同时,他们又是国家政权体系在农村的"代理人",肩负着贯彻落实国家的有关的政策、法律和计划的义务。为此,他们必须参与到各种相关的政治活动中。为了完成两种角色担负的职责,赢得村民更广泛的合法性认同,他们会通过各种方式和途径实现政治参与。在不同的方式和途径中,他们或者是主导者,或者是参与者,而他们参与政治活动的结果也往往对全村产生着重大的影响。

村民小组长是联结村民委员会和村民的桥梁,是"乡政"和

"村治"的许多政治意图最终得以实现的最基础环节。因此,村民小组长是主要的政策执行者。村民小组长由于是村民小组的主要领导,在涉及到小组范围内的一些重大事务,他也有最终的决策权。此外,在G村的决策机制中,村社的重大决策也要听取村小组长的意见。因此,他们也有一定的参与全村决策的权力。故此,村民小组长也是治理权威中参与政治活动较多的管理者,其政治参与对村民小组有最重要的影响,同时对全村也具有着重要的作用。

(2)非治理权威基于特殊地位的政治参与

传统政治权威和老村社干部属于村中身份、地位比较复杂和特殊的群体。一方面,他们作为村社中的一名村民,具有与其他村民一样的身份,因而,平时作为普通村民参与的政治活动,如参与选举等,他们都积极参与。另一方面,他们又是具有特殊身份、地位的群体。他们凭借传统文化或曾经的村社治理权威赋予的特殊身份、地位、声望和能力在村民中具有较高的合法性认同,从而对村社政治生活产生着特殊的影响。这种影响在参加新农村理事会以前,主要表现为以个人行为方式参与一些政治活动,如通过个别接触的方式向村干部反映情况,提出意见、建议,或是村干部主动请他们提意见、建议,或参与解决问题。在参与新农村理事会以后,由于这一组织的准治理组织的性质,他们的参与活动就不仅仅是个人行为了,而有了一定的准治理行为的意义。这不仅增强了他们参与的积极性,而且为他们的政治参与提供了更多的机会和平台,使他们的意见能够通过相对正式的渠道进入到决策层。

(3)文化和经济能人相对主动的政治参与

文化能人主要包括2名小学老师和2名卫生员。2名小学老师本人不是G村人,而是因为在G村小学当老师,与本村女子成家才住到 G 村的。他们平时很少参加村里的活动。但由于居住在 G 村，并且具有比一般村民较高的文化素质，因而比较关心村社的发展，特别是涉及教育方面的问题，会积极主动地与村组干部沟通交流。2 名卫生员中有一位是村计划生育委员会的委员。因此，比另外 1 位卫生员有更多的机会参与村上的活动，并且在平时工作中，也比较关注村上的公共卫生、计划生育，特别是听到村民反映较多的问题，会在开会时或平时向村两委反映。另外 1 位卫生员偶尔也会向村干部反映一些相关问题，但并不如前者主动积极。

兼业小商贩称得上是 G 村的经济能人，主要包括从事贩运和开杂货铺的人。全村有 8 个用拖拉机搞贩运的人。他们一般都是在当地利用农闲时间收购农产品贩运，或是到附近矿山拉矿。其中白 XX 是全村最早搞贩运的，也是全村最富的人。他曾经被选为第二届村党支部委员。第三届党支部换届选举时，大家认为他成天忙于生意，无心公共事务，所以没有再选举他为支部委员。但据他说，对于村上和组上召开的会议他还是尽量参加。有时对道路问题、农业产业发展等问题也会提一些意见、建议；村上搞公益事业他还用自己的车义务拉沙、拉石。其他几名从事贩运的人也都有一定的参与积极性，特别是涉及村内道路等公益事业，他们能够积极地提意见和建议，并参与建设。但是，总的来说，由于忙于生意，这些经济能人对全村其他方面的公共事务并没有表现出更多的关注，参政的意向并不十分强烈。

G 村的 7 个自然村都有 2—3 个小杂货店，经营烟酒糖茶和日用小百货。这十几个小商店的经营者都属于兼业，农闲时在商店卖东西，农忙时以农活为主，经济实力都非常有限。一般一个月能赚 300 元—400 元左右。他们当中有一位是村党支部副书记、另一位是村小组副组长,其余都是普通村民。除了两位村组干部因为身份的原因对政治活动参与较多外,其余的人忙于各自的生产经营,对村中事务并不过分关注和参与。

(4)农民工们较为疏离的政治参与

G村有70多个农民工。其中大部分离土离乡,常年在北京、广东、山东等地打工,已经脱离了农业生产;有十多人则在附近矿山打工,农忙时抽空帮家里干干农活,农活已经成为兼业。据了解,这些打工者中至今尚没有一个发财致富的,收入大多在每月500元—2000元之间。大多数常年在外的打工者很少参加村组的公共活动。每次村级换届选举,大多数采取委托投票。由于常年在外打工,他们见过些世面,其中有少数人回来后会将自己的所见所闻向村组干部进行交流,并提出自己的一些建议。在附近矿山打工的人,因为离土不离乡,诸如村级换届选举,大多数时候还是能够参加的。但总体而言,大多数农民工对村社事务并不十分热心。

(5)普通农民普遍被动和低度的政治参与

普通农民是指以承包集体的耕地,从事养殖业、种植业劳动为主,全部或大部分依靠农业取得收入作为生活来源,且不是任何社会团体组织的成员的农民。在G村,普通农民占了总人口的90%。他们除了参与投票选举和村民小组会议外,其中少数人会主动采取一些非正式渠道表达意愿。近年来,随着产业结构的调整,扶贫项目的实施,村民的生活比过去好过了,参与的主动性也比过去增强了。例如,买摩托车的人多了,就有人向村组干部主动提出修路的建议;种植核桃、木薯的人多了,感到上山道路不便,有人向村组干部提出了修建机耕路的要求。当然,为了公益事业主动找村组干部的人毕竟属于少数,大多数人则抱着"搭便车"的思想,或者观望等待的态度。而主动找村组干部反映情况的人,大多

是为了个人或者家庭的利益,如认为应该享受低保,或者认为退耕
还林款或良种补贴不符合自家实际;或者因为家庭或者邻里纠纷;
还有人向村组干部反映矿山的废水、废石污染自家的农田等。

3.政治参与中的性别差异

政治参与中的性别差异是指男性和女性在参与政治生活方面
的意愿和程度上的差别。由于受生产方式、民族传统文化的影响,
男性与女性在社会生活中的地位作用不同,从而导致政治参与中
的性别差异。调查显示,妇女政治参与的意愿和程度都远远逊于
男性。

参与县乡人民代表选举和村民委员会投票选举是妇女参与度
最高的一种形式。但是,与男性相比,仍然有太大的落差。据村干
部讲,每次选举,妇女直接参加选举的人数只占妇女选民的1/3,
其余大多数都采取委托投票方式。许多人对于候选人并没有自己
的主张,只是附和家里人的意见。笔者曾亲自参与观察过 H 乡所
有村的村委会换届选举,有的村妇女直接参与选举的人数还不到
1/3。在选举会场,那些没有参与直接选举的妇女三三两两站在会
场周围观望说笑,完全是一副看热闹的样子。

户代表会议也是妇女参与的一种形式。但是,由于大多数家
庭的户代表都是男性,所以,每次开户代表会时,参会者中女性较
少。笔者曾参与过 G 村 3 个组的户代表会议,基本上妇女只占参
会者的1/4 左右。如果会议只是一般性的宣传、动员之类的会议,
而不是有关个人和家庭利益的会议,来参会的妇女会稍多一些。
大多数时候,妇女们来参会的意义似乎就表现在人到会场而已。
在会上,她们也很少发言。

G 村妇女参与"村两委"的比例比较低。每次换届选举,沧源
县都非常强调妇女当选的比例,甚至还作出了具体的规定,如"村

'两委'成员中原则上至少要有一名妇女。女村支书或女主任或女副主任原则上每个乡(镇)至少也要有 1 名"。[18]经过大力宣传、动员后,G 村勉强达到要求,但与全乡相比,比例仍然比较低。全乡党支部委员中妇女委员所占比例为 4.8%,G 村则为零;全乡村委会委员中妇女委员的比例是 16.7%,G 村则是 14.3%。此外,妇女在村两委中的地位不高。G 村村委会中的唯一一名妇女只是一般委员,起不了主导作用。

表八:H 乡第三届村"两委"成员性别情况

	党支部委员会(42 人)						村民委员会(42 人)					
	委员(30)		支部书记(6)		副书记(6)		委员(30)		主任(6)		副主任(6)	
	男	女	男	女	男	女	男	女	男	女	男	女
6 个村	28	2	6	0	6	0	24	6	6	0	5	1
妇女比例	4.8%						16.7%					

资料来源:根据 H 乡党政综合办提供的第三届换届选举档案资料整理。

表九:G 村第三届村"两委"成员性别情况

	党支部委员会(7 人)						村民委员会(7 人)					
	委员(5 人)		支部书记		副书记		委员(5 人)		主任		副主任	
	男	女	男	女	男	女	男	女	男	女	男	女
G 村	5	0	1	0	1	0	6	1	1	0	1	0
妇女比例	0						14.3%					

资料来源:根据 H 乡党政综合办提供的第三届换届选举档案资料整理。

妇女们对党、团、民间组织的参与度也非常低。据统计,H 乡全乡农村女党员占全乡农村党员人数的 5.28%,G 村的女党员占全村党员的4.3%。对于县乡党委提出的每个支部每年争取发展1名女党员的要求,G村党支部根本做不到。因为妇女很少有主动写申请的。从参与共青团组织的情况看,妇女的参与率相对较高,占团员总数的40%。但是,由于团支部处于半瘫痪的状态。因此,妇女对共青团实质性参与也是微乎其微的。妇女对民间社团组织的参与度也低。在产业协会的24个成员中无一女性;在6个理事会的40个成员中,妇女只占5.3%。

表十:G村妇女参与政治组织情况

	共产党 (47人)	共青团 (100人)	村民小组长 (副组长)(16人)	理事会 (40人)	产业协会 (24人)
男	45	60	16	38	24
女	2	40	0	2	0
妇女比例	4.3%	40%	0	5.3%	0

资料来源:根据G村提供的各种组织花名册整理。

上述情况表明,大多数妇女的政治参与意识淡薄,参与途径有限,在以男性为主体和主导的政治参与活动中,处于弱势地位和边缘地带,缺乏充分的主动权和话语权。这种状况不仅使她们的利益得不到充分表达和维护,而且抑制了她们参政的自信心、主动性和创造性。

(二)政治参与的主要特点

每个少数民族公民的政治参与都是在特定的环境条件下发生的,都具有自己的特点。G村村民政治参与具有以下几个特点:

1.**政治参与形式的多样性**

改革开放以来,特别是实行村民自治制度以来,G村村民的政治参与以前所未有的广度和深度发展起来。从政治参与形式来看,包括参与选举、参与政治性会议、参与各种社会组织、进行个别接触等多种形式。通过直接参与投票选举县乡人大代表和基层自治组织的成员,村民们能够享受作为公民应该享受的选举权和被选举权,有可能按照自己的意愿选择自己利益的代言人,选择和监督自治组织的管理者;通过各种政治性会议、各种社会组织以及个别接触等参与形式,村民们能够有机会和条件参与国家政权组织的政治生活,向国家政权表达利益诉求;能够直接参与村寨的公共事务,参加有关自身利益的公共决策,从而争取、维护和实现自己的利益。尽管与发达地区相比,佤族村民的政治参与水平尚处于初级阶段,但都不同程度地以某几种方式参与到政治活动当中。

2. 政治参与意愿的双重性

政治参与意愿的双重性是指政治参与者参与政治的意愿兼有自动性和动员性的特点。自动性是指参与主体在争取、实现和维护自己利益的过程中,意识到参与的必要性而主动地参与政治过程。动员性参与是指政治参与主体在缺乏主动参与的情况下,在其他政治组织的号召和鼓动下,被动地参与政治过程。这样的参与往往由号召和发动政治参与的政治组织来把握。[19]

随着村民自治制度的不断推进和国家强农惠农政策力度的加强,村民们的参与意识逐渐增强,参与的主动性有所提高。H乡党委书记向笔者概括了三届村民委员会换届选举中村民参与意识和行为的变化。第一届村民委员会选举时,绝大多数村民是在县乡党委政府的大力组织、动员的情况下,怀着好奇、观望和怀疑的态度参加选举的,基本上属于动员性参与。第二届选举时,村民的参与积极性有所下降。主要是因为第一届村委会各项规章制度不健全,部分村干部把集体资产吃光卖光,损害了村干部的整体形象,也影响了村民参与选举的积极性。第三届换届选举时村民的参与积极性比第二届选举时有所提高。主要是因为各级党委加强了对第二届村干部的管理、监督和村民自治制度建设;而第二届村委会在各级政府的支持下开始着力发展农业产业,取得了一定的经济绩效,在一定程度上获得了村民们的合法性认同,也激发了村民的参与积极性;另外,经过三届村民自治实践的训练,村民们的政治参与意识和能力也有所增强,政治参与的主动性有了进一步的提高。但是,据笔者观察了解,选举中仍然存在着动员性参与。

"高参选率并不意味着选民具有高度的政治热情"。[20] G 村的高参选率,在一定程度上是动员性参与的结果。每次村级换届选举中,县乡党委政府的大力宣传、鼓动和号召是显而易见的。县乡党委政府充分利用广播、电视、录音、录像、墙报、标语、集市、宣传栏、宣传车等各种舆论宣传资源,进行舆论宣传、动员;充分利用行政组织方面的资源优势,通过督导组、工作组深入到村寨、农户家中了解情况、掌握思想动态,进行宣传、动员、培训、督促、检查等。甚至在一些村,乡上的工作组直接主持选举大会,承担计票工作。国家政权在选举中不仅扮演了指导者和领导者的角色,还扮演了直接参与者和操作者的角色。

对于文化素质普遍偏低(全县受教育程度为 4.3 年),普遍缺乏民主意识、参与技能和参与经验的佤族村民来说,选举的宣传、动员是非常必要的,不仅有助于提高村民对村民自治的认知度、认同感,培养他们的政治人格,而且还能够监督和保证选举按照合法程序进行。但是,由于强势的宣传、动员、组织和直接的操作,在很大程度上是为了完成上级布置的"政治任务",而非完全是村民自觉自愿的需求。因此,在实施过程中就难免片面追求参选的数量而忽略村民的意愿;而且过分的动员和包办代替反而在某种程度上抑制了村民的自主意识和自主参与能力的训练。

3.政治参与主体的不平衡性

政治参与主体的不平衡性主要是指政治参与主体之间在政治参与的动机、形式、程度上的差异性,主要体现在不同社会群体和性别上的不平衡性。

前面对政治参与现状的分析显示,各社会群体之间无论是参与的形式、参与的意愿、参与的深度、广度和频次等方面都存在着明显的不平衡性。这种不平衡性主要取决于政治性资源,经济性资源和文化性资源等只是起到有限的作用。政治性资源的多寡与政治参与的主动性、参与的程度呈正相关关系。治理权威中的"村两委"领导和村民小组长因其在政治体系中所处的地位,比其他群体占据了更多的政治资源,因而,参与的主动性、参与的公共目标性更强,参与的机会、平台和频次也最多。传统政治权威和老村社干部因为具有其他人所没有的政治资源——人们对其特殊权威的认同和服从,因而也有较主动的参与性和较多的参与机会。文化能人因其具有其他人不具备的一些特殊的文化资源,因而在某些方面表现得更为主动积极,但由于人数和职业性质所限,不可能更频繁地参与各种政治活动。几位搞贩运的经济能人因为自身利益所需和比一般群体的人有较多的经济资源,在一定程度上和一定范围内能够主动关心和参与公共事务,但是由于经济实力有限,人数较少,且彼此之间缺乏业缘上的联盟,在地缘上又分属于不同的自然村。因此,在政治参与中形不成多大的力量,还不足以形成对村社政治活动产生巨大影响的力量。农民工和普通村民则因为在政治、经济、文化资源等方面都处于弱势,因而与其他群体相比,参与的主动性、参与目标的公共性和参与的形式、手段和机会都相对欠缺。总之,G村大多数普通农民明显存在参与不足的问题;少数具有较多政治性资源的政治精英则是政治参与的主导者,体现出政治精英主导政治参与的特点。

上述对性别参与的现状分析显示,G 村的妇女无论是在政治参与的主动性、政治参与的形式还是政治参与的机会等方面等都明显低于、少于男性。大多数妇女在政治参与上处于被动、从属的地位,没有自己独立的主张和行动。对于各种政治参与形式,大多数妇女们很少充分参与。在参与选举这种相对来说最为广泛的形式中,妇女的参与率也明显低于男性;在各种社会组织中,妇女的数量微乎其微,其身影只是作为一种点缀而显现出来;有部分妇女基本上没有亲自参加过政治生活。总之,妇女们在以男性为主体和主导的政治参与活动中,处于边缘地带和弱势地位,无论在民主选举、民主决策、民主管理和民主监督等方面,她们都缺乏充分的主动权和话语权。

4.政治参与性质的合法性

在关于政治参与的定义中,学术界较为普遍的观点是将政治参与按照是否合法分为合法参与和非法参与两种。合法的参与是指采取法律允许或不禁止的方式进行的参与;非法的参与则是指超越了法律的规范,采取法律禁止或未经法律允许的形式进行的参与。

G 村村民的政治参与体现了合法性参与的特点。据笔者了解,G 村没有发生过诸如聚众闹事、围攻政府、打砸抢烧等非法暴力活动。前述几种政治参与形式都属于合法性参与。其中的个别接触形式虽然是非制度性参与,但仍然属于合法性参与。因为"尽管大量的非制度化参与都是非法参与,但是并非所有的非制度化参与都是非法参与"。[21]个别接触的参与形式虽然不符合制度化的政治参与规范要求,但在法律上并没有受到禁止。因此,它仍然属于合法性的政治参与。

三、村民的政治文化

作为政治行为的政治参与不可避免地要受到构成人们政治行为模式的政治文化的影响。"政治文化是一个民族在特定时期流行的一套政治态度、信仰和感情。这个政治文化形成于本民族的历史以及现在社会、经济、政治活动进程中。人们在过去的经历中形成的态度类型对未来的政治行为有着重要的强制作用。政治文化影响各个担任政治角色者的行为、他们的政治要求内容和对法律的反应。"[22]

少数民族政治文化是少数民族对现行政治体系和政治过程的主观取向,是我国统一的政治文化的有机组成部分。就其形式而言,它是政治文化同我国少数民族的民族性相结合的产物;就其内容而言,它是我国少数民族对现实政治体系和政治生活的心理取向。政治文化一旦形成,就会作为一种无形的力量对少数民族政治体系及其运作、少数民族政治关系的形成和发展、少数民族的政治参与、少数民族的政治发展等等发挥着重要而深刻的影响[23]

为了能够较为清晰而全面地描述和分析佤族村民的政治文化状况,笔者采纳了美国学者罗森邦提出的政治文化七要素的分析框架,即从政权取向、对政治输入和输出的取向、政治认同、政治信任、游戏规则、政治能力、政治效能感等七个方面对政治文化展开分析。[24]下面根据访谈、问卷[25]和参与观察的情况对上述七个要素进行分析。

(一)具有较高合法性认同的政权取向

政权取向是人们对国家现行政权合法性的态度和对国家政权

的情感和评价。

对于有着自己长期历史和民族政治体系的少数民族,仅仅按照马克斯.韦伯对合法性的三种分类,即传统合法性、理性合法性和领袖魅力型合法性来分析是不完全适合的。作为独立的民族,他们总是要从民族生存、发展和繁荣的角度,从自己民族的利益出发形成自己是否承认和接受一种政权的心理倾向。这就形成了一种多民族社会特有的利益型的合法性类型。我国的各少数民族正是自觉不自觉地从民族利益的角度来考虑和接受国家政权的。[26]新中国成立后,国家采取了民族平等和帮助少数民族发展的政策,促进了少数民族和少数民族地区的发展,使少数民族的利益得到了合理的实现,从而增强了少数民族对国家政权合法性的认同。改革开放以后,尤其是开展社会主义新农村建设以来,国家加大了支农惠农和扶持少数民族地区社会经济发展的力度,使少数民族得到了更多的实惠,极大地提高了少数民族群众的生活水平,进一步加深了少数民族对国家政权的信任、拥护和感激。问卷中有62人对党和政府表示"完全信任",占57.9%;有22人表示基本信任,占20.6%,两项相加达78.4%;有14人表示不完全信任,占13.1%,有9人表示不信任,占8.4%。可见,大多数佤族村民对国家政权表示了信任。采访中,笔者常听到村干部和村民表达对党和政府的质朴的感激之情:"感谢党和政府让我们佤族人民过上了好日子!"

（二）不平衡的"输入"和"输出"取向

少数民族对政治体系的"输入"取向表现为少数民族对政治体系的要求和支持,特别是对政治体系的要求。在此,主要考察佤族群众对县乡政权体系和村民自治体系的输入取向。在对县乡政权体系和村社政治体系的输入取向中,佤族村民对前者的取向相对较低。在 107 名受访者中,有 3 名村民表示主动找过县上领导反映问题,占 2.8%;有 9 人表示主动找乡上领导反映问题,占 8.4%,将近90%的人没有主动找过县乡领导反映问题。相对来讲,由于村社政治体系与佤族群众自身利益有着密切的关联,村民们对其有较高的利益表达取向。当问及"你是否找村干部反映情况或者提建议"?,有 20 人回答"经常找",占 18.7%;有 51 人回答"偶尔找",占 47.7%;有 36 人回答"没有找",占 33.6%。总体而言,佤族村民对政治体系的输入取向还是比较低的。

少数民族对政治体系的"输出"取向表现为少数民族对政治体系提供的政治产品的期待。相对输入取向而言,佤族村民对政治体系的输出取向明显要高。这一方面是因为党和国家的民族政策的贯彻落实促进了少数民族地区的经济、政治、社会和文化的发展,改变了少数民族的生活,使少数民族深切地感受到党和政府的强大力量及其对他们生活的深刻影响,从而产生对党和国家方针政策的强烈期待;另一方面也与基层政权对农村基层社会的包办有关。问卷中有这样一个问题"您认为生活水平提高主要靠什么"?下面给出五个选项(好的自然条件、吃苦耐劳、政府的扶持、科学技术、劳动力多),请被问者按照重要性排序。结果有 54.2%的人(58 人)将"政府的扶持"排在第一;有 24.2%(26 人)将其排在第二。两项相加为 78.4%。可见,大多数人充分感受到国家政策给予他们的重大影响并对这一影响给予高度的期待。调查中,笔者还感受到了村民们对党和国家抱有依赖感。笔者曾多次听到乡村干部和村民对"等靠要"思想的解读:"'等'是不行的,必须抢抓机遇;'靠'和'要'是必须的,不'靠'不'要'怎么发展?"当笔者问村民对政府扶持发展的木薯、核桃、仔猪养殖的市场前景如何看,是否考虑过发展其他产业时,村民们回答:"不知道,如果不依靠政府我们又没有能力搞其他的产业。"

(三)高度的政治认同感

政治认同是少数民族对某种特定的政治单位的归属感。少数民族的政治认同产生于少数民族成员与政治单位(如国家、民族、地区、村社、团体等)的相互关系中。当少数民族的成员体察到、认识到自己归属于某个政治单位,就形成了对该政治单位的认同。政治认同的状况直接决定人们对现行政权的情感和评价,以及对他的输入和输出的取向。[27]

调查中笔者发现,佤族人民对国家政权有着高度的认同感。沧源县属于边境县,与缅甸掸邦(佤邦)接壤,H 乡有两个村与缅甸接壤。笔者几次到 H 乡调查都有一个深刻印象,就是村民们有着强烈的国家意识。他们普遍将缅甸称为"外国",并且用非常自豪的语气说:"那边的老百姓穷得很,没有我们的日子好过。"在调查问卷中,当问及"您对生活在社会主义国家感到骄傲吗?"有 85 人答"骄傲",占被试者的 79.4%;有 15 人答"不骄傲",占被试者的 14%;有 7 人答"无所谓",占被试者的 6.5%。

(四)逐渐增强的政治信任

政治信任是少数民族成员在政治生活中与他人一起工作时所感到的一种开放、合作和宽容的态度,是"对其他政治活动者的一整套认识、信念、感情和判断。"[28]政治信任不仅影响公民为实现政治目标而同他人合作的意愿,也影响人们的政治参与和对游戏规则的取向。

对于少数民族来讲,政治信任突出体现在与其他民族之间的关系上。由于各个民族间不同的文化特征和历史传统以及历史上一些民族其他民族进行过剥削和压迫,各民族间存在着民族隔阂甚至是民族仇视。新中国成立以后,党和政府采取各种措施落实民族政策,促进民族平等和民族团结,在极大程度上消除了历史上形成的民族隔阂和民族仇视。改革开放以后,党和国家进一步加强了促进民族平等和团结的措施,促进了民族间的信任和团结。自从上个世纪90年代中期以后,沧源县各级党委和政府加强了民族平等团结方面的宣传教育、加大了促进各少数民族社会经济发展的措施,有力地促进了民族团结,多年来未发生过大的民族矛盾和纠纷。采访中,无论是党政干部还是普通群众,都普遍对民族关系表示肯定。问卷中,对于"您认为佤族与其他民族的关系如何?"这一问题,有34人认为"很好",占31.8%;有49人认为"比较好",占45.8%,两项相加为77.6%;有15人认为"一般",占14%;有5人认为"不太好",占4.7%,有4人答"不知道",占3.7%。

但是,由于受民族间不同文化、历史传统以及历史上民族隔阂的影响,民族间的不和谐因素仍然存在。在访谈或者闲聊中,笔者会偶尔听到一些佤族或傣族彼此间在生活习俗、宗教信仰、经济发展甚至为人处世等方面的嫌弃、嫉妒或不服气等议论。当然,这些都是一些私下的,小范围的行为,并没有影响民族关系、社会稳定的大局。

(五)较为淡薄和模糊的游戏规则认知

犹如在游戏、竞赛、博弈中不能没有规则一样,在政治生活中,为了保证人们对政治的有效参与和对权力的有效制约,以及政治的稳定运行,就需要一套体现自由、平等、法治精神的民主规则和程序。这样一套规则和程序通常被称为游戏规则或竞赛规则、博弈规则。少数民族政治文化中对游戏规则的认知,反映了少数民族对民主规则和程序的态度,实际就是少数民族对民主和法制的基本态度。[29]

由于缺乏民主政治的传统,佤族群众的民主观念和法制观念普遍比较淡薄和模糊。对民主的认知,问卷中有这样一个问题:"关于民主,您更同意哪种说法"?有21.4%的人(23人)作出了准确的选择。有23.4%的人(25人)选择"少数服从多数"。"少数服从多数"是民主的基本原则,并不是民主的本质意义。对此做出选择,说明这部分人对民主有一定的认知,但仍存在模糊性;有26.1%的人(28人)选择"广泛听取、征求人民意见";14%的人(15人)选择"集中指导下的民主"。前者虽然含有民主字眼,但实质上强调的决策权威是领导而非人民;后者蕴含的权力和决策主体并非人民。有4.7%的人(5人)选择"为民做主";有10.3%的人(11人)回答"不知道"。可见只有少数人对民主有正确认识,大多数对民主的认知或者有偏差,或者完全错误和无知。这表明佤族村民民主观念的淡薄。

据村干部说,近年来,村民的法制观念比过去有所增强。比如打结婚证。过去许多人结婚只按照民俗仪式举行婚礼,不办理结婚登记手续。村寨中中年以上已婚的人大多数都没有办结婚证。如今年轻人结婚大多会主动办理结婚证。因为结婚证与准生证、户口、惠农政策挂钩,不领结婚证就享受不到相应的惠农政策,所以出于利益驱动,人们开始重视结婚证了。但是,佤族群众中法制观念淡薄依然是一个严重的问题。2008年,有两个寨子的年轻人因为争风吃醋发生了群体性斗殴,其中一个寨子的人将另一寨子的人打伤。边防民警接到报警后赶到现场准备带走肇事者,却受到了寨子中许多村民的阻拦。边防民警苦口婆心地向村民们宣传法律,却无济于事。此外,佤族群众对法律制度的认知度也不高。当问及"您知道《中华人民共和国民族区域自治法》吗"? 有 5 人回答"知道",占 4.7%;有 47 人回答"知道一点",占 43.9%;有 55 人回答"不知道",占 51.4%。对"您知道《中华人民共和国村民委员会组织法》吗"? 的问题,有 20 人回答"知道",占 18.7%;有 66 人回答"知道一点",占 61.7%;有 21 人回答"不知道",占 19.6%。

(六)相对低下的政治能力

政治能力即参与政治生活的能力,包括政治认知能力、政治参与能力等。政治认知能力是指对政治体系及其运作过程的认知。如果没有一定的政治认知能力,就不可能形成有效的政治参与。而政治认知能力的高低在相当大的程度上取决于少数民族对政治资讯的获取。[30]一般来讲,人们获取政治资讯的渠道主要有广播、电视、网络、报纸、书刊等大众传播媒介以及政治体系内部的传播渠道。G村有一台电脑,却无法联网;报纸、书刊等村民们基本上不订不买;电台节目只有少数村民偶尔听听,而村上的广播又常年不用;电视在 G 村非常普遍,已成为村民获取信息的最主要的渠道。但是,村民们通过电视获取政治信息的几率却十分有限。对"您最感兴趣的电视节目是什么?"的问题,只有 23.4% 的人(25 人)选择"新闻时事",其余的人则选择"故事片和电视剧"(42 人,39.2%,)、"综艺节目"(15 人,14%,)、"体育节目"(17 人,15.9%,)、"谈话节目"(5人,4.7%)、"科技节目"(3 人,2.8%)。有 76.6% 的人对政治资讯不感兴趣。相比之下,村民们获取政治资讯的主要途径是各种会议,如县乡工作组和村两委、村民小组召开的会议。但是,如前所述,村民们对这些会议的参与也有局限性。因此,政治资讯获取的有限性,制约了少数民族的政治认知能力,从而影响了村民们政治参与的积极、主动性。

政治参与能力是政治能力的突出表现。经过十余年村民自治的实践,村民们在参与技能和经验等方面得到了一定的训练和教育,获得了一定的参与能力。但是,由于政治认知能力的限制,村民不能及时获取必要的政治资讯,对政治运行过程缺乏必要的了解,甚至对法律(如《中华人民共和国村民委员会组织法》)赋予的政治权利都知之不多,再加上缺乏政治参与的传统和经验,这就使得村民们不会积极主动地参与政治活动,不能有效地利用各种参与渠道。在受访者中,有58人(占54.2%)表示参加选举是因为"这是我的权利,我应该参加";有39人(36.4%)表示参加选举是"因为要求选民参加,我才参加";有10人(9.3%)则是"因为大多数人参加,我随大流"。可见,接近一半的村民仍然属于被动参与者,这使得他们不可能主动、自觉地去学习和掌握选举的各种知识和技能,也不会主动积极地利用各种有效渠道和政治资源去参与政治,从而影响了村民们的参与能力。另外,从上述有关民间组织如产业协会、新农村理事会的建立中体现的明显的国家主导行为,我们也可以看出佤族群众在自组织能力方面的弱质性。

(七)缺乏自信的政治效能感

政治效能感是人们对自己在政治过程中的作用和影响力的感知和看法。[31]当人们热心参与政治生活时,是因为他们相信自己的行为会有效果;反之,当不相信自己的行为会对政治生活产生影响时,他们就不会积极主动地参与政治。调查问卷反映出村民们对实际参与效能的评价并不高。有45人(42.1%)认为自己对村寨中的事务"有权管";有 56 人（52.3%）认为"无权管";有 6 人（5.6%）则不知道自己是否有权管。总体看来,多数人并不认同自己对村寨事务具有充分的权力。在与部分村民的座谈中,一些村民也流露出对自身政治效能感的不自信。一些人说,我们是老百姓,跟县乡领导说不上话;一些人说,大头百姓,说了也不起作用;还有人说,管好自家的事就不错了,其他事情有村干部操心。由此看出,村民们对自己的参与行为能否有效影响政府官员和村干部缺乏充分的信心。

改革开放后,随着农村经济改革的实施,村民自治的发展,特别是随着社会主义市场经济和社会主义新农村建设的不断推进,佤族乡村社会发生了前所未有的社会分化,出现了各种新的社会利益群体。各个群体不仅在法律文本的形式上普遍享有政治参与的权利,而且在现实中也逐渐地实践着参与政治的权利。这体现了少数民族地区乡村民主政治发展的趋势。但是,由于受到历史传统、生活环境、社会地位、传统政治文化等诸因素的影响,佤族村民的政治参与水平仍然处于较低层次。特别是作为村社中最大的一个利益群体的普通村民明显存在着参与不足的问题,而具有较多政治资源的政治精英则是政治参与的主导者;作为在政治上应该与男性享受平等权利的女性,在政治参与中却缺乏充分的主动性权和话语权,处于边缘地带和弱势地位。

研究显示,佤族村民对国家政权有着高度的认同感和高度的信任和深厚的感情,对国家政治的输出表现出较高的取向,但是对国家政权的输入取向上却表现出明显的弱化倾向。而政治认知能力、政治参与能力和政治效能感的薄弱和欠缺,制约和束缚了他们广泛参与政治的主动性和实效性。因此,佤族村民的政治文化中依然存在着依附型政治文化的特征。这一特征对佤族村民的政治参与产生两方面的影响。一方面,出于对党和国家的信任、感激、依从甚至是依赖,佤族村民不会轻易采取过激的不合法的方式和手段向国家政权表达利益诉求。因而,他们的政治参与基本上体现的是一种合法的政治参与;另一方面,依附型政治文化导致佤族村民产生依赖和盲从的心理倾向,习惯于被动地接受党和国家的号召、动员与扶持,以至于严重地抑制了主动参与的意识和行为。

注　释

1　4　10　11　15　17　19　23　24　26　27　28　29　30　31　周平:《中国少数民族政治分析》,云南大学出版社2000年版,第10—12、94、82、83、87—90、88、95、90—91、149、158—159、165、159—160、162、166、171、172页。

2　H乡农业综合站:《农村经济收益分配统计表》(2006年—2010年);访G村党支记兼村主任刀XX、副书记兼文书王XX,2006年1月25日、2009年4月29日。

3　访G村党支记兼村主任刀XX、副书记兼文书王XX,2006年1月25日、2009年4月29日。

5　李守经主编:《农村社会学》,高等教育出版社2003年版,第100—103页。

6　邹学俭:《农民非农民化的阶段、形态及其内部关系》,江海学刊1999年第3期。

7　唐忠新:《贫富分化的社会学研究》,天津人民出版社1998年,第139—143页。

8　9　陆学艺等:《社会结构的变迁》,中国社会科学出版社1997年版,第114—119、107页。

12　21　施雪华主编:《政治科学原理》,中山大学出版社2001年版,第561、775页。

13　详见第五章表一和表二。

14　H乡党政综合办公室提供:《2009年党建工作安排意见》。

16　目标性参与是指参与者将政治参与视为人生来就希望追求的一种特性,是一个有价值的目标,人们进行政治参与是为了在参与中得到幸福;手段性参与则被参与者作为作为实现其政治、经济目标的手段,政治参与本身并不是目的。(施雪华主编:《政治科学原理》,中山大学出版社2001年版,第774—775页。)

18　沧源县委组织部提供:《沧源县关于第三届村党组织和村民委员会换届选举工作

实施方案》。

20 　何包钢、郎友兴:《寻找民主与权威的平衡——浙江省村民选举经验研究》,华中师
　　范大学出版社 2002 年版,第 222 页。

22 　[美]加布里埃尔·A·阿尔蒙德、小 G·宾厄姆·鲍威尔:《比较政治学:体系、过
　　程和政策》,上海译文出版社 1987 年版,第 29 页。

25 　问卷调查具体采取简单的分层抽样方法。因 G 村各组居住分散,笔者选取了丙美
　　组和芒弄组的选民(323 人和 241 人),按照人口的20%比例发放问卷112 份,收回
　　107 份。

第 七 章

对乡村政治体系变迁
与发展的回顾和前瞻

在从传统社会到现代社会的转型历程中,我国各少数民族的政治体系逐渐被纳入到民族国家建构与建设的历程中,经历了自己的变迁与发展过程。由于受自然和社会环境的殊异性,各自发展的进度、程度和水平的特殊性的制约和影响,各少数民族政治体系的现代转型又各具特色。沧源佤族乡村政治体系在社会转型的宏观背景下,也经历了具有特色的变迁和发展历程。本章试图在前面各章具体描述和分析的基础上,进一步对近代以来沧源佤族乡村政治体系变迁与发展的历史轨迹、特征,变迁与发展中的主要制约因素,以及佤族乡村政治现代化前景等问题进行概括、总结和展望,从中探寻少数民族乡村政治现代化的可能性、必要性和规律性,把握少数民族乡村政治现代化的脉搏,以期有益于少数民族乡村政治的现代化建设。

一、变迁与发展的历程和特征

近代以来,沧源佤族乡村政治体系的变迁与发展是在我国民族国家建构和建设的两个历史时期中发生的。由于受到具体的自然和社会生态环境,以及自身发展进程和水平的制约和影响,其变迁和发展历程在顺应宏观历史进程中,又呈现出自身的特殊性。

(一)变迁与发展的历史轨迹

在民族国家建构与建设的历史进程中,沧源佤族乡村政治体系的变迁与发展大致经历了四个阶段。

1. 乡村传统政治体系现代性初始嬗变的阶段(20世纪30—40年代)

在这一阶段,沧源佤族乡村政治体系被纳入到了民族国家建构的宏观历史进程中。但是,与全国相比,其演变的进程明显滞后。直到20世纪30年代初,中外民族矛盾的激化才促使国民政府不得不将沧源地区纳入到民族国家建构之中,由此引致沧源佤族传统政治体系发生了前所未有的现代性嬗变。国民政府加封班洪王为"班洪总管",在其权力性质、权力架构和权力关系方面涂抹了一些现代性的色彩;沧源设治局的设立和乡镇制和保甲制的实施,使勐角董傣族土司之下的佤族头人制和岩帅头人制在权力性质、权力架构和权力关系上开始向现代基层政权组织转变。

但是,这些嬗变是非常有限的。"班洪总管"的设置最终没有改变班洪部落王制的传统性质和权力结构,以致国民政府最终未能在班洪地区建立起国家基层政权组织;沧源设治局作为国家政权在佤族地区一个县级过渡性政权,因其机构的不完善而缺乏对当地传统政治体系充分的统摄和管控能力;乡镇制、保甲制则是在保持传统政治体系架构的基础上的一种现代性演化,不是对传统政治体系的破坏和替代。在此情况下,沧源东中西部的班洪部落王制、勐角董傣族土司制下的佤族头人制和岩帅头人制等分散、异质的传统政治体系仍然存在;其组织基础、社会基础和经济基础依然故我;国家政权体系与佤族乡村社会之间的离散状态远未消除,国家政权一体化远未实现。

2. 国家通过柔性整合实现对传统政治体系全面改造的阶段（1949 年—1958 年）

中华人民共和国建立之初，国家政权肩负着在少数民族地区进行政权建设，改造少数民族地区多样性、异质性的传统政治体系，实现国家政治体系对少数民族传统政治体系的一体化整合，并赢得少数民族对国家政权认同的任务。为此，新型国家政权在沧源佤族地区采取了一系列柔性整合手段。所谓柔性整合，是指面对佤族乡村社会分散、封闭、各自为政的传统政治体系，新型国家政权以利益为导向，在政治、经济、文化方面通过一系列缓和的、渐进的、感化的和诱导的方式，逐渐获得佤族群众的认知、认同，改变佤族传统社会的经济、政治、文化基础，将政权渗透到佤族乡村并逐渐改造佤族传统政治体系，将佤族社会整合进统一的国家政权体系之中的过程。

其一，对传统政治权威，采取思想感情上的感化和政治上的信任、安抚和安置，一方面削弱、消除佤族传统政治权威对国家政治体系的抗拒力量；一方面将其由传统政治权威转化为新政治体系的成员，增强其对新政治体系的认同感以及参与新政治体系的积极性和主动性，从而消除新型国家政权向佤族村社渗透的障碍。其二，通过与佤族群众交朋友、做好事，调解各种民族纠纷，扶持佤族群众发展生产和社会事业，开展艰苦、细致和反复的政治宣传工作等，消除民族隔阂，增强佤族群众对共产党和人民政府的感激之情、拥戴之心和信任之意，提高他们对共产党和人民政府的认同感，为新的国家政权在佤族乡村社会的贯彻奠定群众基础。其三，培养和选拔佤族新型政治权威和精英，构筑佤族乡村中支撑新政权的组织基础。其四，通过实行"直接过渡"政策，改变土地所有制,瓦解传统政治体系赖以存在的经济基础。

柔性整合逐渐瓦解和改造了原来散乱的、各自为政的以村社头人为基础的佤族传统政治体系,使佤族乡村社会初步融入到国家政治体系中,促进了佤族与统一国家政治体系之间的一体化,维护了中华民族大家庭的团结和国家政权的统一,促进了中国多民族国家的政治整合。同时,在这一变革中,广大佤族群众逐渐受到了主导政治文化的宣传、教育和熏陶,开始由对地域性、民族性政治权威的认同,转向对民族国家政治体系的认同;由适应于传统政治体系的政治人,逐渐向适应于新型国家政治体系的政治人转变。

3.国家通过人民公社体制实现对乡村社会刚性整合的阶段(1958年—1984年)

建国初期,国家政权体系在广大农村基层进行的国家政权建设是非常成功的。但也是初步的和不完全的,新的基层政权在结构和运作等各个方面的制度化水平还较低高;基层政府的能力还非常有限;农民群众中还没有形成牢固支持现行政治体系的政治文化。因此,国家政权有必要进一步加强乡村基层的民族国家建设。但是,随着中国共产党对理想目标、发展战略的过急追求和"左"倾错误的发展,国家政权在广大乡村建立了政社合一,高度集权的人民公社体制。

通过人民公社体制,国家政权一度实现了对佤族乡村社会的刚性整合:国家政权的权力集中和渗透能力达到了前所未有的程度,以至于全面介入到佤族农民的日常生活之中;国家通过政权的强制力将生产资料的所有权和管理权、农产品的分配权、生产劳动的支配权等集中统一起来,保证了对佤族乡村社会资源的全面掌控、提取和配置;通过思想批判、阶级斗争等手段,国家政权不仅破除了佤族传统社会的文化网络,而且形成了强制性的思想文化控制。这种刚性整合最终导致了佤族乡村社会的"总体性社会"特征[1]和乡村政治体系的"全能主义"特征。[2]

但是,这种刚性整合是以国家政权的意志为主导而脱离佤族乡村社会实际需求的一种外在强制力。它因缺乏内在的持久动力,不可能长期维持下去而达到预期的效果;相反,还由于违背了佤族人民的意愿,迟滞了佤族乡村经济发展,扼杀了佤族乡村社会自身发展的生机、活力,最终导致人民公社陷入困境而被历史抛弃。因而,国家政权试图通过人民公社体制在佤族乡村进行民族国家建设的尝试并不成功。

4.国家通过弹性化整合重构与乡村社会互动关系的阶段(1978年以来)

改革开放的首要使命就是重新调整国家与社会的关系,其基本取向就是放权:党向国家放权,国家向社会放权,政府向单位或个人放权,单位向个人放权。这种放权不仅触动了传统的集权体制架构,提升了国家权威性,而且培育了突破传统体制、全面推进改革的各种政治和社会力量,提升了社会自主性。因此,改革开放以后,中国的民族国家建设重点在于实现由全能国家向有限国家的转型,按照主权在民的原则调整国家与社会的关系,开启了中国政治发展的新阶段。[3]正是在这一宏观历史背景之下,国家政权对佤族乡村政治体系的整合进入了一个全新的阶段,即弹性化整合的阶段。

所谓弹性化整合,是指国家政权通过一系列非强制性的手段和措施,以主权在民为价值取向,在国家权力与乡村社会之间重构一种相互协商、合作、博弈的良性互动机制,将国家权力对乡村社会的有效贯彻和运作建立在保证乡村社会自主权的充分实现和得到最广泛的民意支持的基础上,最终建构一个国家与乡村社会双强互动的模式。当然,这一含义是在"应然"的意义上加以界定的。从"实然"的角度看,这一整合还处于初步的探索过程中,还存在着各种各样的问题。但是,毕竟这一过程已经开始,并且正在沿着弹性整合的趋势向前发展。因此,笔者在此用了"弹性化整合"一词,以描述其"正在进行"和"趋向性"的发展状态。

"乡政村治"体制的建立开始了国家对乡村社会整合模式的转型,即从自上而下的单一性强制整合,到自上而下的国家权力与自下而上的乡村社会权力之间良性互动的弹性整合模式的转型。首先,国家改变了过去单方面对乡村社会的强制性的整合方式,重新建构与乡村社会之间互为条件、相互影响、相互形塑的多重互动关系和整合模式,即建立了国家与乡村社会之间指导与被指导、领导与被领导和管理与被管理的三重关系。当然,现实中这一重构的过程还存在着诸多问题,国家政权与乡村社会的三重关系之间还存在着不协调、不平衡的状态。但是,"乡政村治"体制毕竟为国家和乡村社会之间的良性互动重构了一个新的制度框架。

其次,国家政权重构了与农民的互动方式。一方面,国家政权能够凭借法定的村民自治的组织化渠道与分散的佤族农民交往,通过佤族村民参与自治组织的活动来实现国家政权的政治贯彻;另一方面,佤族农民也因此找到了一条与国家政权进行协商、合作甚至平等博弈的制度化渠道,从而实现国家治理乡村与村民自我管理的相互协调发展。不仅如此,国家通过法定的村民自治制度赋予了广大农民民主选举、民主管理、民主决策和民主监督的权利,重新赢得了农民对国家政策的服从和对国家义务的遵守,重新确立了国家在农民的心目中的权威,增强了农民对国家政权合法性的认同。许多研究表明,村民自治不但没有削弱国家对乡村社会的治理能力,相反却改善了农民与国家的关系,提升了国家在广大乡村民众中的权威以及国家对乡村社会有效整合的能力。[4]

(二)变迁与发展的主要特征

沧源佤族乡村政治体系的变迁与发展既是在我国宏观社会历史发展的逻辑中展开的,又是在特定的地域范围和民族历史文化环境中发生的。因此,既反映出宏观历史发展的基本规律,又体现着自身的特殊性。

1. 渐进性

所谓渐进性,是指变迁、发展既是一个不断向前的过程,也是一个长期逐渐演变的过程。其不断向前的趋势体现在:其一,方向性,即佤族乡村政治体系的变迁和发展顺应了人类社会发展的方向——现代化的发展。尽管地处边疆的佤族乡村社会以较为迟缓的步伐迈入了现代化的门槛,但是,毕竟逐渐融入到民族国家建构与建设的进程中,实现了传统政治体系的现代转型;其二,合理性,即符合"政治发展"的基本要求。所谓政治发展,是指适应经济和社会的发展,政治关系从一种政治结构模式向另一种结构模式的变迁,其实质是根据经济社会发展的需要,建构新型的政治关系模式。[5] 在民族国家建构与建设中,伴随着佤族传统政治体系的现代转型,佤族乡村的政治权力、政治角色、政治关系等的调整、转换和改革等都逐渐朝着合理、完善和协调的方向发展。

其之所以是一个长期渐变的过程,是因为,首先,这是一次政治体系的全面转型,即从地方性的传统政治体系向统一的民族国家形态下的现代乡村政治体系转型;是佤族传统政治体系的结构、功能以及与之相应的传统政治文化向现代乡村政治体系的结构、功能以及与之相应的民主政治文化的全面转型,而不是某个方面或某个层次的变化,因而,是一个长期渐变的过程。只有经历一个个不同的历史发展阶段才能最终实现。一个多世纪以来,佤族乡村政治体系的演变经历了四个阶段,时至今日,这一转型历程尚未完结,佤族乡村政治的现代化仍然处于不断探索的过程中。其次,这是一个经济基础与上层建筑逐渐适应的过程。佤族乡村政治体系的变迁和发展必须以一定的经济社会文化发展水平为基础,而这一社会基础的生成是一个渐变的过程。在这一渐变的过程中,佤族乡村政治体系的现代转型才能得以逐渐实现。

2. 曲折性

变迁、发展的渐进性并不能掩盖变迁发展中的曲折性。这种曲折性主要表现在:其一,变迁发展不到位,未能达到预期目标。20世纪30年代以后,国家政权试图将佤族传统政治体系纳入现代政治体系中。但是,由于国家政权治理能力的局限性,以及变革措施严重脱离佤族乡村社会的实际利益需求而缺乏深厚的社会基础,最终导致变迁、发展的表象化、局部性和不彻底性,未能改变佤族传统政治体系的分散、异质、多元状况,实现国家政权的一体化。其二,变迁、发展路径的错误选择。最为典型的就是人民公社体制的建立。通过人民公社体制,国家政权凭借强制性权力在经济、社会、文化等方面实现了对佤族乡村社会的刚性整合,但却将民族国家建设中的国家权力强化到了极端,以致阻碍了民主政治的前进步伐,最终迟滞了民族国家建设的进程。其三,变迁、发展遭遇旧有体制的阻碍而步履迟缓。改革开放以后,国家政权开展了一系列乡镇体制的改革。但是,时至今日,改革仍然停留在精简机构、人员调整的表层化改革,难以真正实现乡镇政权的职能转变。根本原因在于权力集中的体制使得自上而下的放权步履艰难,从而影响了乡村政治体系全面发展的步伐。

3. 国家规划性

变迁与发展的国家规划性是指变迁与发展不是一个自然生成的过程,而是一个是由国家主导的,自觉规划的行为和过程。自从被纳入到民族国家建构和建设的框架后,佤族乡村政治体系的演变就呈现出显著的国家主导的规划性特点。这是因为,首先,民族国家建构与建设本身就是一种国家政权领导的自觉的、有计划、有目的、有步骤的改革与再造行为,是一个自上而下的统一建构的过程,被纳入其中的社会的不同部分、不同层次都必须遵循国家政权的建构意图和规划。其次,作为现代化后发式国家,中国的民族国家建构与建设更需要一个强有力的政党及其领导下的国家政权来实施。中国是在内外交困的境遇中跨入现代化门槛的。这种状况要求有一个强有力的政治力量来整合一盘散沙的社会,建构国家统一、主权独立的民族国家。中国共产党通过暴力革命的手段完成了这一历史使命。中华人民共和国建立以后,中国共产党担负的重建国家政权体系和尽快实现现代化的双重任务。为了保证这两项任务能够在分化的、多元化的、发展不平衡的、多民族的社会中顺利实施,并且有一个稳定的社会环境,中国共产党及其领导的国家政权必须发挥其强有力的领导作用。再次,处于偏远山区、信息闭塞、交通阻塞和社会发育迟缓境遇中的佤族传统政治体系的分散性、异质性与现代国家之间存在着天然的抗拒性和离散性,如果任由其自然演变,必然与民族国家的要求格格不入,并严重阻滞民族国家建构和建设。因此,要建构一体化的民族国家,国家政权必然要采取主导性的建构方式,将其纳入统一的民族国家的制度框架中。

新中国成立以来,佤族乡村政治体系发生了前所未有的变化,不仅在体系结构上实现了从传统到现代的转型,纳入到了统一的国家政权体系的一体化中,成为其中的次级政治体系;而且政治体系的结构和功能正在朝着民主化方向改革和完善,乡村政治体系中的民主制度在逐渐建构当中,佤族人民不仅在法律文本的规定中享有民主权利,而且在现实的政治生活中也享受着越来越多的民主权利。这一切是中国共产党领导的国家政权的自觉建构与建设的结果。但与此同时,国家主导的规划性变迁也可能产生一定的负面影响,国家政权过于强势的推行可能会压抑乡村社会的自主性,使乡村社会的社会力量处于被动接受的状态;如果国家政权的意志超越了现实可能性,建构和建设的方式方法过于激进和快速,就会使乡村政治形态的变迁和发展遭遇挫折,受到破坏和阻碍,从而影响整个民族国家建构与建设的正确方向和进程。

二、发展中的主要问题和制约因素

(一)发展中的主要问题

从民族国家全面建设的要求来看乡村政治体系的发展,其基本含义是:国家政权仍然要继续通过完善农村基层政权组织、基层自治组织架构来实现对乡村社会的全面贯彻与治理。但是,这种全面贯彻与治理不是完全靠国家权力的强制性来实现,而主要是通过民主制度的协商、合作、博弈等弹性功能来联结乡村社会和村民,形成基层政权与乡村社会与村民之间的良性互动,并获得以广泛民意为基础的合法性认同,最终将乡村社会有机地整合到国家政权体系之中。这主要包括三个主体及其相互关系的建构,即国家、村社、村民三方面相互关系的民主建构。也就是说,民族国家的乡村建设就是按照民主的原则建构基层政权、村社权力和村社成员各自内部及相互之间的组织形式和权力(权利)关系,一方面保证国家权力在向乡村的渗透和控制中得到广大农民的广泛认同;一方面保证乡村社会自主权、村民民主权利的行使,从而增强乡村社会和村民与国家政权之间平等沟通、协商、合作甚至博弈的能力。如果以此检视现实中佤族乡村政治发展的话,我们会发现,目前佤族乡村政治发展中仍然存在着一系列问题。

1.乡级政权体系存在的问题

这个层面存在的问题主要表现在乡级政权体系内部、乡级政权与乡村社会之间、乡级政权与村民之间的关系上。

乡级政权内部存在的主要问题是权力集中和权力配置不合理。实行党委书记和乡长"一肩挑",虽然减少了矛盾、摩擦,提高了办事效率,但是,也带来了党委书记权力过大、权力过于集中的问题;而党委、人大、政府成员全面交叉任职,虽然加强了党的领导地位,却导致乡党委的权力更加集中化,党政权力运作一体化导致党政职能不分,乡人大的的决策权、人事权和监督权被虚置化和边缘化等问题。

乡级政权与乡村社会之间存在的问题主要是乡级政权对乡村社会领导、管理功能过强,而服务功能较弱的问题。乡党委在政治、思想、组织等方面实现了对村社的全面领导,并通过村党支部书记与村委会主任"一肩挑"、"村两委"交叉任职等制度化渠道,实现了对村委会的直接领导。但这种直接领导有时会导致一定的包办性和命令性,从而制约村社治理权威的自主性、主动性。乡政府对村社的强管理功能则体现在,一是仍然以行政管理方式管理村社经济;二是村社社会管理仍然体现出全能政府的色彩。乡政府的社会服务功能弱化则表现在自主服务的功能的弱化和公共服务部门的服务效能低下上。

乡级政权与村民之间存在的主要问题表现在政治沟通中的政

治输入和政治输出之间的不平衡。乡政权强大的输出功能在一定程度上抑制了村社和村民们自主意识，使其产生较为严重的"等靠要"思想。而乡政权不能提供充分、有效的，自下而上的制度化沟通机制，则削弱了乡政权的政治输入功能，限制了村民向乡政权的进行充分的利益表达。

2. 村社政治体系存在的问题

这个层面存在的主要问题表现在村社治理权威内部、村社治理权威与乡级政权之间的关系上。

在村社治理权威内部存在的主要问题，一是村支书和村党支部权力集中，权力得不到有效监督。"村两委"经过"两选联动"形成"一肩挑"和"村两委"交叉任职权力格局，具有较为广泛的民意基础，但毕竟是一种较为集中的权力结构，如果缺乏有效的监督，就容易出现"一把手"滥用职权。而最能起监督作用的村民代表会议、村务公开等监督机制却因制度不完善而作用非常有限；二是村民代表会议与村委会之间关系不规范。"村两委"在村务决策中处于主导地位，村民代表会议实际上行使的是民主议事权。这使得村民代表会议和村委会之间决策与执行的关系发生了一定程度的错位，从而影响了村民代表会议的权威性和权力机构的作用。总体上看，村民自治实际上成为少数村干部的自治，显现出一种政治精英治理的特征，村民群众自治和基层直接民主的原则精神没有得到充分体现。

村社治理权威与乡级政权之间存在的问题，主要是从村社治理权威的"代理人"和"当家人"双重角色的关系中体现出来。取消农业税费在客观上为"村两委"履行"当家人"的角色创造了较为宽松的外部环境；另一方面又使得缺乏自治资源的村社治理权威过分依赖于乡级政权的资源供给，从而强化了对乡级政权的依赖;而乡级政权则凭借对配置性资源的分配优势而强化对村社权威的领导和管理,从而强化了村社治理权威的"等靠要"思想,有碍于村社权威"当家人"角色的体现。

3. 村社成员存在的问题

这一层面存在的问题主要体现在村民的政治参与行为、村民政治权利与乡级政权权力之间、村民政治权利与村社治理权威之间的关系等三个方面。

村民政治参与中的问题,一是不同群体的政治参与非常不平衡。妇女政治参与的广度、深度、频度都远远逊色于男性;大多数普通农民则明显表现出参与不足;少数具有较多政治性资源的政治精英则是政治参与的主导者,体现出政治精英主导政治参与的特点;二是政治参与存在着动员性参与的问题。一些村民缺乏主动参与的意愿,只是在乡党委政府的强势号召和动员下,才被动参与到政治活动中。

村民政治权利与乡级政权权力之间存在的问题主要是村民缺乏对乡级政权权力充分授予和有效监督。乡党委书记和乡长实行"一肩挑",其权力来源主要是上级党委,乡人大仅只是在形式上履行手续,村民代表的选举权只是一种表象化的权利。由于在权力授予方面村民没有实质性的权利,因而也无法实现对乡党委书记兼乡长的有效监督和制约。

村民政治权利与村社权威权力之间存在的问题则是村民对村社权威的权力缺乏充分而有效的监督和制约。由于村民代表会议的局限性,由于村务、政务和党务公开等方面缺乏规范的、有效的规章制度,由于广大村民缺乏主动参与政治生活的动力、意识和能力,广大村民还不能充分行使民主决策、民主管理、民主监督等方面的权力。因此,对于村社权威的权力难以做到有效的监督。

（二）发展中的制约因素

自从实行村民自治以来,特别是进入新世纪以来,佤族乡村政治体系的变迁与发展取得了前所未有的成效,但是,发展中的问题也是显而易见的。这些问题的产生实际上是诸多因素综合作用的结果。

1. 不良自然环境的制约

自然环境是政治体系存在与运作的前提条件和客观载体,既对政权体系提出具体而特殊的要求,又制约着政权体系运作及其功能的发挥。

佤族自古以来就是一个"'背负大山的民族',以山为伴,以溪为邻"。[6]H 乡地处沧源县境西南部,乡政府所在地距沧源县城近50 公里,距临沧市 270 余公里,距云南省会城市昆明近 800 公里。全乡 99% 是山区,山高林深、沟壑纵横、交通不便、信息封闭、地广人稀、居住分散。全乡尚有 6 个自然村没有通路。这种自然环境对乡政权的权力运行、村社自治组织的自治能力和村民的政治参与等产生了重要的影响。

（1）对乡级政权的影响

不良的自然环境严重制约了佤族村民的社会生活水平和自我发展的能力,使得他们对于国家政权产生了更强烈的需求其至是依赖,从而强化了乡级政权的全能政府功能。学者王金红到西藏和云南等边疆少数民族地区调研时发现,这些地方的乡镇政府在地方治理中扮演着非常重要的角色。在当地老百姓心目中,乡党委书记和乡长就是政府,村民的生产、生活和社会事务都靠乡政府解决,人畜饮水、农业灌溉设施、宗教管理活动、医疗卫生、社会纠纷、扶贫救济救灾等一切事务都依赖乡政府。乡政府全然是一个

"全能政府"。[7]

另外,这一自然环境在一定程度上影响了乡政权权力运作的效率。面对地处偏远、交通不便,地广人稀的广大乡村社会,乡政府的治理成本高而效率低。H乡虽然管辖的行政村和人口都不算多,但治理的规模和幅度却很广,6个行政村之下的58个自然村,61个村民小组,分散居住于332.8平方公里的土地上,其间高山峡谷、沟壑纵横、山路崎岖、道路泥泞。一些偏远村寨离乡政府所在地40余公里,又不通车路,机动车无法到达,乡干部们只能骑自己的摩托车甚至步行下乡。如果遇到天灾人祸等突发性事件,乡干部不能迅即赶到现场,就有可能延误处理事件的最佳时机。因此,自然环境条件在很大程度上制约了乡政权功能的充分发挥。

(2)对村民自治组织自治能力的影响

不利的自然环境还影响了村民自治组织的自治能力,从而强化了他们对乡政府的依赖。村民自治组织的能力不仅取决于丰富的权威性资源,更取决于丰厚的配置型资源。取消农业税费后,沧源县大多数村委会出现"空壳化",村民自治组织缺乏资金支持,严重影响了自治能力的发挥。林权改制以后,H乡一些村委会想利用当地的森林资源向外招商引资加以开发利用,既能盘活农民手中的"绿色银行",又能为村集体积累一定的集体资金,从而提升自治组织的自主发展能力。但是开发商们到当地看了以后,都畏于深山丛林、沟壑交错、路途不通、路程遥远而最终作罢。这种不良的自然环境不仅制约了村民自治组织的自我发展能力,而且还强化了村民自治组织对乡政府的依赖。

(3)对村民政治参与的影响

地处偏远、交通不便严重影响着村民的政治参与。G村距离县城55公里,距离昆明800多公里,绝大多数人没有到过昆明;在一些更偏远的自然村,还有许多人甚至尚未到过县城。这种状况在一定程度上阻碍了村民们对政治资讯的获取,限制了他们的政治视野、政治认知、政治热情,从而抑制了他们参与政治的主动意识和能力。同时,这种状况增加了村民参与政治活动的难度,影响了村民政治参与的质量和水平。"只要克服较少的障碍便可行动",人们就去参与;遇到的障碍越大,人们"就越不大会介入政治"。[8]G村下辖6个村民小组分布在不同的山岭,各小组相距最近的约3公里,最远的约十几公里。各小组之间大多只有土路相通。如遇雨天,道路坑洼泥泞,连摩托车都无法行使。这使得人们产生畏难情绪,影响了参与的积极性,使得一些政治参与方式难以实现,如全村范围的村民代表大会很难召开,只能采取分组召开的形式。

2.经济发展滞后的影响

经济是政治的基础。乡村政治体系的发展以一定的乡村经济发展为基础并受其深刻制约。佤族乡村社会经济发展状况对乡级政权服务功能、村社权威和村民政治参与产生重要的影响。

(1)对乡级政权的影响

对于一级政府来讲,是否拥有充分的配置性资源,对其能否充分发挥服务功能起着决定性的作用。服务型政府需要政府自身具有较强的整合社会资源和调动公共资源的能力,这种能力是建立在充分享有配置性资源的基础上的。沧源佤族乡村经济发展滞后,贫困面广、贫困程度深,乡级政权财政匮乏。在此情况下,乡政府处于双重困境之中。一是窘迫的财力穷于应对自上而下分派的各种繁重复杂的任务、检查和考核;二是紧缺的财力难以满足乡村经济社会发展需要,无法为乡村提供充足的公共产品。在大多数情况下,乡政府发挥着代理服务的功能,自主式服务仅仅是一种有

限的补充。因而,乡政府有限的服务功能最终难以满足乡村社会
发展的需要。

乡村经济发展水平低下,制约了广大佤族村民自主发展的能
力,使其产生对乡级政权的依赖,从而强化了乡级政权全能政府功
能的发挥。据统计,目前,H 乡尚有三分之一强的农村人口处于贫
困状态。[9] 贫困使得村民们普遍缺乏自我发展的物质资源,无力满
足自身发展的最基本的需求和村社公益事业发展的需求,只能依
靠县乡政府,特别是乡政府的扶持。因此,当社会经济发展滞后、
社会发育迟缓,属于弱质社会,连自身发展最基本的需求、连最起
码的自我管理能力都还难以自主解决时,其对政府的需要就是全
方位的,能够适应其需要的政府就是一个全能的政府。[10]

(2)对村民自治组织的影响

经济发展滞后使自治组织缺乏自我管理和自我服务的能力。
沧源县大多数行政村没有集体经济,2005 年取消农业税费以后,
70%的村变成了空壳村。大多数"村两委"的日常经费基本上是
靠村组干部向县乡领导、工作组、扶贫挂钩单位讨要来的。如果遇
有大的活动,如村民换届选举、林权改制等事务,就入不敷出,只好
到处讨要,或欠账、赊账,寅吃卯粮。由于资金匮乏,大多数村没有
能力独立自主地发展产业和举办公益事业;面对纷繁复杂的农业
大市场,无力为村民们提供农业信息、农产品销售、农用物资购买
等服务。在此情况下,自治组织只能依靠乡政府的力量获取各种
配置性资源,以增强自身的权力资源和合法性认同,这就必然对乡
政府产生依赖思想。为了今后能够得到乡政府更多的扶持,面对
乡政府下达的各种任务,村干部们往往会从理性计算的角度选择
代理人角色,完成甚至超额完成乡政府下达的各项任务为主要目
标,以此获得乡政权更多的配置性资源。这在一定程度上抑制了

村社治理权威的主动性和创造性,容易导致自治组织的依附行政化倾向。

(3)对村民政治参与行为的影响

政治生活总是要以一定的经济生活为基础的。"一般而言,政治参与的水平与社会经济发展程度息息相关,社会经济发展的水平越高,政治参与的水平也就越高。"[11]经济发展状况不仅制约和影响着人们参与政治生活所需的物质基础,而且还影响和制约着人们为了争取更多物质利益而进行利益表达的意愿和行为。

首先,经济水平低下,影响和制约了村民的参与能力和参与积极性。"一个人如果生活在贫困当中,整天为生计而费尽心思,就难以顾及政治生活,更谈不上积极地区参与政治"[12]经济的贫困使得大多数人只关心个人和家庭的生计问题,对公共事务无心也无力顾及。据村干部说,村组要搞公益事业,村民们只愿意投工投劳而不愿意出钱。此外,经济发展水平低下导致的社会分化程度低,也抑制了人们参与政治的主动性。一般来讲,社会经济的发展造成人们利益的多样化,引起社会分化,产生不同的利益群体。各利益群体间的利益差别会激发人们的竞争意识和参与意识。但是,G村经济发展水平较低,社会分化不明显,无论是职业分化还是贫富分化都不十分突出,尚未产生多个经济实力较强的利益群体。大多数村民的生活水平处于刚解决温饱的状态,彼此间贫富差距不大,欲求不满的心理不平衡性并不十分强烈,大多安于现状,因而参与政治的内在动力并不十分强烈。

其次,落后的经济使村社自治组织缺乏充分的自主支配资源,影响了村民对村民自治组织的参与积极性。沧源县大多数村委会属于空壳村,没有更多的可支配资源。这使许多人认为当村干部没有多大的利益和意义,从而影响了人们参与竞争村干部选举的积极性。这与经济发达和较发达地区的村民自治选举形成了鲜明的对照。而村委会缺乏经济资源,无力开展公益事业的状况,也影响了村民们对村委会的信心,从而对村委会开展的村务活动缺乏主动关心和主动参与的意识和积极性。

再次,一家一户的生产经营方式抑制了村民关心和参与公共事务的内源动力和集体行动能力。家庭联产承包责任制确实给中国农村带来了深刻变化,它使农户获得充分的经营自主权,调动了农民维护和发展自身小农利益的积极性,基本解决了农民的温饱问题,使中国农业走上了符合实际生产力水平的发展道路。但对于农村在基本解决温饱以后的长远发展来讲,其本身存在着局限性。分户经营着重于“分”,确实调动了以家庭为单位的生产积极性,但它所形成的劳动组织形式必然是个体分散的,难以形成有效的社会整合机制,在一家一户生产经营状态下,个体家庭利益之间、个体家庭利益与村组利益之间缺乏牢固的经济利益纽带,没有形成具有高度利益关联的利益共同体;而家户经营的模式又制约了农业生产的产业化、社会化、市场化,难以将众多农户的利益有机地联系起来,以至于农民们普遍缺乏基于利益共同体基础上的协作精神和组织性,难以形成关心、参与公共事务的内源动力和集体行动能力。因而,人们的政治参与更多地表现出个体性,即更多关注于一己之利并因此而进行利益表达和政治参与;甚或有的人表现出对公共事务的漠然。这一点在妇女身上,特别是已婚妇女身上表现尤为突出。她们的主要关注点、活动范围和对象都以家庭为主,对于家庭之外的公共活动缺乏兴趣,更缺乏自觉的参与意识,更缺乏自觉的参与意识和团体意识。

3. 文化因素中的负面影响

文化因素中的负面影响主要体现在三个方面:传统文化中宗教观念和重男轻女观念对村民政治参与行为的影响;传统政治文化对村民政治行为的影响;村民文化素质对村民,特别是村干部的思想、行为的影响。

宗教信仰作为一种普遍存在的社会历史现象,作为民族文化的一个重要组成部分,对村社的政治生活产生着重要的影响。G村村民信奉的三种宗教对政治参与起到了一定的抑制作用。原始宗教崇尚鬼神崇拜、神灵信仰,将摆脱贫困、消灾除病和发财致富寄托于神灵保佑;佛教奉行出世思想,倡导自我修行、超越轮回;基督教则主张忍让、顺服,寄希望于来世等。这些观念严重禁锢和约束了人的思想和行为,扼杀人们的理性,导致部分村民,特别是中老年村民对现实社会的漠然,对公共事务的冷淡,遏制了人们的竞争意识和参与意识。

佤族中重男轻女思想非常严重。无论男女,都普遍认同"男主外、女主内"的观念。而所谓"女主内"也并非说妇女能够决定家里的大事,只是说家务劳动以妇女为主,而家中大事还是男人说了算。这一点在笔者采访G村妇女主任时得到了印证。当笔者向妇女主任了解完村妇委会的情况后,就向她了解家里的经济情况。但是,她却说不太清楚,要等丈夫回来才说得清。村妇女主任尚且如此,一般的妇女也就可想而知了。重男轻女的观念导致大多数妇女存在着较强的自卑心理和依附心理,缺乏竞争意识、权利意识和参与意识,对政治生活存在着疏远和逃避倾向。

由于历史和现实诸种因素的影响,在佤族村民中仍然存在着依附型的政治文化。这是佤族村民中普遍存在等靠要思想的文化根源。依附型政治文化是指民众对于政治体系本身及其输出具有高度的取向,但是对于政治系统的输入内容取向和作为政治参与者的自我取向却接近于零。也就是说,民众已经意识到专门的政治权力,并对其产生情感联系和基本评价;人们对于政治系统制定的政策,实行统治与管理有较多的取向,然而却几乎没有向政治系统提出要求,缺乏作为个体的自我主动地参与取向。这一类型的取向反映了被动的、臣属的和依附的关系。[13]笔者的相关问卷调查结果显示,尽管佤族村民们的政治文化并非纯粹的依附型政治文化,也存在着一定的参与型政治文化,但仍然表现出一些依附型政治文化的特征。有接近一半的村民缺乏主动参与的意识,仍然属于被动参与者,具有较强的依附心理。这突出表现在对政治体系的输出方面,他们普遍期望通过政府的政策和政府的扶持促进其地区经济社会的发展,改变自己的地位和生活状态,甚至产生过分依赖国家政权的状况;相反,对政治体系的输入,即对政治体系的要求和支持的频度和质量就比较低。不仅对国家政治体系的利益表达少,而且实际的政治参与尤其是制度内的主动的政治参与的频度和程度都比较低。

村民们,特别是村干部的文化素质偏低,影响了他们自主发展的意识和能力。由于历史和现实的种种原因,广大佤族村民和村干部的受教育程度都普遍低下。沧源全县人均受教育程度为4.3年,H乡全乡人均受教育程度仅为3.8年,70%的村干部属于初中文化水平。[14]普遍偏低的文化素质使得村干部和村民普遍缺乏适应市场经济和发展现代农业的知识、信息和技能,也缺乏接受新知识、新技能的文化知识基础。面对纷繁复杂的市场经济,他们缺乏广阔的视野、敢冲敢闯的胆识和快速应对、自主发展的能力,容易产生对乡政府的"等靠要"思想。一些乡领导说,许多村干部对如何全面发展本村经济社会,缺乏独立自主的,富有前瞻性和创造性的谋划能力。有关村社发展多半是根据乡上的规划,在工作组的具体帮助下提出来的,甚至有些发展思路完全由工作组成员亲自归纳总结后写出来,有的乡干部说:"乡干部们在很多时候干了村干部们一半的分内事务。"当笔者问村民对政府扶持发展的木薯、核桃、仔猪养殖的市场前景如何看,是否考虑过发展其他产业时,村民们回答:"不知道,如果不依靠政府发展这些产业,我们又没有能力搞其他的产业,也不知道搞哪样产业更好。"

4. 政治体制与法律制度不完善的影响

佤族乡村政治体系的发展,不仅受到其所处的自然环境和社会环境的影响和制约,而且作为国家政权主导规划的结果,必然受到国家政权体系自身存在的负面因素的影响和制约。这些负面因素突出体现在压力型体制和国家法律制度的不完善两个方面。

(1)压力型体制的负面影响

压力型体制最早是由荣敬本提出来的,其基本含义是指一级政治组织(县、乡)为了实现经济赶超,完成上级下达的各项指标,而采取的数量化任务分解的管理方式和物质化的评价体系。为了完成经济赶超任务和各项指标,该级政治组织(以党委和政府为核心)把这些任务和指标,层层量化分解,下派给下级组织和个人,责令其在规定的时间内完成,然后根据完成的情况进行政治和经济方面的奖惩。各级组织实际上是在这种评价体系的压力下运行的。[15]乡镇政权是最低层次的国家政权,同时又是直接面对农村基层的国家政权,自上而下的各种任务指标最终下移到乡镇一级,正所谓"上面千条线,下面一根针"。乡镇政权为了完成指标,经受考核,必然将压力转移到村社,强化对乡村的影响和控制,从而影响乡村政治的发展。具体说,压力型体制主要对村民政治参与、乡村之间权力关系和乡级政权与村民之间的政治沟通等方面产生负面影响。

　　压力型体制对村民政治参与产生的负面影响,最突出地体现在村民委员会选举上。实行村民自治在很大程度上是国家政权主导的规划性变迁,它不仅仅是广大村民自己的事,更是各级党委政府的一项重要的政治任务。这一任务完成的好坏,直接关系到乡镇主要领导的政绩、关系到上级党委政府对他们政绩的评价,关系到他们政治的前途。因此,每次村委会换届选举,各级党委政府都非常重视。尤其是县乡两级基层政权,为了保证高参选率,保证选举能够完成、甚至超额完成上级规定的一系列指标,都要进行强力的宣传、发动、说服、指导,甚至干预和包办。从某种意义上讲,乡级政权的指导、引导和帮助有助于选举的顺利进行,有利于保证选举的合法性。但是,由于选举的政治任务属性和对乡干部前途的影响,就难免导致县乡级政权为了片面追求参选数量,完成选举任务指标而采取一些过度动员、说服甚至于干预和包办的做法,从而抑制村民们的自主意识和自主参与能力。

　　压力型体制对乡村之间权力关系的影响表现为:一方面强化了乡级政权的全能型政府和管治型政府的色彩,一方面则强化了村社权威"代理人"的依附性和削弱了其"当家人"的自主性。取消农业税费,为村民自治发展扫除了最大的一个行政压力。但是,并不意味着压力型体制的消除。因为作为压力型体制产生的根源——自上而下的权力授受机制仍然存在,乡镇干部主要是对上负责而不是对广大村民负责;压力型体制的运作机制没有变——上级政府各个部门下达的升级达标任务仍然在发挥着"指挥棒"的作用。在此压力之下,乡政府对经济管理仍然表现出浓厚的管治型特征。为了完成任务,乡政府以行政化的手段直接管理、包办、干预村社的产业发展,把任务分解到各村,并与各村签订责任书,要求其在规定时间内完成,并根据完成情况进行政治经济方面的奖励。虽然这些做法的目的是为了发展当地经济,并且在一定程度上能够促进当地经济的发展,但是,有时并不完全符合当地实际。非但如此,这种做法在很大程度上抑制了村干部的主动性和创造性,特别是强化了村社权威"代理人"的依附性而削弱了其"当家人"的自主性。

压力型体制在一定程度上影响了村民们与乡级政权的主动沟通、交流和利益表达。在压力型体制下,乡级政权为了完成上级的各项任务,必然强化自上而下的输出功能,利用各种途径和手段乡村干部和村民宣传上级政权的政治意图、中心工作、任务目标,并积极组织、动员村民群众加以贯彻执行。自上而下强势的政治输出在很大程度上将村民置于被动接受的境地,从而压抑和消解了村民们主动与乡级政权交流、沟通、表达利益的积极性和主动性。

(2)国家法律制度不完善的制约

村民自治制度虽然最初肇始于农民的创造,但对绝大多数地方来说,它是一种自上而下的制度安排。因此,在村民自治制度推行的过程中,国家相关的法律制度对村民自治的发展起着至关重要的作用。从1987年《中华人民共和国村民委员会组织法(试行)》的颁行,到1998年该法的正式颁布,再到2010年十一届全国人大常委会第十七次会议对该法的进一步修改,以及各省市区人大常委会制定的《村民委员会组织法实施办法》和《村民委员会选举办法》等地方法规,对于健全村民自治制度,发展农村基层民主,都产生了极大的推动作用。但是,也要看到,在实践中,国家的相关法律制度仍然存在着不完善的问题。其一,缺乏村民自治的基本法。由于历史的原因,村民自治首先是从组织建构开始的,有关法律也是从村民委员会组织法开始的。而《村组法》只规定了应该怎样,却未规定违反后应该如何追究法律责任。例如,《村组法》第五条规定:乡、民族乡、镇的人民政府不得干预依法属于村民自治范围内的事项。但却没有规定对于违反自治原则,干预村民自治事务的做法应该追究什么样的法律责任。这不仅容易引发乡村关系的矛盾冲突,而且不利于凸显以村民为主体的基本自治权利,也不利于村民的民主权利受到侵害后的维护。

其二,缺乏相应的程序法律。《村组法》中实体性规范较多而程序性规范太少。例如,《村组法》规定了乡、民族乡、镇的人民政府对村民委员会的工作给予指导、支持和帮助;村民委员会协助乡、民族乡、镇的人民政府开展工作(第五条),却没有明确规定具体的范围、内容、方式和方法。再如,第四条中规定了中国共产党在农村的基层组织,按照中国共产党章程进行工作,发挥领导核心作用,领导和支持村民委员会行使职权;依照宪法和法律,支持和保障村民开展自治活动、直接行使民主权利。但是对于党组织如何领导、支持和保障村民开展自治活动,缺乏具体性、明确性和可操作性的规定。尤其是对于在"一肩挑"和交叉任职情况下如何实现党的领导、支持和保障作用,更缺乏针对性和可操作性的法律规范,因而难免导致现实中出现党支部书记和党支部权力集中的问题。

其三,相关的法律程序在现实中难以操作。例如,关于对村委会的罢免问题。一方面,《村组法》规定村委会向村民大会负责,报告工作,村民大会有权罢免村委会成员;另一方面,又规定村民大会由村委会负责召集。这实际上是授权村委会自己监督自己、自己罢免自己。这种同体监督既缺乏内在的推动力,也缺乏客观、公正的仲裁环节,更缺乏实际操作的可能性,从而起不到监督和制约的作用。

三、未来发展的路径选择

作为民族国家建设的基础,少数民族乡村政治发展路径的选择,一方面必须遵循社会主义民主政治建设的总体目标、要求和民族国家建设的宏观规律;一方面又必须结合本民族和本地区的具体实际。这样才能既保证乡村政治发展的正确方向,维护政治发展中国家政权的统一性、完整性和权威性,又能切实有效地推进少数民族乡村政治的不断向前发展。

(一)发展的目标、任务和条件

1.发展的目标、任务

现代化是一个从传统社会向现代社会转变的动态过程,是对传统社会的经济、政治、文化与社会进行全面改造和更新的过程。其中,政治民主化是题中应有之义。民族国家建设的核心价值取向就是政治民主化。政治民主化是政治体系得以确立的合法性基础,也是现代政治生活的主要内容。

在民族国家建设的过程中,国家政权曾经通过人民公社体制实现对乡村社会的强制性的渗透和控制,但却严重损害了民主政治建设的价值取向。改革开放以后,中国共产党深刻总结了历史经验教训,明确将发展民主政治确定为国家发展战略目标之一,并明确提出了政治体制改革的目标体系:"第一,巩固社会主义制度;第二,发展社会主义社会的生产力;第三,发扬社会主义民主,调动广大人民的积极性。"[16]进入二十一世纪后,中国共产党不断深化对社会主义民主政治建设的认识。中共十七大政治报告则将人民民主在中国政治中的地位提高到"社会主义的生命"这样的高度来认识。

　　基于这样的认识,中国共产党把发展基层民主作为推进民主政治建设的重要切入点和突破口。十七大明确提出要将基层民主建设作为发展社会主义民主政治的基础性工程重点推进,并对基层民主建设目标做出了这样的概括:人民依法直接行使民主权利,管理基层公共事务和公益事业,实行自我管理、自我服务、自我教育和自我监督,对干部实行民主监督,实现人民当家作主。

　　从上述相关论述中,我们可以具体解读出农村基层民主政治建设的目标任务。农村基层民主建设的目标就是广大农民依法直接行使民主权利,管理农村基层公共事务和公益事业,实行自我管理、自我服务、自我教育和自我监督,对乡村干部实行民主监督,实现当家作主。农村基层民主政治建设的主要任务就是:健全农村基层党组织领导的充满活力的基层群众自治机制,扩大基层群众自治范围,完善民主管理制度;深化乡镇机构改革,加强基层政权建设;完善政务公开、村务公开等制度,实现乡镇政府行政管理与基层农民群众自治有效衔接和良性互动;发展乡村社会民间组织,加强乡村社会的自组织能力,增强乡村社会自治功能。

　　从民族国家建设的角度来看,中国共产党关于农村基层民主政治建设包括了以下几层含义:第一,农村基层民主建设就是要通过改革和完善农村基层党组织、乡镇基层政权和农村基层自治组织的组织结构和功能;通过建设全心全意为人民服务的服务型、责任型基层政府,打造具有广泛民意基础的国家基层政权体系,保证国家政权的统一性和一体化,巩固国家政权体系对乡村社会自上而下的权威性和治理能力。第二,基层民主政治建设就是要在国家政权和乡村社会之间建构起一种有效衔接和良性互动的互动关系。首先,必须以法律制度厘清国家政权与乡村社会之间的权力界限,特别是国家政权必须充分保证和扩大群众自治的范围和空间;其次,通过强化基层政府社会管理和公共服务职能;通过建立一系列民主授权和民主监督机制,在国家政权与乡村社会之间建立起以民意基础为支撑的双方平等协商、民主合作的有效衔接和良性互动。第三,乡村政治发展必须以乡村社会的发育和成长为前提。农村基层民主建设中必须不断发展乡村社会民间组织,发挥社会组织在扩大群众参与、反映群众诉求方面的积极作用,加强乡村社会的自组织能力,增强乡村社会自治功能,增强乡村社会与国家政权之间良性互动的能力。

总之,中国共产党在不断总结历史经验教训,不断吸收和借鉴人类社会政治文明成果的基础上,顺应我国社会主义民主政治发展的新要求,遵循民族国家建设的客观规律,明确提出了我国基层民主建设的目标任务,为我国农村基层民主建设,特别是少数民族地区农村基层民主建设指明了方向,提供了根本指导思想。

2. 发展的有利条件

改革开放以来,少数民族乡村与全国广大乡村一样,处于传统社会向现代社会全面转型过程中。在这一过程中,佤族乡村政治体系的现代转型难免遭遇社会转型和民族国家建设中提出的一系列新的挑战和要求,难免出现这样那样的问题。但是,回顾既往,我们看到,佤族乡村政治体系的发展方向是趋进向前的;注目当前,展望未来,我们发现,一系列有利因素将进一步推进佤族乡村政治体系的向前发展。

(1)国家宏观战略方针的推动作用

作为现代化后发式国家,中国的民族国家建设更显现出国家主导的特征。因此,在乡村政治体系的变迁与发展中,国家宏观战略方针起着至关重要的作用。进入二十一世纪后,对乡村政治体系的发展影响最为深刻的国家宏观战略有两项,一是取消农业税费;二是社会主义新农村建设。

被称为继土地改革、家庭联产承包责任制改革之后的"第三次革命"的取消农业税费举措,[17]对乡村政治发展具有重大的意义。农业税费是以农补工、农村支援城市的优先发展重工业战略的产物,其结果是将乡镇政权打造成为资源汲取型的管治型政府。取消农业税费则从制度根源上抑制了乡镇政权以强制性权力干预和控制乡村社会的本能冲动,切断了乡镇政权以强制性权力向乡村社会渗透的一个重要管道,从而对乡镇政权的结构、功能提出了严峻的挑战,要求乡镇政权实现从资源汲取型的管制型政府向资源供给型的服务型政府转变。

社会主义新农村建设是中国共产党在新世纪新形势下,为了解决日益突出的三农问题,全面实现小康社会和社会主义现代化宏伟目标而做出的重大战略决策,它标志着以农补工、农村支援城市时代的结束和以工补农、以城带乡、城乡统筹时代的到来。这一宏伟战略的实施对佤族乡村政治发展将起到极大的推动作用。首先,新农村建设对乡镇政权提出了打造服务型政府的新要求。新农村建设的重任之一是通过国家政权实施以工补农、以城带乡、城乡统筹的政策,不断地将社会资源尽可能地向乡村配置和整合,并激活农村内在的动力,推动农村社会经济的不断发展。在这个过程中,处于直接面对乡村社会的乡镇基层政权起着不可替代的作用。为此,必然要求乡镇政权通过改革,建立以"三农"利益需求为目标取向的服务型、责任型政府。其次,新农村建设将推动乡村民主政治的发展。"管理民主"是新农村建设的重要目标之一,它包括两个层面:一是对农村基层组织进行民主化改革和建设,建构实现自我管理、自我服务、自我教育和自我监督的村社权力结构和权力运行机制,从而保证新农村建设的顺利进行;二是培养广大村民的民主政治文化，打造具有实施民主管理能力的政治主体。广大农民不仅是新农村建设的直接受益者，更是新农村建设的主体。新农村建设离不开广大农民自觉、积极、主动的参与。这种参与一方面源于利益需要的驱动，另一方面则源于广大农民所具有的参与型政治文化。因此，新农村建设中的民主政治建设，必然对塑造具有民主政治意识和政治参与能力的新农村建设主体提出新的要求。

（2）经济社会发展提出的新要求

首先，佤族村社经济的发展和社会资源的增加必然对村社权威组织提出新的要求。随着社会主义新农村建设的推进，国家对少数民族地区扶持力度的加大，少数民族乡村社会可分配资源将日益增多，这对村社治理权威如何公平分配资源提出了新的要求。为此，必然要求对村社治理权威的权力结构、权力运作等进行民主化改革。其次，村社经济发展带来的社会分化，必然对村社利益表达、政治参与途径提出新的要求。由于经济社会发展刚刚起步，佤族村社的社会分化才初现端倪，村社成员间贫富悬殊不大，利益纷争尚不突出，大多数人安于现状，竞争意识、参与意识和利益表达的冲动都不十分强烈。但是，这种状况不可能长期持续下去。随着社会主义新农村建设的推进，国家惠农政策力度的加大，边疆民族地区对外开放的扩大，农村经济结构的调整以及土地、山林使用权流转的加快，佤族乡村社会分化将日益加剧，利益群体将逐渐增多，利益分配格局的不平衡性将日渐凸显，政治参与将呈不断扩张之势。扩张的政治参与一旦超出现有政治体系的吸纳能力，就会导致参与过度，从而影响政治稳定和民族团结。因此，为了避免参与过度导致的不良局面，客观要求必须着力于开辟和拓展各种制度化的利益表达渠道和政治参与途径，以增强政治体系对政治参与的吸纳能力。

（3）其他地方乡村基层民主建设提供的创新经验

自从实施村民自治以来，围绕着农村基层党组织建设、村民自治的改革完善、乡镇体制改革等问题，一些地方的农村基层政权组织和自治组织进行了不断的改革尝试。如"两选联动"机制为沧源县提供了直接的借鉴经验。此外，如浙江省温岭市尝试建构乡镇政权与乡村社会良性互动的新模式——民主恳谈会，取得了较好的成效；一些农村探索村务、财务公开制度，创建了具有广泛民意基础的民主监事会、民主理财小组等形式，也取得了较好的效果；一些地方的乡镇政权在实行乡镇党委书记"一肩挑"和党委、人大和政府减少职数，交叉任职的改革后，又进行了对乡镇党委的"公推直选"的改革，在很大程度上增强了乡镇党委书记和乡镇党委的民意合法性基础。这一系列改革措施对佤族地区的基层民主政治建设具有重要的借鉴意义。

（4）村民自治实践产生的政治社会化效应

村民自治是具有中国特色社会主义民主的一种重要形式，也是村民实现政治社会化的一个有效途径。政治社会化是人们接受和掌握所处社会的政治文化，从而获得政治属性的过程；也是政治文化传播、维持、代际传递和变迁的方式和过程。[18]政治社会化的实现途径主要有两种：一是借助政治社会化的媒介组织，如家庭、学校、大众传媒、同辈集团、宗教组织、职业群体、政权系统等，实现政治社会化；二是通过政治实践，内化政治信息，训练政治技能，塑造政治人格。[19]村民自治为广大村民参与自治实践活动提供了制度化的渠道和平台。在参与自治实践活动中，村民对民主政治的认知度，以及参与意识和参与技能等方面都得到了不断地培养、训练。这将对佤族乡村民主政治的发展将起到极大的推动作用。

（二）未来发展的路径

进入 21 世纪后，我国民族国家的全面建设进入到了以民主政治建设为主的时代。这是佤族乡村政治体系发展路径的宏观规定性。因此，佤族乡村政治体系发展的路径选择必须以此为前提，进入到以构建乡村政治体系中的民主制度体系为主的阶段。具体体现在两个方面，一方面，国家政权仍然要继续通过完善农村基层政权组织、基层自治组织架构来实现对佤族乡村社会的治理；另一方面，这种治理不是完全靠国家权力的强制性来实现，而主要是通过民主制度的协商、合作、博弈等弹性功能来联结佤族乡村社会和佤族村民，形成基层政权与乡村社会与村民之间的良性互动，并获得以广泛民意为基础的合法性认同，最终将佤族乡村社会有机地整合到国家政权体系之中。

历史和现实证明，佤族乡村政治体系的变迁与发展，是乡村的自然、经济、文化、社会和政治等因素综合作用的结果。因此，要推进佤族乡村政治体系的现代化发展，必须采取一系列相应的对策措施。

1. 夯实经济基础

经济基础是制约佤族乡村政治体系发展的根本因素。佤族乡村社会经济发展水平低下、生产经营方式滞后，影响了佤族村民的政治参与的意识和能力；制约了村社权威组织自治能力；阻碍了乡级政权自主服务功能的发挥。因此，要促进佤族乡村政治体系的发展，必须夯实乡村经济基础。

首先，必须在扩大农业产业规模化的基础上，推进农业产业的集约化、社会化和市场化。从长远发展来看，农业产业发展的规模化仍然要发展巩固，但是，要避免片面追求面积和数量，更不应该为了追求种植数量和面积而采取自上而下下达指标任务的行政手段。必须注重在适度规模经营基础上,追求产品的质量。为此,乡级政权应该加大在产前、产中和产后等生产环节上提供优良品种、提供技术、市场信息等方面的服务;必须把引导产业发展的重点放在集约化、社会化、市场化发展上。加大招商引资力度,吸引具有市场开拓能力的农产品生产、加工企业,实行公司＋农户＋基地和产供销一条龙、农工贸一体化的规模化、集约化生产经营模式,促进优质农产品的加工与销售,增强农民们抵御市场风险的能力,实现农民的增产与增收。

其次,多方筹措资金,着力解决农业基础设施弱质化的问题。长期以来,边疆少数民族地区农业基础设施薄弱是一个普遍性的问题,成为了制约乡村经济发展的主要瓶颈。鉴于目前经济发展滞后导致的乡级政权配置性资源缺乏,而短期内又不可能通过发展经济获得充分的自致性资源的情况,乡级政权应多筹集资金,积极争取从中央到省、市、县各级政府的资金支持。作为中央来讲,应给予边疆少数民族地区特殊的关注,加大对少数民族地区农业基础设施建设的财政转移支付力度,而且应该实行零配套政策;省市政府也应该加大对农业基础设施专项扶贫资金的投入力度;乡级政权则应尽力实现自筹资金效益的最大化。总之,应该集多方之力,形成合力,解决农业基础设施弱质化问题,为乡村经济良性循环发展奠定良好的基础。

2.逐步推进现代乡级政权体系的建构

针对佤族乡级政权体系存在的主要问题,乡镇体制改革不能仅仅限于机构改革,更应着力于乡镇权力结构和功能的改革和完善。

第一、改变权力授受关系,逐渐消除压力型体制的影响。压力型体制的根源在于自上而下的权力授受关系。这一关系导致乡级政权趋向于对上负责和对乡村社会的管制性、全能性的管理，不仅影响了政府的行政效率和服务功能，而且抑制了乡村社会的自主发展能力，强化了村社权威的"代理人"角色，不利于乡级政权与乡村社会之间构建良性的互动关系。因此，要消除这些负面影响，必须改变自上而下的单一授权关系，实行自下而上和自上而下结合的权力授受关系。事实证明，实行乡镇党委书记和乡镇长"一肩挑"和党政班子成员交叉任职具有一定的积极意义。但是，必须建立在广泛民意基础上，否则，就会产生权力集中而难以受到制约的问题。应该进一步实行"两推一选"基础上的"两选联动"，即在乡镇党委换届选举中实行群众推荐、党员推荐确定候选人，组织考核确定正式候选人；党员代表大会选举产生党委书记和党委委员。在此基础上，召开乡镇人代会，由乡人大代表从党委班子中选举正副乡镇长，实现"一肩挑"和交叉任职。[20]这样做为乡镇党委、政府"一肩挑"和交叉任职的合法性奠定较为广泛民意基础，对乡镇权力也产生一定的自下而上的制约、监督作用，在一定程度上削弱乡级政权的管制型、全能型政府的色彩，有助于增强村干部和村民们的自主意识和自我发展能力。

但是，"两推一选"基础上的"两选联动"并没有完全体现基层直接民主的意义。因为最终党委成员的选举仍然是一种间接选举。因此，从长远发展看，应进一步推行"公推直选"基础上的两选联动。"公推"是指在党员自荐、党员和群众联名举荐以及党组织推荐的基础上，通过推荐确定候选人初步人选，然后组织考查确定正式候选人；"直选"是指通过召开党员大会直接差额选举产生书记、副书记、委员，由多数人选人，实现好中选优。在此基础上，召开乡镇人代会，由乡人大代表从党委班子中选举正副乡镇长，实现"一肩挑"和交叉任职。"公推直选"基础上的"两选联动"为乡镇党委、政府一肩挑和交叉任职的合法性奠定更为广泛民意基础；更有利于普通群众和普通党员对乡镇权力进行自下而上的制约、监督，进一步消解乡级政权的管制型、全能型政府的色彩，更有助于增强村干部和村民们的自主意识和自我发展能力。

　　等到以后乡村经济发展到一定程度，具有较为坚实的经济基础，乡级政权拥有较为充分的配置性资源，乡村社会发育较为成熟，各种民间组织成长壮大，广大佤族村民的政治参与意识和技能进一步增强，可以逐渐探索"公推直选"与乡镇长"直选"的"两选联动"。即在乡镇党委"公推直选"的基础上，由乡镇人民代表会议（这是为适应乡镇长直选而对乡镇人大进行的改革，后面将专门针对乡人大改革加以论述）组织全乡选民直接选举乡镇正副职。乡镇正副职候选人由乡镇人民代表会议以乡党委委员为基础推荐，也可以通过群众推荐或自荐，通过竞选由全体选民直接选举产生正副乡镇长。这样，逐步实现乡镇政权的民选、民管，使乡镇政权由"官本位"向"民本位"转变，从而使农民在维护、实现、发展自身利益上赢得话语权和决定权，使乡镇干部从对上负责变为对下负责，从追求满足上级意志转变为追求满足下层农民群众的意愿，从而使乡镇政府成为名副其实的服务型政府。当然，这是一个渐进的过程，必须假以时日，不能一蹴而就，尤其是在边疆少数民族地区，必须慎重推行。

　　第二，逐渐改革乡级人代会，增强其民意代表机构的性质和功能。乡级人大地位和作用的虚置化和边缘化是一个普遍的现象，这严重影响了其民意代表机构的性质和功能，成为阻碍乡村政治现代化的一个严重障碍。为此，应该从结构、功能方面进行改革。首先，必须对乡人大主席团进行改革。将人大主席团改设为人大常务委员会,赋予其一些实质性的权力,如审议决定重大事项,包括重大基础设施建设,重大建设项目立项等;人事权,提出新一届乡镇长正式候选人,个别任免副乡长镇长、决定乡镇长代理人选、接受常委会组成人员和正副辞职,任免乡镇站所负责人;监督权,有听取汇报、审议决定、调查、执法检查、个案办理等监督权。同时,应对人大常委会的人员构成进行改革,减少乡党委成员在其中的比例,增加村级干部、村民群众在其中的比例。人大常务委员会可以由三部分代表组成:一部分由党组织推荐的代表,一部分是村民直接选举产的村委会主任,一部分是村民代表。在此基础上,加强人大代表大会对乡镇政府公共资金筹集、使用和管理的监督。一方面,乡镇政府取得收入和安排支出的方式和数量要建立在法治、规范的基础上,除国家规定的以外,地方政府增加任何一项收入,都要充分征求纳税人的意见。另一方面,政府的各项支出(包括预算内与预算外)都要列入预算报告,报送乡镇人民代表大会审议,人民代表大会对政府收入用于什么项目、支出的结构、如何支出等问题进行有效的监督。为了充分发挥纳税人和人民代表大会的监督职能,乡镇政府的产生方式应由目前间接选举改为直接选举,建立面对人大负责的基层政府组织。这样,对于政府部门和官员的违规行为,当地人大才能够进行有效的监管。

随着今后乡镇长直选的实施,应对乡人大制度进行改革。按照现有的制度设计,选举产生和罢免乡镇长是乡镇人大最根本的职权,也是体现人大作用的最根本的方式,但是如果进行"直选",就改变了这一制度安排,事实上是剥夺了乡镇人大产生乡镇政府领导的权力。在此情况下,乡人大的存在就没有实质性的意义了。因此,必须对乡人大制度进行改革。可以实行乡镇人大常任制改革。常任乡镇人民代表大致由三部分构成:一部分是党组织推荐的代表;一部分是村民直接选举产生的村委会主任;一部分是通过竞争性选举产生的民意代表。由这些常任代表组成乡镇人民代表会议,讨论和决定乡镇社区的重大事务,组织全乡镇乡镇长直选,并对乡镇范围内的日常行政事务进行民主监督。该会议主席必须由乡镇选民直接选举产生,不得兼任乡镇或同级党委的职务。这样的改革,既体现了国家政权对乡村的治理,又体现了国家政权与村村社会的民主合作精神,更能满足国家治理和基层民主发展两方面的需要。

　　第三、不断增强乡级政府公共服务能力。随着农业税费的取消和新农村建设的实施,乡级政府必须实现从资源汲取型的管制型政府向资源供给型的服务型政府转变。为此就必须建立公共服务型财政。首先,必须在明确各级政府的事权和财权的基础上,明确各级政府的财政收入和支出责任。长期以来,我国各级政府之间事权、财权不明晰,存在着中央和地方事权错位,省级以下各级地方政府之间事权错位、事权层层下移,财权层层集中的问题。尤其是处于国家政权最底层的乡镇政权,在压力型体制的重压下更是处于"上面千条线,下面一根针"的境地,存在严重的事权大、财权小的问题。取消农业税费后,乡镇财政更加窘迫,严重影响了乡级政权服务功能的发挥。要改变这种状况,必须对县乡间事权进行明确划分。必须从法律上确立乡镇政权的相对独立的法律地位,合理划分各级政府之间的权力范围及其限度。可通过制定法律把乡镇的公共事务分类:一类是全国性公共产品和具有大范围规模经济的公共服务,由国家承担公共服务和相应的公共支出责任;一类是乡镇地方专有事务,涉及地方自身发展的问题交由乡镇承担公共服务和公共支出责任。但是,由于少数民族地区经济发展滞后,财政往往入不敷出,乡级政府自有财力难以满足辖区内的基本需要。在这种情况下，就应该本着公共服务均等化的原则，由中央通过财政转移支付加以支持，使乡级政府具备相对均衡的提供公共服务的能力，使当地居民能够享有大体均等的就学、就医、交通、通讯、公用设施等公共服务，逐步实现公共服务水平均等化，促进乡村经济发展，事业进步。

其次，改革和完善财政转移支付制度和财政体制。应不断改进财政转移支付的有效形式和途径。鉴于少数民族地区经济发展水平低，基础性的公共服务还没有充分覆盖的情况，除了加大对少数民族乡镇的一般性转移支付外，还应更多地采用专项转移支付的办法，将转移支付资金最大限度地用于基础教育、卫生医疗、社会救助、水电、交通、通讯、农业基础设施等方面，实现基础性公共服务的完全覆盖；[21]实行发达地区对少数民族地区的横向转移支付，补充少数民族地区财力，缩小地区间的财力差异；调整财政转移支付对象，由直接补助公共机构转向直接补助少数民族贫困人口，直接补助那些需要购买基本公共服务的低收入、低支付能力的少数民族贫困人口。改革和完善省以下财政管理体制，对市、县财政体制进行适当调整，逐步推行"省管县管"体制。

第四、加强乡级政权政治沟通中的输入功能。现实中，乡级政权在与佤族乡村社会的政治沟通中却存在着强输出功能和弱输入功能的问题。对此，作为在政治沟通处于主导地位并掌握主要资源的乡级政权，应不断完善和拓宽乡级政权与佤族乡村社会之间的输入渠道。一方面，应继续坚持和完善驻村工作组、党群致富联合体、乡人代会、乡级党政领导深入村社调查研究和新农村指导员等方式和途径；另一方面，必须不断拓宽输入渠道。如党代表常任制和民主恳谈会。党代表常任制为乡级政权提供了制度化的政治输入渠道。通过乡党代表们的视察活动、专题调研活动、走访活动等,听取和反映党支部党员、群众的意见、建议和要求,为乡党委提供决策依据。民主恳谈会在乡级政权与村民之间架起了一座面对面直接沟通的桥梁,对于加强政治沟通,实现村民的利益表达,促进乡级政权与村民之间的良性互动起到了积极的作用。当然,在少数民族地区,由于经济基础薄弱,村民文化素质偏低、传统政治文化的负面影响较大,村民们参与民主恳谈会的主动性、积极性以及民主恳谈会的效果等不能与经济发达地区相提并论,但是,可以结合本地具体实际加以借鉴。

3.增强村社治理权威的自治能力和权威性

村社治理权威是"乡政村治"格局中的重要政治主体,是村社权力体系的核心要素,对于乡村政治体系的现代化起着至关重要的作用。但是,现实中,佤族村社治理权威在权力结构和运作中存在着诸如权力集中,得不到有效监督;权力关系不规范;民主管理、民主决策和民主监督机制不健全等问题;同时,由于客观上非治理权威的存在无可避免地会对治理权威产生影响。因此,应采取各种措施,不断增强治理权威的自治能力和权威性。

第一、应进一步增强村社治理权威权力来源的民意基础。目前,由于实行村民委员会换届选举和村党支部换届选的"两选联动"机制,极大增强了村委会,尤其是党组织权力来源的民意基础。但是,从村党组织来看,还有一定的局限性。应将原来由党员大会选举党支部委员,由支部委员选举书记、副书记改为党员大会直接选举书记副书记和委员。以此进一步拓展其合法性的民意基础,增强村干部们对下负责的态度和行为,使其更加谨慎用权,更加自觉接受监督,更能够体现"当家人"的角色,从而增强自治能力。

第二、加强国家法律制度建设,解决村民自治中存在的制度短缺和不完善的问题。村民自治作为现代国家建构进程中的必然产物,具有突出的国家主导特色,其在全国的广泛实施和不断推进,有赖于国家政权从国家法律层面予以规制和推进。针对前述国家法律制度中存在的村民自治基本法的缺失,相应的程序性法律不完善和相关的法律程序在现实中难以操作等问题,国家政权一方面应该制定有关村民自治的基本法。通过国家法律维护自治原则、追究违反村民自治原则、惩处侵犯村民利益等行为的法律责任以保障广大村民能够依法自治,依法行使并维护自己的民主权利。另一方面,国家政权应进一步结合村民自治发展的实际,加快程序性立法的步伐,增强法律的可操作性。特别是各省市区应该根据本地实际,进一步完善《村民委员会组织法实施办法》、《村民委员会选举办法》等地方法规,使之更加科学化、民主化和程序化,全面推进村民自治的不断发展。

第三、完善村民自治中组织体系和自治机制建设。在村民自治组织体系中,最早建立的是村委会。随着村民自治的发展,除了继续健全村委会组织外,应加强村民代表会议组织建设。村民代表会议是现阶段村民自治组织体系较为薄弱的环节,但却是村民群众参与村级事务管理、表达利益的重要渠道。因此,必须加强对村民代表会议的建设。一是探索村民代表会议制度化、程序化的途径,激励和约束村民代表参政议政的行为;二是采取措施不断提高村民代表的民主意识和参与能力;三是向村民宣传村民代表会议的重大意义。

在村民自治活动中,民主选举的运作机制相对较为规范和健全,民主决策、民主管理和民主监督等方面的运作机制就相对较为欠缺。因此,既要不断完善民主选举的运作机制,更要不断健全和完善民主决策、民主管理和民主监督等方面的运作机制。应进一步巩固和完善村两委联席会议、党员大会、村民代表会议、新农村理事会、产业协会联动决策的机制;建立由村组干部、村民代表、老村社干部、传统政治权威组成的村级和组级资产管理委员会或管理小组,对公共资产,特别是土地山林等的承包、租赁等进行决策和管理;建立由村民代表、老村社干部、传统权威组成的村级和组级"民主监督组",对资金筹集、资金使用和管理等进行民主监督,监督财务收支,评审财务单据,定期向村民公布收支账目,接受广大村民的监督,增加公共资金使用的透明度;健全固定公开栏定期公开与会议口头适时公开相结合的财务监督形式;建立和完善村干部离任审计制度;定期召开有党员、村民代表、退休老社干和传统权威参加的民主评议会,对村干部的业绩进行公开评议。

　　第四、正确处理治理权威与传统政治权威之间的权力关系。从民族政治发展的总趋势来看,随着政治一体化的彻底实现;随着各少数民族传统文化的特殊性在不断交往、融合中的渐趋消解,少数民族村社中非治理权威也将逐渐退出历史舞台。但是,实践证明,民族政治发展的进程不仅是一个曲折的过程,而且是一个长期的过程。在国家政权一体化尚未彻底实现以前,在各少数民族尚未完全融合为一个无差别的国族以前,少数民族的传统文化特质就无可避免地以各种形式客观地存在着,并影响着乡村社会的政治生活。本书的研究显示,在佤族乡村社会,传统政治权威凭借传统文化赋予的特殊权威资源,仍然在现实政治生活中发挥着作用,与治理权威共同型塑着村社政治体系的形态。尽管他们已经不是政治体系中的主导力量,而且与治理权威的互动处于相对和谐的关系中,但他们的客观存在仍然蕴藏着消解治理权威的可能性。因此,在今后一个相当长的时期内,必须正确处理好治理权威与非治理权威之间的关系。既要承认和尊重传统政治权威的权威性,

又要保证其不致影响和威胁治理权威的主导地位。为此,一方面,
要在不断强化治理权威合法性的过程中无形地逐渐消解传统权威
的合法性。如通过增强村社治理权威权力来源的民意基础;通过
国家政权完善村民自治的制度供给;通过治理权威不断完善自身
组织体系和自治机制等,不断增强村民对治理权威合法性的认同,
从而减弱村民对传统政治权威的认同感。另一方面,通过制度化
渠道规制传统政治权威的权威性。如将传统政治权威整合到村社
民间组织中,使其既成为合法组织的成员,但又不能居于主导地
位。这样,既保证了他们在制度化渠道内发挥传统权威的作用,又
将其置于治理权威的领导之下。

4. 不断提高农民的组织化程度

在中国,村民自治制度的发展,既需要国家主导的自上而下的
行政放权和提供制度性供给,也需要乡村社会内生的社会基础。
而社会基础的一个重要方面就是基于农民的共同需要和利益而形
成的村社民间组织的发育和成长。

随着市场经济的不断发展,佤族村民们的生产和生活日益处
于社会化的变动中,他们已不再是单纯的原子化个体了,具有了一
定的社会性。他们对产前、产中和产后的社会化服务的要求和依
存度越来越大。但是,由于佤族乡村社会的市场化程度低、社会发
育滞后,一家一户为单位的生产经营方式抑制了村民关心和参与
公共事务的内源动力和集体行动能力。因此,随着经济社会的发
展,应注重对适应农民利益需求的社区民间组织的培育。鉴于目
前佤族乡村社会的市场化程度低、社会发育滞后的现状,国家政权
应采取积极引导和扶持的政策。在大力推进农业产业结构调整,
帮助农民进行集约化、规模化生产经营的基础上,从政策引导、法
律规范、资金扶持、技术帮助、人才培养等方面扶持各种经济合作

组织和民间组织,如产业协会、经济合作社、新农村理事会、老年协会和红白理事会等。以利益需求为导向,把分散化的农民进一步联接到与自身利益密切相关的组织中,成为有凝聚力的集体。通过集体行动,增强其政治参与意识、集体行动能力和自我服务能力;拓宽其政治参与渠道;完善其利益表达机制,增强其与国家政权平等协商、合作甚至博弈的能力,从而保证村民自治权的充分实现。

5. 培育民主政治文化

由于受居住偏远,经济落后,交通不便,信息不灵,受教育程度较低,社会生活较为封闭,历史上长期形成的依附型政治文化的影响,以及现实中乡村社会与国家政权体系互动中乡村社会的弱势地位等因素的影响,佤族村民中仍然存在着一定程度的依附型政治文化。因此,在实现乡村政治体系的现代化过程中,必须采取有效的政治社会化手段,培育佤族村民民主的政治文化。

第一、应发挥乡级政权在政治社会化中的主导作用。国家政权系统是实现少数民族政治社会化的最根本的媒体。[22]同时,由于少数民族地区的经济社会发展相对滞后,村民政治文化素质相对较低,更需要各级政府的大力扶持。一是加强对村干部和党员的教育培训。各级政府应拿出一部分专项资金,采取多种教育培训形式,如实行分期分批轮训、以会代训、外出参观考察等。在内容上应加强对国家的法律法规、《村组法》的基本精神、村委会职责任务、村务公开等内容的宣传和学习,提高村干部的在村务决策管理中的素质和能力。农村基层党组织应充分发挥政治信息传播功能和组织吸纳功能,在党员中有效地传播民主的政治文化。二是加强对广大村民的宣传教育。乡级政权应充分利用各种政治沟通渠道,如驻村工作组、党群致富联合体、领导干部的调研考查活动、新农村指导员、党代表常任制、民情恳谈会等深入村寨农舍、田间地头，结合村民的生产生活实际，宣传《村组法》等村民自治法律、法规和有关政策，帮助村民提高对政治参与的认知和积极主动性，学会正确运用法律赋予的民主权利，履行好自己应尽的义务。

第二、拓宽少数民族村民直接参与村民自治的途径，使少数民族在政治实践中培养民主意识和政治参与能力。政治实践是重要的政治社会化途径。应建立健全民主决策、民主管理、民主监督的制度和程序，落实村民的民主选举权、民主决策权、民主管理权和民主监督权，为佤族村民充分参与政治生活、行使民主权利提供充分的机会和舞台，从而使他们从中学习政治知识，培养民主意识，提高对村民自治制度的认同感、归属感和政治责任感，积累参与政治的经验，提高自我管理、自我服务、自我教育、自我监督的能力，增强主人翁观念，激发政治参与的主动性和积极性。

第三、加强大众传媒的政治社会化功能。大众传媒传递和普及政治信息，影响人们的政治认知、政治情感、政治态度政治行为的形成和变化。因此，在少数民族地区，为了培育少数民族的民主政治文化，就必须高度重视大众传媒的政治社会化作用。各级政权应当借社会主义新农村建设良好机遇，加大对少数民族地区的资金投入，解决交通、通讯、通电问题，在此基础上大力推进广播电视"村村通"工程，加快文化信息资源共享工程建设，发展现代远程教育工程，并把三大工程有机结合起来；发展教育事业，不仅要普及九年义务教育，而且要加强扫盲工作，做到经常化制度化。各级政权还应该支持、帮助各少数民族村寨因陋就简、因地制宜建立一些宣传栏、文化活动室等，搭建有利于文化传播的平台。

注　释

1　所谓"总体性社会"的特征是指"国家对经济以及各种社会资源实行全面的垄断；社会政治结构的横向分化程度很低，政治中心、经济中心、意识形态中心高度重叠；行政权力渗透于社会生活的各个领域，整个社会生活的运作呈现高度的政治化和行政化的特征。"（孙立平：《中国六十年之变：从政治整合到社会重建》，《瞭望新闻周刊》2009 年 09 月 07 日。）

2　所谓"全能主义"是指政治体系形成以经济、社会、文化的政治化和高度集权为特征的政治关系模式。（周平：《中国少数民族政治分析》，云南大学出版社 2000 年版，第 249 页）。

3　叶麒麟：《从民族国家建构到民主国家建构——近代以来中国政治发展主题的嬗变透析》，《学术探索》2006 年第 5 期。

4　纪程：《"国家政权建设"与中国乡村政治变迁》，《河南社会科学》2006 年第 2 期。

5　12　13　18　22　周平：《中国少数民族政治分析》，云南大学出版社 2000 年版，第 237、100、102、199、213 页。

6　程玄、陈一之、晓根、黄欣著：《云南"直过民族"社会发展与现代化》，云南人民出版社 2002 年版，第 138 页。

7　金太军、张劲松：《乡村改革与发展》，广东省出版集团 2008 年版，第 140 页。

8　［美］罗伯特·A·达尔著：《现代政治分析》，上海译文出版社 1987 年版，第 138、137 页。

9　H 乡党政综合办提供：《H 乡第八届人民代表大会第二次会议政府工作报告》（2009 年 1 月 19 日）。

10　金太军、张劲松：《乡村改革与发展》，广东省出版集团 2008 年版，第 101—115 页。

11　施雪华主编：《政治科学原理》，中山大学出版社 2001 年版，第 782 页。

14　沧源县政府办、H 乡党政综合办提供：《沧源县政府工作报告》（2009 年）、《H 乡政府工作报告》（2009 年）。

15　荣敬本等：《从压力型体制向民主合作体制的转变：县乡两级政治体制改革》，中央编译出版社 1998 年版，第 28 页。

16　《邓小平文选》，第三卷，人民出版社 1993 年版，第 178 页。

17　张新光：《中国建构现代乡镇行政管理体制的理论探讨》，《光明观察》刊发时间：

2006 – 10 – 15 13:22:32 http://guancha.gmw.cn.

19　朱国云编:《政治社会学概论》,清华大学出版社 1998 年版,第 363 页。

20　郭正林:《乡镇政治体制改革的"四合一"模式——咸安政改调研报告》,《公共管理研究》2004 年第 2 期。

21　中国(海南)改革发展研究院编:《强农、惠农——新阶段的中国农村综合改革》,中国经济出版社 2008 年版,323—328 页。

结　　语

　　尽管本项研究属于个案分析,并不能全面概括中国少数民族乡村政治发展的全貌,但是从中我们仍然能够得到以下具有普遍意义的认识:近代以来我国民族国家建构与建设的客观规律是我国少数民族乡村政治体系变迁发展的根本依据;国家政权的主导规划是少数民族乡村政治体系变迁与发展的主要动力机制。但是,由于受到国家政权体系本身以及少数民族乡村社会自然与社会生态环境诸因素的影响和制约,国家政权的主导规划在作用于现实后,会产生国家意志与现实效果之间的差异性,从而导致少数民族乡村政治体系变迁、发展的曲折性。不过,这一复杂、曲折的过程也在向人们昭示着这样一种发展趋势:随着民族国家建设的向前推进,国家政权在不断调整对少数民族乡村社会的治理方式,力图探索一种弹性整合的途径,构建和完善国家政权与少数民族乡村社会良性互动的新型乡村政治体系模式。

　　第一、近代以来沧源佤族乡村政治体系的变迁发展,是我国民族国家建构与建设的必然结果,折射出少数民族政治变迁和发展的基本脉络。

　　民族国家首先出现于西欧,是取代王朝国家的国家形态。它出现以后就迅速成为一种具有典型性和示范性的国家形态,成为其他国家发展和演变过程中的目标形态,逐步扩大到全世界,成为具有世界意义的国家形态。近代以来的世界体系,就是建立在民族国家的基础之上的。

中国的民族国家建构源于对外部力量强烈冲击的回应。进入近代以后,民族危机使王朝国家政治体系陷入困境,不可能再按照固有逻辑演进了。于是,为了应对外国列强的侵略,寻救亡图存之道,中国政治发展走上了民族国家建构的路径。辛亥革命推翻了中国历史上的最后一个封建王朝,终结了王朝国家演进的历史进程,开启了民族国家建构的新阶段。[1] 南京国民政府建立后,曾进行过民族国家建构的尝试。特别是面对一盘散沙的中国社会,南京国民政府试图通过在乡村基层社会推行新县制和保甲制度,一方面将政治权力集中到国家,纵向集权,形成统一的国家"主权";另一方面是从统一的权力中心发散,纵向渗透,渗透到分散的乡村社会,[2] 但最终没有取得成功。

在这一宏观背景下,沧源佤族传统政治体系逐渐被纳入到民族国家建构的进程中,开始了现代性的嬗变。20世纪30年代,英国侵略者的侵略行径催迫国民政府实施边疆治理的举措,在沧源地区设立了沧源设治局,并在东中部地区实行了乡镇制和保甲制。这些举措使沧源部分佤族传统政治体系在一定程度上开始向现代政权组织转变,在国家政权体系一体化方面迈进了一小步。但是,由于佤族传统政治体系的政治、经济基础的牢固性和国家政权体系向佤族基层社会渗透、治理能力的局限性等原因,这一小步非常有限,以至于佤族传统政治体系的现代性嬗变呈现出浅表性、多元性和双重性特征。最终,沧源境内分散、异质、多元的佤族传统政治体系依然存在,国民政府试图实现政权一体化的目的也没有达到。

　　在国民政府无法真正实现民族国家建构的时候,中国共产党通过民族民主革命实现了民族独立,建立了人民民主政权。中华人民共和国的成立,宣告了中国民族国家的建立。[3]但是,中华人民共和国只是建立了民族国家的基本架构,拥有了现代国家的形式,而民族国家并不仅仅表现为一个基本的国家架构和国家形式,它有着自己丰富的内涵;此外,由于我国民族国家的建构是在外部的压力和诱导下做出的权变选择,在民族国家建立起来以后面临着更多的问题和困难。例如,如何通过国家政权建设,强化中央政府的力量,削弱民族性、地方性政治体系的力量,提升国家政治统一的程度;如何进行政治整合,把各种社会政治力量整合在统一的政治共同体之中,把多样性的传统民族整合为一个统一的国家民族,从而从根本上为民族国家的统一、稳定和发展创造坚实的基础;如何巩固和提升少数民族对的国家认同;如何建设一个以民主政治为核心的现代国家。这些问题必须通过一个长期民族国家建设过程才能加以解决。因此,中华人民共和国成立后,开始了民族国家建设的历程。沧源佤族乡村传统政治体系正是在这一过程中开始了从传统到现代的全面转型。

　　中华人民共和国成立以来,沧源佤族乡村政治体系的现代性转型经历了三个阶段:国家政权通过柔性整合实施对佤族传统乡村政治体系的全面改造阶段;国家政权通过人民公社体制对佤族乡村社会进行刚性整合的阶段;国家政权通过弹性化整合重构与乡村社会的互动关系的阶段。在这一进程中,尽管国家政权曾经一度依凭政权的强制性采取超越佤族乡村实际的过激措施,影响了民族国家建设进程中的佤族乡村政治发展。但从总的发展趋势看,沧源佤族乡村政治体系的现代建构取得了巨大成就,发生了从传统到现代的根本改变。一是通过全面的政治建设和社会改造，国家政权消除了分散、异质、多元的佤族传统政治体系及其社会基础，在佤族乡村社会建立了统一的基层政权，把国家权力的触角深入到佤族乡村基层，而且建立并巩固了支持国家政权的社会基础，全面增强了国家的统治能力。二是国家政权通过各种政治社会化的方式和渠道，通过促进佤族乡村经济社会发展的措施，通过重构国家政权与佤族乡村社会之间的良性互动的关系模式等，不仅逐渐将佤族民众对地域性、民族性的传统政治权威的认同，引导向对国家政治体系的认同；而且不断加深了佤族民众对国家政权体系的认同。三是国家政权以主权在民为价值取向，通过建立"乡政村治"体制重构国家和佤族乡村社会之间良性互动的制度框架，不仅提升了国家政权的权威性，而且逐渐培育了推进改革的各种政治和社会力量，提升了佤族乡村社会的自主性，开启了民族国家建设中佤族乡村政治发展的新阶段。

当然，中国民族国家建设的任务还远未完成，佤族乡村政治体系的现代建构也还有许多问题需要解决，尤其是民主政治建设、基层政权建设、基层自治制度建设等仍然是长期而艰巨的任务。中国民族国家建设中的乡村政治发展任重而道远。

第二、国家政权的主导规划是少数民族乡村政治体系变迁与发展的主要动力机制。然而，国家政权本身存在的体制缺陷会导致主导规划对少数民族乡村社会及其政治体系产生负面影响。

社会变迁既有自发的社会变迁，也有计划的社会变迁。[4] 随着人类社会的发展，人们对社会发展规律的认识日益加深，对参与和控制社会变迁的手段日益丰富，有计划的社会变迁，即人类在认识社会变迁客观规律的基础上，不断地对社会变迁的过程、方向、速度、形式和条件实行有计划的指导和管理，并不断扩大知道和管理的范围,深化它的内容,从而引起社会变迁,日渐成为社会变迁的主要形式。[5]

现代化是人类社会迄今为止发生的一场具有世界意义的计划性的社会变迁。无论是发达国家还是不发达国家,现代化都是它们发展的主题和目标,各个国家都在以不同的模式,通过不同的道路,朝着这一目标迈进。中国的现代化由于面对特殊国情和遭遇外部压力,更需要由国家政权主导规划加以实现。这种必然性也深刻地反映在近代以来佤族乡村政治体系的变迁发展中。首先,作为政治现代化的民族国家建构与建设,其本身就是一种国家政权领导的自觉的、有计划、有目的、有步骤的改革与再造行为,是一个自上而下的统一建构的过程,被纳入其中的社会的不同部分、不同层次都必须遵循国家政权的建构意图和规划。其次,作为现代化后发式国家,中国的民族国家建构与建设更需要一个强有力的政党及其领导下的国家政权来实施。中国是在内外交困的境遇中跨入现代化门槛的。这种状况要求有一个强有力的政治力量来整合一盘散沙的社会,建构国家统一、主权独立的民族国家。中国共产党通过暴力革命的手段完成了这一历史使命。中华人民共和国建立以后,为了保证重建国家政权体系和尽快实现现代化的双重任务能够在分化的、多元化的、发展不平衡的、多民族的社会中顺利实施,并且有一个稳定的社会环境,必须充分发挥国家政权强有力的领导作用。再次,处于偏远山区、信息闭塞、交通阻塞和社会发育迟缓境遇中的佤族传统政治体系的分散性、异质性与现代国家之间存在着天然的抗拒性和离散性,如果任由其自然演变,必然与民族国家的要求格格不入,并严重阻滞民族国家建构和建设。因此,要建构一体化的民族国家,国家政权必然要采取主导性的建构方式,将其纳入统一的民族国家的制度框架中。

回顾近代以来佤族乡村政治体系的变迁和发展,在在体现了国家政权主导规划的显著作用。从民国时期沧源设治局的设置和乡镇、保甲制的建立,到中华人民共和国成立以来沧源县的民主建政、"直接过渡"政策的实施、人民公社体制的建立、"乡政村治"体系创建以及在此基础上进行的乡镇体制和基层自治的改革等,都是在国家政权的主导规划、倡导和规范之下进行的。在这一过程中,佤族乡村政治体系发生了前所未有的变化。特别是新中国成立以来,佤族乡村政治体系不仅被纳入到统一的国家政权体系的一体化中,实现了从传统到现代的转型,而且其结构和功能正在朝着民主化方向改革和完善;佤族民众不仅在法律文本的规定中享有民主权利,而且在现实的政治生活中也享受着越来越多的民主权利。这一切是中国共产党领导的国家政权的自觉建构与建设的结果。

但是,现实中,国家政权主导的规划性变迁有时也会对少数民族乡村社会及其政治体系产生一些负面影响。例如人民公社体制的建立及其对佤族乡村社会的刚性整合,"乡政村治"格局下乡镇政权对村社经济社会发展、自治组织运作以及村民政治参与行为的过分干预、包办等。这一切在一定程度上抑制了少数民族乡村社会、自治组织和少数民族村民的自我发展、主动参与的能动性和自主性,从而影响了乡村社会及其政治体系的向前发展。究其原因,主要是因为历史和现实对国家政权主导作用的需要在一定程度上塑造了国家政权的集权体制,而这种集权体制具有天然的扩张、放大、强化自身权力的内在冲动。因此,在民族国家建设仍然需要国家政权主导规划的情况下,如何充分发挥国家政权主导规划的积极作用,同时又合理地制约其负面影响,是政治现代化发展中需要解决的一个重要问题。

　　第三,国家政权的主导规划还会由于不完全适应少数民族乡村特殊的自然环境、社会环境和利益需求而产生动机与效果之间的差异性,从而导致少数民族乡村政治体系变迁、发展的曲折性。

　　尽管少数民族乡村政治体系的现代化演变是在以国家政权为主导的情况下发生的,国家政权的主导规划是其主要的推动力。但是,少数民族乡村政治体系不是孤立存在的,而是在一定的自然、社会生态环境中产生、发展的。因此,国家政权的主导规划在作用于少数民族乡村社会后,如果不适应其特殊的自然环境、社会环境和利益需求,就可能会产生动机与效果之间的差异性,从而导致少数民族乡村政治体系变迁、发展的曲折性。

　　一种情况是,国家政权的主导规划过分强调国家整体利益和国家发展战略目标而忽视少数民族乡村社会的特殊条件和利益需求,采取超越少数民族乡村社会现实的强制性措施加以实施。例如国家政权在佤族乡村建立的人民公社体制。人民公社体制在佤族乡村的失败表明,如果国家政权主导规划的利益目标取向和实现手段如果脱离了佤族乡村社会的利益需求和现实条件,最终非但达不到国家的预期目标,而且还会阻滞佤族乡村社会的发展。

　　另一种情况是,国家的制度设计虽然体现了促进少数民族乡村经济社会全面发展的良好动机和预期,但是,由于有些制度设计受到少数民族乡村自然和社会基础和条件的制约而在现实中无法充分实现。改革开放以后,国家吸取历史经验教训,在制度设计和供给上日益关照乡村利益,强调国家利益与乡村利益的结合,并为此设计了旨在促进乡村经济社会全面发展的一系列乡村政治发展的制度,如构建了"乡政村治"体制,并在此基础上设计了建设服务型乡镇政府,发展乡村基层自治,推进村民自治发展的路径与措施。实践证明,这些制度设计和措施在一定程度上确实促进了少数民族乡村社会的全面发展。但是,由于少数民族乡村社会缺乏充分实现这些制度设计的环境和条件,从而影响和制约了国家良好预期的充分实现。一是自然环境的制约。如,不良的自然环境使得佤族村民对国家政权产生了强烈的需求甚至是依赖,以至于强化了乡镇政府"全能政府"的功能,使国家设计的服务型政府的建设目标难以达到;不良的自然环境还制约了村民自治组织的自我发展能力和村民们主动参与政治的意识和能力。二是乡村经济状况的制约作用。如佤族乡村生产力发展的滞后性,严重制约了乡镇政权对是配置性资源的充分占有,从而使乡镇政府无法充分发挥其对乡村社会的服务功能;使村社自治组织缺乏充分的自治资源,严重影响了其自我管理和自我服务的能力;影响和制约了村民的参与能力和参与积极性。一家一户的生产经营方式则抑制了村民关心和参与公共事务的内源动力和集体行动能力。三是传统文化因素的制约。如沧源佤族的多种宗教信仰遏制了村民们的竞争意识和参与意识;重男轻女的观念导致大多数妇女存在着较强的自卑心理和依附心理:依附型的政治文化则严重制约着村民主动参与的意识和能力。

上述状况表明,在民族国家建设中,国家政权对少数民族乡村政治发展的制度设计不是随心所欲的,必须与少数民族乡村的自然与社会的实际相适应。首先,国家政权的制度设计必须兼顾国家利益与少数民族乡村利益;其次,切忌凭借国家权力进行强制性的制度贯彻,而应当引导少数民族乡村社会在遵循国家法制规范的条件下进行适应自身实际的改革探索;再次,国家政权在进行制度设计和供给的同时,还应当关照制度设计实现的社会基础,并采取积极主动的措施培育适应制度设计的社会基础。

第四,随着民族国家建设的向前推进,国家政权必须调整对少

数民族乡村社会的治理方式,通过弹性整合建构和完善国家政权
与少数民族乡村社会良性互动的新型乡村政治体系模式。

　　作为一个长期经受帝国主义侵略,并经过长期民族解放运动
获得独立的多民族的民族国家,我国的民族国家建设在中华人民
共和国建立后,面临着异常艰巨而复杂的任务。如果说从中华人
民共和国成立到改革开放前,民族国家建设是以实现政治统一、巩
固政治统治为核心的话,那么,改革开放以来,民族国家建设则进
入到以建设现代国家为核心的新阶段。现代国家是指那些在影响
国家权力的力量、国家权力的结构、国家的运行方式、国家与社会
的关系等方面都达到现代水平的国家。[6] 作为一个现代化后发式
国家,一个多民族国家,一个在民族国家建设上经历过曲折的民族
国家,我国的现代国家建设水平还相当低,尤其是关于人民主权、
有限政府、公民社会和法治国家建设等问题,都是亟待解决的历史
性课题。改革开放后,国家政权充分吸取历史教训,顺应新时代、
形势的发展要求,开始对上述问题进行不断的探索。

　　在此背景下,国家政权通过建立“乡政村治”体制,开始了对
少数民族乡村社会的弹性整合。国家政权通过一系列非强制性的
手段和措施,以主权在民为价值取向,在国家权力与乡村社会之间
重构一种相互协商、合作和平等博弈的良性互动机制,将国家权力
对乡村社会的有效渗透和控制建立在保证乡村社会自主权的充分
实现和得到最广泛的民意支持的基础上,最终建构一个国家与乡
村社会双强互动的乡村政治体系模式。在现实中,这种弹性整合
初步体现了国家政权与少数民族乡村社会和少数民族群众之间的
良性互动关系。一方面,国家开始改变了过去单方面对少数民族
乡村社会的强制性整合方式,建构了与村社政治体系之间指导与
被指导、领导与被领导和管理与被管理等互为条件、相互影响、相

互形塑的多重互动关系模式;另一方面,少数民族群众也开始找到了一条自我管理、自我服务,并与国家政权进行协商、合作甚至平等博弈的制度化渠道。

但是,由于国家政权及少数民族乡村社会各自存在的种种问题,如国家政权压力型体制的负面影响;少数民族乡村社会经济发展滞后、自治组织的自治能力弱化、村民自组织能力低下、村民民主意识淡薄等,使得这种弹性整合难以全面实施,良性互动关系尚未全面建立。因此,今后一段时期内,国家政权必须采取一系列切实有效的措施,不断增强对少数民族乡村社会的弹性整合,从而完善国家政权与乡村社会良性互动的政治体系模式。

在国家政权体系方面,通过对国家基层政权的改革,弱化国家政权对少数民族乡村社会的行政干预,将国家政权对少数民族乡村社会的治理建立在少数民族民众对国家政权合法性认同和政治认同的基础上。在"乡政村治"体制下,国家政权上收至乡镇一级,并不意味着国家政权放弃对乡村基层社会的政治统治。因为"在一个国家内,随着政治的不断发展,国家政权总是要将国家范围内各个层次的公共权力统一起来,形成一个统一的政治权力体系。因此,国家政权和政权政治总是要深入到民族村社的范围内,以至最终在这里取代村社政治权力和村社政治。"[7]当然,这种政治高度一体化是一个长远的目标,须经相当长的历史时期才能达到。在此之前,由于现代化进程中乡村社会、各少数民族的客观存在,国家政权对少数民族乡村社会的渗透,只能采取一种既符合国家政权整体需要,又适应少数民族乡村社会发展的政治整合方式。因此,"乡政村治"体制的建立,只是改变了国家政权向少数民族乡村社会治理的方式和途径。今后,为了充分实现国家政权对佤族乡村社会的弹性整合,国家政权必须不断推进少数民族乡村现

代基层政权体系的建构。特别是要改革压力型体制下自上而下的
单一授权关系,建立和健全农民直接参与的民主选举制度;要逐渐
改革乡镇人大制度,增强其民意代表机构的性质和功能;要不断推
进乡镇政府从资源汲取型的管制型政府向资源供给型的服务型政
府转变,不断增强其公共服务能力建设。通过这些改革措施,一方
面增强基层政权对少数民族乡村社会治理的有效性,另一方面赢
得广大少数民族群众对基层政权的合法性认同和对国家的政治认
同,奠定国家政权与少数民族乡村社会良性互动的体制基础和民
意基础。

　　在少数民族乡村社会方面,首先,国家政权应充分发挥主导作
用,采取积极主动的措施,不断促进少数民族乡村社会经济社会发
展,为少数民族乡村政治发展提供充分的配置性资源,奠定坚实的
物质基础。其次,通过推进乡村民主法制建设,不断增强少数民族
乡村社会自治性和自主性。一是通过增强村社治理权威权力来源
的民意基础;加强国家法律制度建设,解决村民自治中存在的制度
短缺问题;完善村民自治中组织体系和自治机制建设等,不断增强
村社治理权威的自治能力。二是培育和发展乡村民间社会组织,
为少数民族村民奠定参与公共事务的组织基础,提供实现利益表
达、自我服务、平等合作、协商博弈的重要平台。三是采取各种有
效的政治社会化手段,消除少数民族中存在的依附型政治文化,培
育具有民主意识、参与意识和公共参与精神的民主型政治文化。

注　释

1　6　周平:《对民族国家的再认识》,《政治学研究》2009 年第 4 期。

2　徐勇:《现代国家、乡土社会与制度建构》,中国物资出版社 2009 年版,第 138 页。

3　周平:《论中国民族国家的构建》,《当代中国政治研究报告》Ⅵ,社会科学文献出版

社 2008 年版,第 102—106 页。

4　5　郑杭生主编:《社会学概论新修》(第三版),中国人民大学出版社 2003 年版,第 323、327 页。

7　周平:《民族政治学》,高等教育出版社 2003 年版,第 116—117 页。

主要参考文献

一、著作

[1][英]安东尼·吉登斯著,胡宗泽、赵力涛译:民族——国家与暴力,生活·读书·新知三联书店,1998年版。

[2][美]安东尼·奥罗姆著,张华清、何俊志、孙嘉明译:政治社会学导论(第四版),上海人民出版社,2006年版。

[3]陈云文选(一九四九——一九五六),人民出版社,1984年版。

[4]陈吉元、陈家骥、杨勋主编:中国农村社会经济变迁,山西经济出版社,1993年版。

[5]辞海编辑委员会编:辞海,上海辞书出版社,1979年版。

[6]迟福林、田扶主编:中华人民共和国政治制度史,中共中央党校出版社,1998年版。

[7]程同顺:当代中国政治发展研究,天津人民出版社,2000年版。

[8]程玄、陈一之、晓根、黄欣:云南"直过民族"社会发展与现代化,云南人民出版社,2002年版。

[9]曹锦清:黄河边的中国——一个学者对乡村社会的观察与思

考,上海文艺出版社,2006 年版。

[10]邓小平文选(第 1—3 卷),人民出版社,1989 年版。

[11]杜润生:杜润生自述:中国农村体制变革重大决策纪实,人民出版社,2005 年版。

[12][美]杜赞奇著,王福明译:文化、权力与国家——1900—1942年的华北农村,江苏人民出版社,1994 年版。

[13]邓正来:国家与社会——中国市民社会研究,四川人民出版社,1997 年版。

[14][美]戴维·伊斯顿著,王浦劬译:政治生活的系统分析,华夏出版社,1999 年版。

[15][英]戴维·米勒、韦农·波格丹诺编,邓正来译:布莱克维尔政治学百科全书,中国政法大学出版社,1992 年版。

[16]董建辉:政治人类学,厦门大学出版社,1999 年版。

[17]段世琳:佤族历史文化探秘,云南大学出版社,2007 年版。

[18]费孝通:乡土中国 生育制度,北京大学出版社,1998 年版。

[19]费孝通:云南三村,社会科学文献出版社,2006 年版。

[20]费孝通主编:中华民族多元一体格局,中央民族大学出版社,1989 年版。

[21][美]弗里曼、毕克伟、赛尔登著,陶鹤山译:中国乡村,社会主义国家,社会科学文献出版社,2002 年版。

[22]高发元主编:跨世纪的思考——云南民族村寨调查,云南大学出版社,2001 年版。

[23]郭正林:中国农村权力结构,中国社会科学出版社,2005年版。

[24]郭锐:佤族木鼓的文化链接,云南大学出版社,2009 年版。

[25]格林斯坦、波尔斯比编,王沪宁译:政治学手册精选(上、下

卷),商务印书馆,1996年版。

[26]贺雪峰:乡村的前途,山东人民出版社,2007年版。

[27]贺雪峰:乡村治理的社会基础——转型期乡村社会性质研究,中国社会科学出版社,2003年版。

[28][美]黄宗智:华北的小农经济和社会变迁,中华书局,2000年版。

[29][美]黄宗智:长江三角洲小农家庭与乡村发展,中华书局,2000年版。

[30]黄卫平、邹树彬主编:乡镇长选举方式改革:案例研究,社会科学文献出版社,2003年版。

[31][美]加布里埃尔·A·阿尔蒙德、西德尼·维巴著,马殿君、阎华江、郑孝华、黄素娟译:公民文化——五国的政治态度和民主,浙江人民出版社,1989年版。

[32][美]加布里埃尔·A·阿尔蒙德著,曹沛霖译:比较政治学:体系、过程和政策,上海译文出版社,1987年版。

[33][英]吉登斯著,王铭铭译:《民族——国家与暴力》,三联书店,1998年版。

[34]金太军、施从美:乡村关系与村民自治,广东人民出版社,2002年版。

[35]金太军、张劲松:乡村改革与发展,广东省出版集团,2008年版。

[36]金太军:乡村治理与权力结构,广东人民出版社,2008年版。

[37]林蕴辉、范守信、张弓:凯歌行进的时期,河南人民出版社,1989年版。

[38]刘娅:解体与重构:现代化进程中的"国家——乡村社会",中国社会科学出版社,2004年版。

[39]陆学艺:转型中的中国社会,黑龙江人民出版社,1994年版。

[40]陆学艺等:社会结构的变迁,中国社会科学出版社,1997年版。

[41]罗荣渠:现代化新论——世界与中国的现代化进程(增订本),商务印书馆,2009年版。

[42]罗之基:佤族社会历史与文化,中央民族大学出版社,1995年版。

[43][美]罗伯特·A·达尔著,陈峰译:现代政治分析,上海译文出版社,1987年版。

[44][美]利普赛特著,刘钢敏、聂蓉译:政治人:政治的社会基础,商务印书馆,1993年版。

[45]李守经主编:农村社会学,高等教育出版社,2003年版。

[46]李洁:文明的履痕——临沧地区佤族百年社会变迁,世界华人艺术出版社,2001年版。

[47]李敬等:云南乡村政治发展,云南民族出版社,2004年版。

[48]马克思恩格斯选集,第4卷,人民出版社,1995年版。

[49]毛泽东选集(第3卷、第4卷),人民出版社,1991年版。

[50]毛寿龙:政治社会学,中国社会科学出版社,2001年版。

[51]马啸原:民主政治建设研究——对云南民主政治建设历史和现实的考察,云南大学出版社,1995年版。

[52][美]米切尔·罗斯金著,林震等译:政治科学(第六版),华夏出版社,2001年版。

[53][美]明恩浦著,陈午晴、唐军译:中国乡村生活,中华书局,2007年版。

[54]宁骚:民族与国家,北京大学出版社,1995年版。

[55]彭真文选,人民出版社,1991年版。

[56]荣敬本:从压力型体制向民主合作体制的转变:县乡两级政治体制改革,中央编译出版社,1998 年版。

[57]荣敬本:再论从压力型体制向民主合作体制的转变:县乡两级政治体制改革的比较研究,中央编译出版社,2001 年版。

[58]施雪华主编:政治科学原理,中山大学出版社,2001 年版。

[59][美]塞缪尔·亨廷顿著,李盛平、杨玉生等译:变革社会中的政治秩序,华夏出版社,1988 年版。

[60][美]塞缪尔·亨廷顿、琼·纳尔逊著,汪晓寿、吴志华、项继权译:难以抉择——发展中国家的政治参与,华夏出版社,1989 年版。

[61][美]S. M. 艾森斯塔德著,阎步克译:帝国的政治体系,贵州人民出版社,1992 年版。

[62]孙秋云:社区历史与乡政村治,民族出版社,2003 年版。

[63]唐忠新:贫富分化的社会学研究,天津人民出版社,1998 年版。

[64]王春光:中国农村社会变迁,云南人民出版社,1996 年版。

[65]王连芳:云南民族工作实践与理论探索,云南民族出版社,1989 年版。

[66]王沪宁:当代西方政治学分析,四川人民出版社,1988 年版。

[67][英]王斯福主编、王铭铭译:乡村社会的秩序、公正与权威,中国政法大学出版社,1997 年版。

[68]王铭铭:村落视野中的文化与权力,三联书店,1997 年版。

[69]王敬骝:佤族研究 50 年,云南民族出版社,2003 年版。

[70]王敬骝主编:佤山纪事,云南民族出版社,2007 年版。

[71]汪宁生:文化人类学调查——正确认识社会的方法,文物出版社,1996 年版。

［72］王文光编著：中国南方民族史,民族出版社,1999年版。

［73］王文光、薛群慧、田婉婷编著：云南的民族和民族文化,云南教育出版社,2000年版。

［74］王文光、龙晓燕、陈斌：中国西南民族关系史,中国社会科学出版社,2005年版。

［75］吴理财：从"管治"到"服务"——乡镇政府职能转变研究,中国社会科学出版社,2009年版。

［76］吴毅：村治变迁中的权威与秩序——20世纪川东双村的表达,中国社会科学出版社,2002年版。

［77］《佤族简史》修订本编写组编：佤族简史,民族出版社,2008年版。

［78］魏德明(尼嘎)：佤族历史与文化研究,德宏民族出版社,1999年版。

［79］项继权：集体经济背景下的乡村治理——南街、向高和方家泉村村治实证研究,华中师范大学出版社,2002年版。

［80］徐勇：中国农村村民自治,华中师范大学出版社,1997年版。

［81］徐勇：乡村治理与中国政治,中国社会科学出版社,2003年版。

［82］徐勇、项继权主编：村民自治进程中的乡村关系,华中师范大学出版社,2003年版。

［83］徐勇、徐增阳：乡土民族的成长——村民自治20年的研究集萃,华中师范大学出版社,2007年版。

［84］徐勇：现代国家、乡土社会与制度建构,中国物资出版社,2009年版。

［85］徐秀丽主编：中国农村治理的历史与现状：以定县、邹平和江宁为例,社会科学文献出版社,2004年版。

［86］谢本书:近代滇史探索,云南人民出版社,1987年版。

［87］谢本书:云南民族政治制度史,云南人民出版社,1996年版。

［88］杨光斌主编:政治学原理,中国人民大学出版社,1998年版。

［89］于建嵘:岳村政治:转型期中国乡村政治结构的变迁,商务印书馆,2001年版。

［90］尤中:云南民族史,云南大学出版社,1994年版。

［91］俞可平:中国公民社会的兴起与治理的变迁,社会科学文献出版社,2002年版。

［92］俞可平主编:地方政府创新与善治:案例研究,社会科学文献出版社,2003年版。

［93］俞可平:治理与善治,中国社会科学出版社,2004年版。

［94］俞可平:西方政治分析新方法论,人民出版社,1989年版。

［95］姚锐敏、汪青松、易凤兰:乡村治理中的村级党组织领导,中国社会科学出版社,2004年版。

［96］周平:民族政治学,高等教育出版社,2003年版。

［97］周平:中国少数民族政治分析,云南大学出版社,2000年版。

［98］周平:政治文化与政治发展,中央民族大学出版社,1999年版。

［99］周平等:中国民族自治地方政府,人民出版社,2007年版。

［100］周星:民族政治学,中国社会科学出版社,1993年版。

［101］张晓松:云南民族地方行政制度的发展与变迁,云南人民出版社,2005年版。

［102］张厚安:中国农村基层政权,四川人民出版社,1992年版。

［103］张厚安、徐勇、项继权:中国农村村级治理——22各村的调查与比较,华中师范大学出版社,2000年版。

［104］张乐天:告别理想——人民公社制度研究,东方出版中心,

1998 年版。

[105]张正华主编:临沧地区统一战线,内部出版,2000 年。

[106]张晓冰:农村乡镇发展的体制性困境与出路,华中师范大学出版社,2006 年版。

[107]赵秀玲:中国乡里制度,社会科学出版社,1998 年版。

[108]赵秀玲:村民自治通论,中国社会科学出版社,2004 年版。

[109]赵富荣:中国佤族文化,民族出版社,2005 年版。

[110]赵旭东:权力与公正——乡土社会的纠纷解决与权威多元,天津古籍出版社,2003 年版。

[111]郑杭生主编:当代中国农村社会转型的实证研究,中国人民大学出版社,1996 年版。

[112]郑杭生主编:社会学概论新修(第三版),中国人民大学出版社,2003 年版。

[113]郑杭生:民族社会学概论,中国人民大学出版社,2005 年版。

[114]张静:基层政权:乡村制度诸问题,世纪出版集团、上海人民出版社,2007 年版。

[115]张晓琼:变迁与发展——云南布朗族社会研究,民族出版社,2005 年版。

[116]中国(海南)改革发展研究院编:强农、惠农——新阶段的中国农村综合改革,中国经济出版社,2008 年版。

[117]朱国云编:政治社会学概论,清华大学出版社,1998 年版。

二、论文

[1]程同顺:村民自治中的乡村关系及其出路,调研世界,2001(7)。

[2]范燕宁:当前中国社会转型问题研究综述,哲学动态,1997

（1）。

［3］房宁:规范与经验之争,政治学研究,1997(1)。

［4］郭德宏:中国现代社会转型研究评述,安徽史学,2003(1)。

［5］郭正林:论乡村三重关系,北京行政学院学报,2002(2)。

［6］郭正林:乡镇政治体制改革的"四合一"模式——咸安政改调研报告,公共管理研究,2004(2)。

［7］官波:少数民族习惯法与少数民族地区的乡村政治,思想战线,2005(4)。

［8］贺雪峰:村庄精英与社区记忆:理解村庄性质的二维框架,社会科学辑刊,2000(4)。

［9］贺雪峰、董磊明:农村乡镇建制:存废之间的思考,中国行政管理,2003(6)。

［10］贺雪峰:论社会关联与乡村治理,社会学研究,2002(2)。

［11］黄光健:从班洪抗英看近代佤族的政治认同,红河学院学报,2008(3)。

［12］胡伟:合法性问题研究:政治学研究的新视角,政治学研究,1996(1)。

［13］纪程:"国家政权建设"与中国乡村政治变迁,河南社会科学,2006(2)。

［14］金太军:中国乡村关系的现状及对策,扬州大学学报(人文社会科学版),2002(7)。

［15］金太军:村级治理中的精英分析,齐鲁学刊,2002(5)。

［16］卢福营:不同类型村庄村民公共参与的差异——以浙江省的三个村庄为例,山东科技大学学报(社会科学版),2004(2)。

［17］李昌平:乡镇体制改革和乡村社会发展:由"政府本位"向"民间本位"转变,毛泽东邓小平理论研究,2004(6)。

[18]李昌平:乡镇体制变迁的思考——"后税费时代"乡镇体制与农村政策体系重建,当代世界社会主义问题,2005(2)。

[19]李定国:村民自治运作中的问题与对策,经济师,2007(4)。

[20]李发岁:边疆民族地区村民自治问题探析——兼论云南村级体制改革的理论与实践,学术探索,2000(4)。

[21]李国明:《告祖国同胞书》的历史地位,曲靖师范学院学报,2005(5)。

[22]李国明、杨宝康:佤族研究综述(1990—2005年),文山师范高等专科学校学报,2006(3)。

[23]李培林:"另一只看不见的手":社会结构转型,中国社会科学,1992(5)。

[24]李景鹏:论权力分析在政治学研究中的地位,新华文摘,1996(8)。

[25]李燕:民国时期云南边疆设治局研究,云南大学1999年中国民族史硕士论文。

[26]李善峰:我国的乡村关系与社会控制,山东社会科学,2004(1)。

[27]刘祖云:社会转型:一种特定的社会发展过程,华中师范大学学报(哲社版),1997(6)。

[28]马向平、龙朝双:我国农民参与民主自治的政治文化调查研究,广西社会科学,2004(11)。

[29]权丽华:构建和谐乡村关系,公共行政,2005(6)。

[30]沈延生.村政的兴衰与重建,战略与管理,1998(6)。

[31]宋维强:当代中国农民的政治参与,长白学刊,2001(6)。

[32]孙立平:中国六十年之变:从政治整合到社会重建,瞭望新闻周刊,2009-09-07。

[33] 孙秋云、钟年:村民自治与乡村社会的基层权力结构——以湖北西南部少数民族地区农村为例,云南社会科学,2003(1)。

[34] 孙秋云:村民自治制度下少数民族乡村精英的心态与行为分析——以湖北西部土家族地区农村为例,中南民族大学学报(人文社会科学版),2004(3)。

[35] 仝志辉:向超大规模现代社会转型中的基层治理模式转换——百年乡村政治史背景中的农村基层民主,山东科技大学学报(社会科学版),2002(4)。

[36] 唐晓腾:村干部的"角色冲突"——乡村社会的需求倾向与利益矛盾的分析,中国农村观察,2002(4)。

[37] 谭同学:"村民自治进程中的乡村关系学术研讨会"综述,开放时代,2002(1)。

[38] 王小章:村民自治与公民参与,浙江社会科学,2002(1)。

[39] 汪凤清、徐广春:21世纪中国乡镇体制改革展望,江西行政学院学报,2000(4)。

[40] 吴毅、李德瑞:二十年农村政治研究的演进与转向——兼论一段公共学术运动的兴起与终结,开放时代,2007(2)。

[41] 吴毅、贺雪峰、罗兴佐、董磊明、吴理财:村治研究的路径与主体——兼答应星先生的批评,开放时代,2005(4)。

[42] 吴毅:双重边缘化:村干部角色与行为的类型学分析,管理世界,2002(11)。

[43] 吴理财:乡政新论,http://www.ccrs.org.cn,2003-5-30。

[44] 吴理财:乡镇政府:撤销抑或自治,决策咨询,2003(5)。

[45] 吴思红:村庄精英利益博弈与权力结构的稳定性,中共中央党校学报,2003(1)。

[46]项继权:乡村关系行政化的根源与调解对策,北京行政学院
    学报,2002(4)。

[47]项辉、周俊麟:乡村精英格局的历史演变及现状——"土地制
    度——国家控制力"因素之分析,中共浙江省委党校学报,
    2001(5)。

[48]徐勇:村民自治的成长:行政放权与社会发育,华中师范大学
    学报, 2005(3)。

[49]徐勇:强村、精乡、简县,战略与管理,2003(4)。

[50]徐勇:村民自治的成长:行政放权与社会发育,华中师范大学
    学报,2005(3)。

[51]徐勇:县治、乡派、村政,江苏社会科学,2002(2)。

[52]徐勇:精乡扩镇、乡派镇治:乡级治理体制的结构性改革,江
    西社会科学,2004(1)。

[53]徐勇、项继权:现代国家建构中的乡村治理,华中师范大学学
    报,2007(5)。

[54]徐勇:政权下乡:现代国家对乡土社会的整合,人大报刊复印
    资料《政治学》,2008(3)。

[55]徐增阳、黄辉祥:财政压力与行政变迁,中国农村观察,2002
    (9)。

[56]叶麒麟:从民族国家建构到民主国家建构——近代以来中国
    政治发展主题的嬗变透析,学术探索,2006(5)。

[57]叶麒麟:现代国家建构与乡村治理的变迁,重庆社会科学,
    2008(1)。

[58]于建嵘:"乡镇自治:根据和路径",战略与管理,2002(6)。

[59]一言:试论班洪佤王民族自决会,历史档案,1999(3)。

[60]杨宝康:论中缅南段边界问题和班洪事件,云南师范大学学

报(哲学社会科学版),2003(2)。

[61]张厚安、谭同学:村民自治背景下的乡村关系湖北木兰乡个案分析,中国农村观察,2001(6)。

[62]张新光:中国建构现代乡镇行政管理体制的理论探讨,光明观察,http://guancha.gmw.cn,2006 - 10 - 15。

[63]张文君、李秉文:改革开放以来村干部角色研究综述,山东省农业管理干部学院学报,2008(1)。

[64]詹成付:关于深化乡镇体制改革的研究报告,开放时代,2004(2)。

[65]郑杭生:中国社会大转型,中国软科学,1994(1)。

[66]郑法:农村改革与公共权力的划分,战略与管理,2000(4)。

[67]周平:少数民族政治参与分析,云南社会科学,1997(5)。

[68]周平:少数民族政治沟通分析,云南社会科学,1999(2)。

[69]周平:我国少数民族地区开发过程中的几个政治问题,政治学研究,2002(1)。

[70]周平:边疆民族地区的政治文明建设,思想战线,2003(3)。

[71]周平:云南省红河州大规模的乡镇直选研究,学术探索,2005(2)。

[72]周平:新中国边疆少数民族地区政治建设的演进,云南民族大学学报(哲学社会科学版),2005(5)。

[73]周平:中国的族际整合模式研究,政治学研究,2005(2)。

[74]周平:对民族国家的再认识,政治学研究,2009(4)。

[75]周平:论中国民族国家的构建,当代中国政治研究报告Ⅵ,社会科学文献出版社,2008。

[76]周平:论民族的两种基本类型,云南行政学院学报,2009(1)。

[77]周平:论中国的国家认同建设,学术探索,2009(6)。

［78］周平：政治学视野下的中国民族和民族问题，思想战线，2009
　　（6）。

［79］周平：论族际政治及族际政治研究，民族研究，2010（2）。

［80］周平：民族国家与国族建设，政治学研究，2010（3）。

［81］周飞舟：从汲取型政权到悬浮型政权——税费改革对国家与
　　农民关系之影响，社会学研究，2006（3）。

［82］邹学俭：农民非农民化的阶段、形态及其内部关系，江海学
　　刊，1999（3）。

［83］朱光磊、周振超："党政关系规范化研究"，政治学研究，2004
　　（3）。

［84］朱炳祥、蔡磊：宗族在村治中的地位——周城白族村的田野
　　观察，中南民族大学学报（人文社会科学版），2005（5）。

［85］朱新峰：乡镇综合配套改革之路如何走，三农中国网，2005 -
　　11 - 9 21：35：39。

三、历史文献、方志、档案

1、历史文献、方志

［1］毕登程、隋嘎搜集整理：司冈里（佤族创世史诗），云南出版集
　　团、云南人民出版社，2009 年版。

［2］沧源佤族自治县人民政府编：沧源佤族自治县地名志，内部出
　　版，1988 年。

［3］沧源佤族自治县地方志办公室编：沧源佤族自治县年鉴2007，
　　内部出版，2008 年。

［4］沧源佤族自治县地方志办公室编：沧源佤族自治县年鉴2008，
　　内部出版，2009 年。

[5]沧源佤族自治县地方志办公室编:沧源佤族自治县年鉴2009,内部出版,2010年。

[6]沧源佤族自治县地方志办公室编:沧源佤族自治县年鉴2010,内部出版,2011年。

[7]《沧源佤族自治县概况》编写组编:沧源佤族自治县概况,云南民族出版社,1986年版。

[8]沧源佤族自治县地方志编纂委员会编:沧源佤族自治县志,云南民族出版社,1998年版。

[9]段世琳主编:班洪抗英斗争纪实,云南民族出版社,1998年版。

[10]杜建东主编:中共沧源佤族自治县历史资料,第一、二、三辑,中共沧源佤族自治县委党史征研室编印,内部出版,1993年。

[11]方国瑜:滇西边区考察记,云南出版集团公司、云南人民出版社,2008年版。

[12]方国瑜主编:云南史料概说,云南大学出版社,1998年版。

[13]国家民委《民族问题五种丛书》之一,中国少数民族社会历史调查资料丛刊:佤族社会历史调查之四,云南人民出版社,1987年版。

[14]国家民委《民族问题五种丛书》之三,中国少数民族自治地方概况丛书,《沧源佤族自治县概况》编写组、《沧源佤族自治县概况》修订本编写组编:沧源佤族自治县概况,民族出版社,2007年版。

[15]全国人大委员会、民族委员会办公室、云南少数民族调查组编:云南沧源卡瓦(佤)组社会经济调查报告之四,内部出版,1958年。

[16]云南省编辑委员会编:佤族社会历史调查(1—3),云南人民

出版社,1983 年版。

[17]中共沧源县委组织部等编:沧源县组织史资料,内部出版,1992 年。

[18]中共云南省委党史研究室编:云南边疆民族地区民主改革,云南大学出版社,1996 年版。

[19]中共临沧地位党史征研室编,张正华主编:佤山足迹——云南省民族工作队第三队工作纪实,内部出版,2003 年。

[20]中共临沧市委党史研究室编:中共临沧市历史资料丛书,内部出版,2000 年。

[21]中共临沧市委党史研究室编:从社会形态的飞跃到经济社会的发展——临沧"直过区"调研资料汇编,内部出版,2005 年。

[22]中共沧源县委党史研究室编:中国共产党沧源佤族自治县地方史(第一卷)民族出版社,2007 年版。

[23]中国人民政治协商会议沧源佤族自治县委员会编:沧源文史资料选辑(1—6),内部出版,1986 年、1990 年、1997 年、1999 年、2004 年、2008 年。

[24]张正华主编:临沧地区统一战线,内部出版,2000 年。

2、档案资料

[1]沧源县档案局档案:1—2—338 号:关于在农村进一步广泛深入开展活学活用毛主席著作群众运动的意见报告。

[2]沧源县档案馆档案:1—13—79:关于改革我省农村政社合一体制的意见。

[3]沧源县档案局档案:1—1—99:中共沧源县关于沧源县区乡体制改革的安排意见。

［4］沧源县档案局档案：1—2—115：中共云南省委、云南省人民政府关于改革区乡体制的通知(1987 年 12 月 9 日)。

［5］沧源县档案局档案：1—2—150：云南省关于规范乡镇党政机关人员设置和加强村公所建设的通知(1988 年 11 月 15 日)。

［6］沧源县档案局档案：4—15—57：云南省人民政府批复：关于沧源县区乡镇建置和区域划分的批复,云政函(1984)176 号。

［7］沧源县档案馆档案：96—1—53 号：关于人民公社有关政策执行情况的汇报。

［8］沧源县档案馆档案：96—3—57 号：几个现行政策的意见。

［9］沧源县档案馆档案：96—3—59 号：关于粮食征购、分配和保管问题情况及意见。

［10］沧源县档案局档案：96—3—59：关于人民公社分配问题的调查情况、关于粮食征购、分配和保管的情况。

［11］沧源县档案馆档案：96—3—78：关于党的建设工作的基本情况。

后　记

　　本书是在我的博士论文基础上修改而成的。当年，当我怀着对周平教授的敬仰和对民族政治学懵懂的兴趣与好奇，报考周平教授的博士生时，未曾料到求学路上会有那么多的酸甜苦辣，那么多的感悟和收获。曾几何时，当我因为所写的论文和搜集的资料遭到病毒侵袭而陷于绝望的时候，当我作为一个学子的角色与承担的社会角色发生冲突而陷于纠结的时候，特别是当受到病痛折磨的长辈需要悉心照料，而我却因要兼顾学业不能全心全意尽职尽责而深感内疚的时候，我曾经对自己读博的选择质疑过。但是，一路走来，蓦然回首间，发现自己距离当初的出发点已经前行了许多，无论是在学术造诣、人格培养还是人生阅历上都得到了前所未有的收获。因而，我十分庆幸当年做出的明智选择。这一选择拓展了我生命的宽度，丰富了我人生的内涵，让我永生难忘、终生受用！庆幸之余，我深深地感到，这一切源于许多人给予我的扶持、关爱和帮助！

　　我要衷心感谢我的导师周平教授。正是在导师的感召、引领和教诲下，我这个当年的门外汉才找到了自己学术研究的新起点和新天地。几年来,导师的正直、善良、坚毅和坦荡,让我感受到了一个学术大家的人格魅力,也深深地感召和激励着我不断前行。导师对学术研究的崇高精神境界更让我由衷钦佩和获益匪浅。一直以来,导师所说的"要以敬畏之心对待学术研究"的话语深深铭刻在我的脑海中。在当今学术界充斥着功利之心、浮躁之气,一些人把学术当跳板、当阶梯,甚至当做"任人打扮的小姑娘"的时候,导师以崇高的精神境界坚守着一片纯净的学术家园,维护着学术研究的崇高地位,使我领悟了导师之所以成为学术大家的真谛,也引领着我不断深刻地反省和检视自己,让我找到了自己存在的巨大差距,鞭策着我不断以虔诚之心、务实之举去探求真理。几年来,让我受益非浅的还有导师以他高深的造诣、渊博的知识、缜密的思维和敏锐的洞察力给予我一如既往、孜孜不倦的教诲。每次聆听导师的谈话,如饮甘泉、如沐春风,令人心旷神怡、茅塞顿开。对我的博士论文导师更是倾注了心血,从论文主题的确定,到论文框架的构建;从论文的篇章结构、遣词造句到论文的思想内涵和思维逻辑,导师都一遍又一遍地为我指点迷津。正是在这个过程中,我的意志得到了磨砺、学问得到了提升、思维得到了锻炼。只是由于学生才疏学浅,对导师的教诲不能完全了然于心,畅达以文,以致论文尚存诸多不足,有负导师的期望。学生唯有今后加倍努力,以报师恩。

在我万分感激恩师的同时,当然也忘不了敬爱的师母。她以她的善良、贤惠和干练,积极支持和配合着导师的工作,让同样为人妻的我深感钦佩;她对我无微不至的关怀和问候,常常让我深受感动,也备受鼓舞;她的开朗、豁达、热情和亲和力,让我们这些莘莘学子倍感家庭般的温暖。

一路走来,还得到了许多良师益友的提携和帮助。感谢王文光教授、崔运武教授、和少英教授、段尔煜教授、何明教授、王彦斌教授、张瑞才教授、张晓松教授和杨临宏教授。他们在百忙之中为我的开题报告、论文答辩尽心尽力，提出了许多宝贵意见，此后还一直关心和帮助着我。特别是王文光教授以无私的精神、宽厚的胸怀、渊博的知识和敏锐的思维，多次为我的论文劳神费心，提出许多真知灼见；段尔煜教授作为我的领导和师长，更是对我的学业和论文关注有加，时常给予我关心和鼓励；崔运武教授不仅给予我诸多睿智的启迪，而且还以他平易近人的风范关心着我，让我备受鼓舞。还要感谢郭家骥研究员对我最初的点拨与鼓励和张晓琼博士为我的调研提出的有益建议。

让我倍感幸运的是，我与师兄、师弟和师妹们结下了不解之缘和深厚友谊。感谢方盛举、刘强、刘荣和杨顺清师兄，他们刻苦求学的精神为我树立了榜样；感谢同窗好友王传发，我俩有幸同入师门，他给予我更多的关心和帮助让我永生难忘；感谢种法琼、贺琳凯、廖林燕和黄沙师妹，她们细致入微的关怀和活泼开朗的天性，让我倍感温暖和快乐；感谢欧黎明、闫柏、吴建明、付明喜、张会龙、屈万红、汤法远、朱碧波、陆海发、谢新松、白利友、张健等同门弟子，他们的关心和帮助，让我感受到师门团队的温馨。

感谢沧源县所有支持和帮助过我的人。感谢沧源县县委、人大、政府、政协和妇联的领导们，他们不仅耐心地接受我的采访，而且多次为我的调研提供方便；感谢县委办、政府办、组织部、党史办、县志办和档案馆为我提供了所需的资料；感谢佤族研究专家段世琳老师和梁宏伟老师，他们以几十年积累的对佤族研究的感悟和成果，为我提供了许多有价值的资料和观点；感谢班洪乡、勐董镇、岩帅镇的领导和工作人员。他们不仅为我提供了吃住行等条件，而且还主动、热情地支持、配合我的工作。感谢富公村、帕良村和岩帅村的村组干部和纯朴、善良的村民。他们以佤族人特有的开放、热情、好客和真诚，接纳、关心、支持和配合我的工作，使我顺利而愉快地完成了调研任务，并与他们结下了深厚的情谊。

感谢中共云南省委党校为我提供了学习深造的机会和出版资金，保证我能够圆满完成学业并将论文顺利付梓；感谢党史教研部的同仁们对我工作上的支持、生活上的关心和学习上的鼓励，让我有时间、精力和信心完成学业。特别要感谢付春和赵启燕两位年轻博士。付春博士不畏艰辛，协助我深入偏远的阿佤山进行田野调查；赵启燕博士以她的认真细致为我校对论文。我的论文凝结着他们的汗水。

感谢人民出版社。我的博士论文能够在贵社出版，是我的荣幸。更感谢责任编辑张秀平老师给予我的热情帮助和精心指点，她的认真、严谨、细致的工作作风为我的书稿质量提供了保证，也成为我学习的榜样。

感谢我的家人。父母深以我读博士为骄傲。为了不给我增加压力，年老多病的他们遇到病痛后都尽量不打扰我、甚至还因生病住院而常常自责。这不仅让我心怀感激，也让我深感内疚，更使我深受激励。我的先生从我决定考博的时候起，就一直支持、关心和帮助我。他时常关心着论文的进展情况，为我提供相关的信息和资料；在我遇到困难的时候为我排忧解难；当我懈怠的时候提醒和督促我；当我因忙于学业而疏于家事时，他也从不抱怨，而是默默地为我分担。感谢我可爱的女儿。她的乖巧懂事、善解人意，让我感到无比欣慰；她带给我的快乐常常让我忘掉忧愁和烦恼。他们是我的精神慰藉、心灵港湾和力量源泉！

对少数民族乡村政治的研究，是一个让人神往和有待深入开拓的研究领域。本书只是做了一次粗浅的探索，书中难免错误和疏漏,敬请各位专家、学者、同仁批评指正;同时,我将以此作为新的起点,以加倍的用心和努力,在学术研究的道路上上下求索,不断前行。

王丽华

2012 年 2 月 2 日于昆明金安小区

图书在版编目（CIP）数据

少数民族乡村政治体系的变迁与发展——以云南沧源佤族乡村
为例 / 王丽华著.
–北京：人民出版社，2012
ISBN 978-7-01-010668-7/
Ⅰ.①少… Ⅱ.①王… Ⅲ.①佤族–政治制度史–研究–沧源佤族自治县
Ⅳ.①K285.5 ②D693.2
中国版本图书馆 CIP 数据核字（2012）第 022752 号

少数民族乡村政治体系的变迁与发展
——以云南沧源佤族乡村为例

SHAOSHUMINZU XIANGCUNZHENGZHITIXI DE BIANQIAN YU FAZHAN
——YIYUNNAN CANGYUANWAZU XIANGCUN WEILI

作　　者：王丽华
责任编辑：张秀平
封面设计：徐　晖

人民出版社 出版发行
地　　址：北京朝阳门内大街 166 号
邮政编码：100706　http://www.peoplepress.net
经　　销：新华书店总店北京发行所经销
印刷装订：北京昌平百善印刷厂
出版日期：2012 年 5 月第 1 版　2012 年 5 月第 1 次印刷
开　　本：880 毫米×1230 毫米　1/32
印　　张：11.125
字　　数：280 千字
书　　号：ISBN 978-7-01-010668-7/
定　　价：35.00 元